일본의 사회정책

일본의 사회정책

정 기 룡

전남대학교출판부

머리말

이 책은 일본사회에 관한 관심을 가진 독자를 대상으로 지역연구의 관점에서 일본의 사회정책을 이해할 수 있도록 구성하였다. 또한 현대 일본사회의 지역학교재로서 최근 사회적인 이슈로 대두된 저출산과 인구고령화의 사회문제를 대상으로 한 연구서가 필요하였는데 본서는 그러한 요청의 하나로서 일본의 사회문제와 사회정책을 중점적으로 살펴보고자 하였다.

내용 구성에 있어서는 호세이대학(法政大学) 코바야시(小林謙一) 교수님과 히토츠바시대학(一橋大学) 후지타(藤田伍一)교수님으로부터 사사 받은 일본의 사회문제와 사회정책에 관한 견해를 재해석하고, 기 발표한 사회정책 관련 연구보고서와 논문을 수정・가필해 엮은 것이다. 가능한 한 이해하기 용이하게 간추렸으나 필자의 연구역량의 미숙함을 감안하면, 다양한 연구자의 논의에서 누락된 점과 중복되는 부분도 있을 것이다. 그러나 단순히 자료수집에 머물지 않고, 사회적 과제에 관한 정책적 대응관점에서 집필하였기에 이를 통하여 단편적인 일본의 사회정책 자료의 하나로서 활용되기를 바라는 바이다.

사회정책이란 일본의 법률적 기준에 따르면, 노동기준법, 노동조합법, 최저임금법, 그리고 건강보험법과 국민연금법을 비롯한 다양한 사회보험입법 등 현대 일본인들의 일상생활에 있어서 법률에 따라 정해진 여러 제도에 관한 공공정책을 말한다. 이러한 제도에 관해서는 일견 생소할 수도 있지만, 근로조건의 결정이라든지 복리후생은 물론이고, 일상생활에 있어서도 예기치 못한 문제를 비롯해 생활환경 변화의 사회적인 구조 속에서 개별적이든 사회적이든 해결해야 할 사회정책과제가 상존하고 있는 것이다.

한편, 사회정책과 동일시되기 십상인 개념으로서 경제정책의 일환인 노동정책과는 그 대상을 명확하게 구별하기가 쉽지 않다. 왜냐하면 일본의 사회정책은 주요 사회문제를 대상으로 하고 있는 국가의 정책으로 인식되고 설명된다 하더라도 그 자체가 사회보장만을 한정하는 것이 아니기 때문이다. 특히 다른 나라와 비교해 노동자와 관련된 사회문제로 받아들였던 일본사회정책학회의 영향으로 인해 그 본질과 성격을 둘러싼 사회정책 본질논쟁을 거친 것도 사실이다.

즉, 일본의 사회정책은 무엇보다도 자본주의의 노동문제를 공공정책에 의해 완화·해결함으로써 자본주의사회의 기반을 유지하기 위해 노동정책이 우선시되었다고 하겠다. 따라서 사회정책의 대상이 초기에는 노사 쌍방이었으나 그 범위가 확대됨에 따라 자영사업자도 추가

되었다. 즉, 노동자보험으로 시작된 사회보험은 자영업자 등으로 확대되었고, 노동자의 범위에 화이트칼라까지 포함된 것이다.

이러한 사회정책에 관한 개념은 선발 자본주의 국가인 영국보다 후발 자본주의 국가인 독일에서 체계적으로 인식되어 보편화되었고 일본은 노동자 중시정책을 편 독일의 영향을 많이 받게 되었다. 따라서 사회정책의 대상이 되는 노동문제와 생활문제 그 자체의 전개와 더불어 그에 관한 다양한 사회인식, 정책사상의 방향과 그 역사적 변천과정에 대한 이해도 필요하다. 왜냐하면 변화가 급변하는 시대에는 미래의 모습을 예견하기가 매우 어려우며 변화가 급격한 나머지 과거에 지나쳐 온 자취를 망각하기 쉽기 때문이다.

따라서 집필에 있어서 염두에 둔 것은 일본의 사회정책 본질논쟁에 관한 소개와 더불어 사회정책의 대상과 범위의 확대에 관한 객관적인 시각 유지였다. 또한 최근의 환경 변화를 전제로 한 저출산과 인구고령화에 따른 일본의 현실적인 사회문제와 그에 관한 대책을 사회정책 변천사의 시각에서 파악해보고자 하였다.

그렇지만 각각의 사회문제가 그 자체의 환경과 배경이 역사적 단계마다 복잡한 양상을 띠고 있기 때문에 이론과 구성측면에서 일정한 체계를 유지하기는 어려웠다. 그럼에도 불구하고 Ⅰ부에서는 사회정책에 관한 각론의 논의를 중심으로 일본의 사회정책을 인식할 수 있도록 서술하는데 주력하였고, Ⅱ부에서는 현실적인 사회문제에 관한 정책론 시각의 대책을 시도해보고자 하였다. 특히 저출산·고령사회 관련 사회문제에 관한 논의를 제기하고, 그에 따른 분석을 통해 사회적 과제에 대한 해결방향을 모색해 보았다.

끝으로 본서의 근간이 되었던 연구논문 등에 관해 여러 선생님께서 지적과 토론에 임해주셨는데, 그러한 관심이 집필에 도움이 되었음을 밝힌다. 특히 난해한 발표에 대해 서평수준의 코멘트를 해주신 한국외국어대학교의 박용구 교수님, 그리고 한국국민연금공단 국민연금연구원의 이용하 연구실장님에게 감사의 뜻을 전하는 바이다. 그와 더불어 다양화된 견해를 모두 수용하지 못한 점과 미흡한 내용에 관해서는 추후 보완계획을 빌어 독자의 양해를 구하는 바이다. 나아가 동료 연구자들의 격려에 감사하며 본서를 출간할 수 있도록 배려해주신 전남대학교출판부 관계자분들에게도 고마움을 전하고 싶다.

둔덕캠퍼스 연구실에서

정 기 룡

차례

Contents

제2부 현실적 사회문제와 대책방향

Chapter 6
일본의 사회문제와 대책 / 131

Chapter 7
일본의 생활보장시스템 / 153

Chapter 8
고령사회의 라이프스타일 / 175

PART 1 사회정책의 이론과 시각

제1장

복지국가와 사회문제

1. 자본주의와 시장기구
2. 복지국가의 등장과 사회문제
3. 사회문제와 사회정책
4. 사회정책의 개념논의

1. 자본주의와 시장기구

자본주의란 용어는 학자에 따라 다양한 뜻으로 쓰이고 있다. 예를 들면 마르크스(Karl Heinrich Marx)는 자본주의의 특징을 '이윤획득을 목적으로 상품생산이 이루어진다는 점, 노동력이 상품화된다는 점, 생산이 무계획적으로 이루어진다는 점'으로 보았다. 베버(Max Weber)는, 근대자본주의는 '합법적 이윤을, 직업으로서 조직적 · 합리적으로 추구하는 정신적 태도'라고 정의하였다. 요약하면 자본주의란 상품생산에 의해서 이윤을 획득하려고 하는 정신적 태도를 말하며, 자본주의체제 또는 자본주의경제란, 이와 같은 태도 하에서 상품생산이 이루어지고 있는 유통경제조직을 말한다.

자본주의의 특징으로서 일반적으로 인정되는 점은 ①사유재산제에 바탕을 두고 있는 점, ②모든 재화에 가격이 성립되어 있는 점, ③이윤획득을 목적으로 하여 상품생산이 행해진다는 점, ④노동력이 상품화된다는 점, ⑤생산은 전체로서 볼 때 무계획적으로 이루어지고 있다는 점 등을 들 수 있다.

자본주의란 생산수단인 자본을 소유하고 있는 자본가가 노동자를 고용하여 시장에서 가격의 매개변수적 기능을 통해서 최대의 이윤획득을 위해 상품을 판매하는 경제체제라 하겠다. 다시 말해 자본주의경제는 상품생산이 행하여지는 경제이다. 상품이란 판매를 통해 이윤을 얻기 위해서 생산되는 재화를 말한다. 자급자족의 가족경제에서는 가족의 욕구를 충족시키기 위하여 재가 생산되었다. 이것을 '자기생산'이라고 한다. 중세의 도시경제에서는 타재(他財)와의 교환을 위하여 재의 생산이 이루어졌다. 이를 '주문생산'이라고 한다. 반면 자본주의 경제에서는 판매를 통해 이윤을 얻기 위하여 재가 생산되는데 이와 같은 생산양식을 '상품생산'이라고 한다.

자본주의 이전의 사회에서 교환이 이루어졌던 것은 자기의 직접적인 욕구충족에 필요한 재를 얻기 위해서였다. 예를 들면, 소맥의 소유자는 이것을 팔아서 화폐로 바꾸고 이 화폐로 직물을 사는 것과 같다. 이와 같은 교환은 마르크스의 정의에 따르면, W(상품) → G(화폐) → W'(다른 상품)이라는 형식으로 나타난다. 이에 대하여 자본주의 사회에서 화폐는 자본으로서 작용한다. 자본가는 화폐자본으로써 생산수단을 사들이고 이것을 사용해서 재를 생산하며, 이것을 팔아서 먼저 투하한 화폐보다도 더 큰 화폐액을 획득하려고 한다.

이와 같은 교환은, G(화폐자본) → W(상품) → G'(=G+g)의 형식으로 표시된다. 이 식에서 g는 이윤 또는 잉여가치(剩余価値)이며, 이것을 획득하기 위한 생산이 상품생산이다. 이 이윤 또는 잉여가치가 어떻게 발생되는가? 마르크스는 이것을 자본가가 노동자를 착취함으로써 발생하는 것이라고 정의하였다. 이에 대하여 근대경제학자들은 이윤은 자본의 제공자에 대한 정당한 보수라고 생각하였다.

상품의 가치는 노동과 생산수단의 결합에 의해서 창출되며, 그 가치는 노동자와 자본가에게 각각의 기여도에 따라 분배된다. 이윤은 노동자를 착취한 결과가 아니라 자본의 공헌에 대한 보수라는 것이다. 이와 같이, 이윤이 착취에 의해서 발생하는 것이냐의 여부에 대해서는 학자에 따라 견해를 달리하고 있지만, 자본주의 사회에서는 이윤획득이 인정되고 있으며 이를 획득하고자 생산이 영위되고 있다.

자본주의 경제에서는 모든 재에 제각각 가격이 성립되고, 그 가격을 기준으로 재의 생산·교환 및 소비가 이루어진다. 재의 가격이 오르면 생산 또는 공급이 증가하고, 소비 또는 수요가 감소한다. 가격이 내리면 공급은 감소하고 수요는 증가한다. 그러므로 가격은 그 가격에서 수요와 공급이 일치할 수 있는 수준에서 결정된다.

이와 같이 자본주의의 경제적 질서는 가격의 성립에 의하여 유지된다. 상품의 가격은 수요와 공급의 관계에 의해서 결정된다는 설이 일반적이지만, 상품생산에 투하된 노동량에 일치 또는 비례한다는 설, 상품의 생산비에 평균이윤을 더한 선에서 안정된다는 설, 상품의 효용에 의해서 결정된다는 설 등이 있다.

자본주의 경제의 장점은 첫째, 경제활동의 자유가 있다는 점이다. 사람들은 자유롭게 직업을 선택하고, 마음대로 생산과 소비를 할 수 있다. 둘째, 이윤 획득을 목적으로 자유경쟁이 이루어지기 때문에 사람들은 창의력을 발휘하여 좋은 상품을 저렴한 가격으로 생산하려고 한다. 이것이 사회에 양질의 풍부하고 저렴한 재화를 공급하는 결과가 된다. 이것을 아담스미스는 '보이지 않는 손'에 의해 조정되는 것이라고 하였다.

반면, 자본주의의 단점은 첫째, 빈부의 격차가 크다는 점이다. 최근에는 노동조합의 힘이 강화되거나 국가에 의한 소득재분배정책이 추진되어 분배의 불균형 시정노력이 가미되기도 한다. 둘째, 생산이 자유경쟁을 바탕으로 영위되기 때문에 전체로서는 무계획적이 되어 공황이나 실업이 발생할 수 있다.

이렇듯 초기의 상업자본주의에서 진전된 산업자본주의 과정에 있어서 자유주의에 입각한 자유경쟁에서는 군소기업이 도태되고, 대기업만이 생존경쟁에서 잔존하여 서로의 이윤확보를 위해 상호독점을 결성하게 된다. 이 과정에서 자유경쟁은 무너지고 자본의 집중, 기업결합 등에 의한 독과점기업이 출현해 독점자본과 결합한 금융자본이 지배적인 역할을 맡게 된다. 따라서 자본주의는 시장의 실패로 인한 사회문제를 노출하게 되었으며, 가격의 자동조절기능 또한 불가능해짐으로서 정부의 간섭과 통제를 요하게 되었다.

경제에 대한 국가통제는 자본주의 초기에는 예외적이었으나 자본주의가 발달되는 과정에서 오늘날에는 일반화되어 국가와 경제는 밀접한 관계를 갖게 되었다. 따라서 20세기 후반부터는 이러한 자본주의의 변모에 따른 재인식이 있었으며 그러한 관점에서 수정자본주의(modified capitalism) 혹은 혼합경제(mixed economy) 등으로 부르고 있다. 물론 이러한 시각이 정통적 자본주의에 입각한 산업자본주의 자체를 부정하려는 것은 아니며 그보다는 자본주의의 장점을 살리는 한편, 자본주의의 변모를 계기로 이른바 복지국가를 지향하려는 경향이 엿보인다.

2. 복지국가의 등장과 사회문제

국가는 개인과 가족의 정상적인 기능수행을 보완 또는 대신하는 기능을 수행해야 하는데 국가가 이러한 기능을 수행하도록 제도화한 것이 사회복지제도이다. 그리고 국민의 삶의 안전과 기본적인 욕구를 보장해 주는 최소한의 사회복지제도를 갖추고 있는 국가를 복지국가라고 할 수 있다. 복지국가(welfare state)의 등장[1)]은 역사적인 발전맥락

1) 복지국가(사회복지에 정부가 적극 관여하는 국가)가 처음 등장한 것은 18세기 후반 영국에서부터였다. 1940년대 영국에서 복지국가가 비약적으로 발전해 풍요로운 사회를 경험하면서 사회지출이 증가하는 1950년대의 황금기를 유지하다가 1960년대 말부터 1970년대에 걸친 저성장과 고실업을 겪으며 납세자들의 불만을 비롯한 복지국가에 대한 반작용이 일어났다. 1980년대 위기와 재건의 시기를 맞이하여 프랑스와 영국 그리고 스웨덴과 같은 유형으로 나타났으며

과 이론적 시각에 따라 국가의 정치적, 사회적, 경제적 체제에 따라 다양하게 정의되고 있어서 합의적인 정의로서 단정하기는 쉽지 않다.

복지국가에 대한 여러 가지의 정의 가운데 복지국가의 공통적인 특성이 잘 드러난 김태성 · 성경륭의 정의에 의하면, 복지국가는 "자본주의 경제체제와 민주주의적 정치체제하에서 국민에 대하여 최소한의 국민적 최저수준(national minimum)의 삶의 안전과 기본적 욕구를 보장하는 국가"라고 정의할 수 있겠다.

복지국가는 시민 개인의 복지를 보장해 주는 정도와 범위에 따라 여러 유형으로 나눌 수 있다. 예를 들어, 자본주의국가에서는 완전고용 · 최저임금보장 · 사회보장제도 등이 가장 중요한 시책이다. 복지국가는 일정수준의 경제성장에 의하여 얻어지는 국민소득 총액의 증대를 바탕으로 조세정책, 일부 산업의 국유화, 완전고용, 쾌적한 의식주의 확보, 질병자 · 실업자 · 노인과 모자(母子)의 사회보장, 국민연금 등에 의하여 국민들로 하여금 최소한의 건강하고 문화적인 생활을 보장하는 것이다.

한편, Esping-Andersen은 사회복지 수급권을 사회권으로 인정하는 정도와 그 사회에서 사회복지 수혜로 인하여 사회가 계층화되는 정도에 따라 복지국가를 자유주의 복지국가(Liberal Welfare State), 조합주의 복지국가(Corporatist Welfare State) 및 사회민주주의 복지국가(Social Democratic Welfare State)로 분류하고, 국가와 가족과의 역할이 어떤가를 아울러 설명하고 있다. 나아가 국가와 가족과의 관계를 살펴보는 데 있어서 그가 제시한 유형이 비교적 적합한 분류로서 받아들여지고 있다.

1990년에는 인구고령화에 따른 사회지출 증가와 지구환경문제에 기인한 경제성장 제약이라는 어려움 속에서 '지속가능한 복지국가(sustainable welfare state)'에 관한 모색이 시도되고 있다.

표 1-1 Esping-Andersen의 복지국가 유형

유형 / 특성	자유주의 복지국가	조합주의 복지국가	사회민주주의 복지국가
사회복지 대상	저소득층 및 요 구호자 중심	피용자 중심	전 국민 대상
급여의 종류 및 범위	공적부조 및 제한적 사회보험 : 극소화	공적부조 및 확대된 사회보험 : 필요 시 확대가능	욕구에 따른 보편적 급여 : 극대화
급여의 수준	국민적 최저수준	국민적 최저수준, 그 이상은 계층과 지위에 따른 차이	중간계급의 생활수준
해당국가	미국 캐나다 호주	오스트리아 프랑스 독일 이탈리아 영국	스칸디나비아의 각국

자료 : Esping-Andersen, G., The Three World of Welfare Capitalism, Cambredge : Polity Press, 1990, pp.26-29. 埋橋孝文『現代福祉国家の国際比較』日本評論社, 1997.pp.160-164참고.

세 가지의 복지국가 유형을 간략히 도표로 제시하고 각 복지국가의 특성과 복지국가의 경험에서 나타난 가족과 국가의 역할이 어떠한가를 아울러 살펴보자. 자유주의 복지국가는 복지국가로서 최소한도의 조건을 갖춘 국가라 할 수 있다. 이러한 유형에 해당되는 국가는 자유주의적 전통이 강한 미국, 캐나다, 호주 등이다. 여기에서는 저소득층은 공적부조에 의해서 근로계층은 사회보험에 의하여 생활의 기본적 욕구를 충족하는 것을 목표로 하고 있고 공적부조와 사회보험의 급여수준이 국민적 최저수준에 도달하지 못하는 경우가 많다.

개인에 대한 복지의 제1차적인 책임자는 가족이고, 국가는 제2차적으로 가족의 능력으로 가족 구성원 개인의 복지문제를 해결하려는 조합주의 복지국가는 피용자를 주대상자로 하여 보편주의적 서비스를

제공하는 경향을 띠고 있다. 조합주의 복지국가 역시 공적부조와 사회보험을 위주로 해 그 적용대상과 급여수준을 확대하고 있는 정도의 국가로서 여기에 해당하는 국가는 오스트리아, 프랑스, 독일, 이탈리아, 영국 등이다.

사회민주주의 복지국가는 개인의 복지문제를 시장과 전통적인 가족의존에서 벗어나게 하여 국가비용으로 개인의 복지를 위한 금품과 서비스를 제공하는 국가이다. 이에 해당되는 국가는 스웨덴, 노르웨이, 핀란드, 덴마크 등의 스칸디나비아의 국가들이다. 이러한 유형의 복지국가에서는 사회복지의 대상이 전 국민이 되고 서비스가 욕구에 따라 보편적으로 전 국민에게 주어지고 복지의 급여수준도 최저한도의 생계비 이상의 상당한 수준에 이르고 있다.

한편, 제2차 세계대전 후 한동안 일본의 사회정책의 중심은 고용과 노동을 중심으로 한 일본형복지국가[2)]로서 발전해 왔다는 견해가 일반적이었다. 성장기에는 일본형 복지국가의 특성으로서 노동확보를 위한 회사주의와 기업중심사회의 성격을 띤 「노동복지국가」로서 형성되어 왔으나, 이제는 노동만을 주요 대상으로 논할 수 없는 시대에 이르렀다. 왜냐하면 현재 일본에서는 고령화의 급속한 진전, 노동자

2) 埋橋孝文『現代福祉国家の国際比較』日本評論社, 1997. pp.160-164. 우즈하시는 여기에서 [Esping-Andersen : 1990]의 유형화를 분석한 다음, 제4의 유형으로서 일본모델을 구상하였다. 즉, 완전고용 보장을 전면적인 속성기준으로 보고 일본의 특징으로서 노동과 복지의 대체적 관계를 강조하였다. 정리할 것 같으면 고용・노동시장의 양호한 행동양식이 사회보장=복지국가의 기능을 대체한다고 보고 생활보장의 방법으로서 welfare 보다는 workfare를 선택한 시스템이 일본의 특징이라고 주장하고 있다. 鄭基龍(2000)『転換期における日本の高齢者対策に関する研究』一橋大学 博士学位論文, p.96. p.129. 등에서도 복지국가(welfare)란 전쟁국가(warfare)의 대치개념인 것처럼 일본은 고용・노동시장을 중요시하는 노동복지국가(workfare)이며 현재에도 이러한 고용정책은 사회정책의 주요영역에 속하고 있음을 지적하였다.

의식의 다양화, 고용구조의 변화 등에 따라 노동시장의 변화와 공적 연금제도의 개혁 등 고령화에 따른 다면적인 문제점이 제기되고 있기 때문이다. 이 같은 문제점이 고용안정, 노사관계의 안정화, 사회보험제도의 안정화 등 사회정책의 주요과제인 것이다. 따라서 근로자문제도 아직 완전히 해결되었다고는 할 수 없다.

일본이 본격적인 복지국가로의 움직임을 보인 것은 1970년대에 들어서부터인데(복지원년 1973년), 그 당시 상황은 경제위기 속에서 복지국가를 추진해야 했다. 다른 선진국에 비해 복지국가 도입이 30년 정도 늦었지만 안정적인 경제성장을 배경으로 제도적 정비를 추구해 사회보장을 비롯한 복지체계를 확립하였다. 1990년대에 이르러서는 다른 선진국과 마찬가지로 지속가능한 복지국가의 구축이라는 과제를 답습하게 되었다. 즉, 거품경제 붕괴 후의 영향으로 실업률(2000년대 5%대 수준)도 다시 늘어나 21세기를 맞이한 현재에도 모든 근로자가 풍요로운 생활을 영위할 수 있게 된 것은 아니다.

그렇지만 전후의 경제발전과 더불어 노동자보호정책의 전개와 사회보험제도의 정비 등에 의해 대다수의 근로자층은 극빈 상태로부터는 벗어났다. 현재는 노동시간 단축과 생활대국을 지향하는 여러 형태의 대책에 의해서 근로자층도 일정한 생활수준을 유지할 수 있게 되었다. 이러한 현실 속에서 최근, 세대 간 격차와 사회보장 부담의 형평성 문제, 저출산 및 급격히 증가하고 있는 고령자집단의 노후생활보장 등이 사회문제[3]로 대두되고 있다.

이러한 배경 하에 현실문제로 대두된 사회문제로서의 저출산과 고령화문제가 사회정책의 중심과제가 되고 있으며, 현대의 사회정책

---

3) 鄭基龍(2000.6)「日本の高齢者社会政策に関する研究」『日本学報』제44집, p.600. 참조.

대상은 바야흐로 근로자를 위한 정책뿐만이 아니라 고령자를 포함한 「전 국민의 생활정책」으로서 파악해야 할 것이다. 왜냐하면 저출산 및 인구 고령화는 경기와 같이 순환하는 일시적 현상이 아니라 공업화, 국제화와 마찬가지로 구조적으로 변화할 수밖에 없는 사회전체의 시스템조정이 필요하기 때문이다.

3. 사회문제와 사회정책

인류는 산업화에 따른 정보화·국제화·고령화의 급격한 변화 속에서 사회발전을 인식하고 있다. 산업화의 특징으로는 과학기술의 진보와 생산성 향상, 노동윤리 확립, 직업의 전문화, 노동자들의 획일적 작업, 계층의 구조화, 인구의 도시유입, 핵가족의 일반화, 소비형태의 획일화 나아가 소비수준의 향상 등을 들 수 있다. 이와 같이 산업화는 개인에게 폭넓은 기회와 자유를 주어 사회적으로는 대규모 생산을 달성하고 개인에게는 능력에 따른 풍요를 선사하였다.

또한 근대화라는 용어는 간혹 공업화·합리화·도시화 등으로 사용되기도 하며 산업화에 따른 개혁 또는 발전을 의미하면서 현대화의 이전단계 정도로 인식되기도 한다. 이와 같이 넓은 의미에서의 근대화란 정치·경제·사회·문화·가치관 등의 모든 분야에서 전반적으로 구조적인 변화를 통해 후진적인 상태에서 보다 향상된 현대화로 생활환경을 조성해 가는 과정으로 이해할 수 있다.

근대화의 정도를 파악하는 데에는 경제면의 근대화가 가장 기초적이고 중요한 의미를 갖는다. 그것은 공업화가 근대화의 선결조건이 되기 때문이다. 경제의 근대화가 이루어지면, 국민의 생활수준이 향상되고, 그 파급효과가 확대되어 사회구성원 전체의 사고방식에 이르기까지 확대되어 이른바 현대화로 이어지기 때문이다.

그러나 근대화에 수반되는 성장 제일주의에 입각한 산업화 정책은 부의 편중과 소득배분의 불균형을 심화시켜 사회적 불평등을 낳기도 했으며 도시로의 인구집중, 노동자계층의 소외, 환경파괴, 빈부격차에서 오는 상대적 빈곤감과 박탈감 등의 이른바 각종 사회문제를 야기하여 안정적인 사회유지를 위한 방안제시가 필요하게 되었다.

사회문제의 종류는 일정한 사회문제가 발생한 시대적 · 지역적 조건이 각기 다르기 때문에, 사회문제 자체로서 분류하고 유형화하기가 곤란하다. 구체적으로 볼 때 사회문제로 취급되는 것으로는 노동문제 · 토지문제 · 실업문제 · 인구문제 · 인종문제 · 민족문제 · 도시문제 · 농촌문제 · 주택문제 · 청소년문제 · 여성문제 · 노인문제 · 가정문제 · 범죄문제 등이 있다. 나아가 성범죄 · 매매춘 · 자살문제 · 이지매 등도 사회문제로 볼 수 있다.

이처럼 한마디로 사회문제라는 것은 그 어느 것이나 발생원인은 개인적인 것이 아니라 제도의 결함이나 모순 때문에 생긴다는 점에 특징이 있다. 즉, 사회문제는 나태라거나 무능력과 같은 당사자의 개인적 책임으로 생기는 것이 아니라 사회구조의 모순에서 생기는 것이다. 따라서 사회문제를 해결하려면 당사자에 대한 개인적 차원의 원조가 아니라 이른바 사회정책적 견지에서 결함이나 모순을 시정해야 한다.

사회문제의 해결에는 사회변혁이나 개선 · 개혁이 생각되는데, 그 방향에는 현 체제의 테두리 안에서 해결 · 완화하려는 것과 체제 자체를 변혁함으로써 해결하려는 것이 있다. 자본주의의 발전에 수반하여 노동자문제가 사회문제화되기도 하는데, 이 노동자문제에 대한 근대국가의 정책, 즉 사회노동입법에 기초한 제도 · 시책 등이 이루어진다. 따라서 자본주의하에서의 사회정책은 임금노동을 장기에 걸쳐 보전 · 확보하고 아울러 그 경제적 · 사회적 생활조건의 개선과 체제의 안정화를 도모하는 총자본 및 국가의 정책으로 정의되기도 한다.

정책의 구체화된 형태로서 근로자보호법 · 사회보험입법(공장법 · 근로기준법 · 건강보험법 · 후생연금보험법 등)을 비롯하여 노동시장이나 노동계약 관계의 근대화 · 합리화를 목적으로 하는 입법군(立法群)을 한편의 축으로 하고, 노동조합운동의 용인 및 노사관계의 근대화를 목적으로 하는 노동관계에 관한 입법군(노동조합법 · 노동쟁의조정법 · 노사협의회법 등)을 다른 한편의 축으로 구성되어 있다.

광의의 개념으로서는 다양한 사회문제에 대한 국가의 공공정책(입법, 시설 및 서비스)을 사회정책으로 총칭할 수 있다. 이전에 독일사회정책학회의 본래의 socialpolitik 개념은 그러한 내용을 포함하고 있었다. 현대도 OECD와 경제기획청에서는 노동문제를 포함하여 주택, 교육, 여가, 가족과 지역사회 등 광범위한 사회문제에 대한 종합사회정책을 제창하고 있다.

한편, 협의의 개념으로서는 노동정책, 사회보험을 주요내용으로 보는 것은 왜일까? 그것은 각국의 형편에 따른 사회정책의 발전 형태에 의해 각각의 공공정책이 입법, 행정 등의 측면에서 독립적으로 진전된 데에 기인한다고 하겠다. 즉, 협의의 사회정책이 노동자를 중심으로 한 사회정책이 중심이 된 것은 사회전체의 기반이 인간의 노동생활에 의해 형성되었기 때문일 것이다. 이러한 배경을 통해 특히 총자본의 측면에서 독일과 일본에서 수용되었으며 이러한 사회정책은 모든 사회체제를 기초로 한 공공정책으로 인식되었다.

자본주의사회는 생활에 필요한 재화와 서비스를 전부 상품경제의 메커니즘으로 생산하여 배분하려 하기 때문에 인간노동도 노동력의 상품화를 통해 처리된다. 그것을 바탕으로 다양한 노동문제가 발생한다. 그 중에서 노동자와 관련된 문제가 사용자에 의해 해결되거나 완화되기 어려운 문제는 결국 국가의 공공정책 대상이 되는 것이다.

구체적으로 사회정책은 자본의 원시적 축적기의 노동자에 대한 가혹한 노동입법이 잔학입법으로 불리어지거나 공장법 등의 노동조건입법이 보호입법, 노동조합의 공인입법이 해방입법, 사회보험 제정이 보험입법으로 지칭되었다. 나아가 사회보장이 체계화되기 시작하면서 복지국가의 공공정책으로 발전하였고, 이러한 점에서 도의적으로 노동자의 입장에 선 제도로서 시도되었다고 하겠다.

한편 사회정책을 객관적으로 보면, 자본가와 경영자를 규제하는 것뿐만 아니라 자본을 옹호하기도 한다. 또한 노동자를 보호하기에 노동을 억압한다고만 할 수도 없다. 즉, 노동보호를 통해 자본을 옹호하는 경우도 있고, 자본규제를 통해 노동을 조정하는 경우도 있다. 즉, 노사 자체의 처리를 넘어선 노동문제에 대한 공공정책으로, 그에 의해 객관적으로 자본주의를 발전시키기 위한 공공정책인 것이다.

그러므로 사회정책의 개념과 본질을 규정하는 경우, 인도주의의 입장으로부터 도의적 규정을 부여하거나 사회주의의 입장으로부터 노동자의 투쟁단계의 소산으로 파악하는 등 다양한 사회학적, 정치학적인 해석이 시도되고 있다. 또한 그를 둘러싼 논쟁까지 일어나고 있는데, 정책주체의 주관적인 의도와는 별개 사안으로서 객관적으로는 경제학적인 규정을 부여하여 그에 입각한 사회학과 정치학 등의 견해가 추가되는 형태를 보인다.

사회정책은 자본주의의 발전단계에 따라서 역사적 의의도 달라질 수 있으므로 그러한 변화를 충분히 이해할 필요가 있다. 즉, 자본주의의 발전단계가 유사하더라도 각국의 형편에 따라 경제적, 사회적, 정치적, 문화적 요인이 작용하고 있기 때문에 구체적인 사회정책의 내용과 의의에 있어서도 차이가 발생하는 것이다.

예를 들면, 노동문제에 관한 노사관계에 있어서 자율적인 대응을 존중하는 사상이 발달되어 있는 영국과 미국에서는 사회정책이 실시되고 있음에도 불구하고 social policy 라는 용어가 주로 사회복지 중심으로 인식되어 왔다. 그와는 대조적으로 자율적인 노사관계와 그와 관련된 사상의 발달이 늦어진 독일과 일본에서는 또 다른 사회정책의 개념이 노동정책 중심으로 사용된 사실을 간과할 수 없는 것이다.

4. 사회정책의 개념논의

사회정책이라는 용어는 원래 독일에서 생성되었다. 자본주의의 발달에 따라 근로자계층의 상태도 자연히 개선되어 간다는 견해가 지배적인 영국에서는 여성·미성년자의 근로를 보호하려는 공장법 등은 일찍부터 발달하였으나 특별히 사회정책이라는 개념은 성립하지 않았다. 이에 비해서 19세기 후반의 독일에서는 공장노동자의 상태가 비참하였고, 게다가 자본주의 경제의 침투가 구(旧)중산계층의 지위를 위협하는 것이어서 심각한 사회문제를 일으켰기 때문에 사회정책에 대한 관심이 커졌다.

한편 자유주의 경제학에 대하여 국가의 개입에 의한 사회정책의 필요성을 강조하는 역사학파의 경제학이 19세기 후반의 독일경제학의 주류를 형성하게 되었다. 이들은 1872년 이후 슈몰러(Gustav von

Schmoller)를 중심으로 사회정책학회(Sozialpolitik)를 창설, 사회정책학의 발전과 사회・경제 문제에 관한 계몽에 노력하였다. 19세기 후반에 들어와 자본주의 경제의 모순이 사회문제로 대두되자 신역사학파들은 이 문제를 경제학과 결부하여 해결하고자 학회를 창설하였으며 기관지인『사회정책학회지』를 발간하였다[4]. 또한 당시의 비스마르크[5]식 사회정책을 위한 윤리적 기초를 제공하였으며, 또한 교단을 통하여 활발하게 사회개량을 위한 계몽을 담당하였다. 이 때문에 그들의 사회정책론은 당시 자유주의자에 의하여 강단사회주의(講壇社会主義者 : Kathedersozialist)[6]라고 불렸다.

---

4) 이 학회의 주장은 대체로 3가지 경향이 있었는데, ①1877년에 학회를 탈퇴한 바그너(Adolf Heinrich Gotthilf Wagner)가 주장한 과세제도의 개선을 통한 국가사회주의적 방법 ②브렌타노(Lujo Brentano)가 주장한 노동자와 자본가의 힘의 균형을 통한 자유주의적・조합주의적 방법 ③슈몰러(Gustav Schmoller)가 주장한, 역사적으로 몰락 위기에 직면한 생산적 중산계급 육성을 통하여 해결하려는 중도적 방법이다. 이들은 사회개량을 통한 자본주의의 수정을 주장함으로서 '강단사회주의자'라고도 불렀는데, 제1차 세계대전 이후 계몽적・실천적 의미를 상실하여 나치정권 수립과 함께 해체되었다.

5) 비스마르크(Otto Eduard Leopold von Bismarck)는 수백년 간 지속된 독일권의 지역주의를 타파하고 강력한 민족국가로서의 독일제국을 탄생시키는 데 주도적인 역할을 담당했다. 또한 1860년대 초반부터 구체화되기 시작한 독일권의 통합과정에서 적지 않은 장애 요인들과 직면했는데 비스마르크는 자신의 정치적 역량을 발휘하여 그러한 장애요인들을 효율적으로 제거했다. 독일제국 재상으로 있을 때 비스마르크는 '세계 최초로 의료보험, 산재보험, 노인복지법' 등 정책을 실행하였는데, 당시 유럽에서 유행하던 사회주의 세력을 견제하기 위한 '선제적 조치' 라는 평가와 더불어 사회보장제도 기틀을 마련한 의의를 남겼다.

6) 그들은 당시 사회문제가 가지는 다양성에 따라서 여러 사회정책을 제창하였다. 예컨대, 몰락해 가는 중산적 수공업자의 구제와 육성으로 사회문제를 해결하려고 하는 슈몰러(Gustav von Schmoller) 등의 중앙파, 국가사회주의의 입장에서, 사회개혁 실현의 계기를 국가에 의한 대자본의 억제에서 찾았고, 조세에 의한 분배의 정의(正義)를 실현하고자 사유재산제의 국가적 제한을 제창해 분배의 불균형을 시정하려고 하는 바그너(Wagner, A.H.G.)의 국가주의, 노동조

자본주의의 발전에 따라 전개된 사회정책의 형태는 보통 다음 3가지로 크게 나누어진다. ①산업혁명기의 여성노동·아동노동의 보호 등으로 대표되는 공장법의 전개, ②노동자계급의 단결권을 인정한 노동입법의 전개, ③질병·재해·노령·실업 등으로 노동자의 소득이 중단·두절되었을 때 소득을 보장하는 사회보험의 국가정책으로서의 형성이다. 이들은 모두가 근로자계층이 궁핍화에 저항하여 투쟁한 결과 자본·국가 측으로부터 얻어낸 양보로서 설명된다. 공장법이나 해방입법은 각기 그 시기에 있어서 자본이 잉여가치를 최대한으로 추구하기 위해 채용한 방책으로서의 성격을 지니고 있다. 이에 비하여 사회보험은 국가독점 자본주의가 체제의 안전을 도모하기 위하여 소득 재분배나 완전고용정책 등과 함께 채용한 방법이다.

사회정책은 국가독점 자본주의가 채용한 이런 종류의 방책에 한정된다고 보는 견해도 있다. 역사학파에게 있어서 사회정책은 근로자계층 구제에 주안점을 두는 도의적 성격이 강조되었으나, 본래는 총체로서의 자본이 필요로 하는 임금노동을 조달하고 보전하기 위한 국가에 의한 시책이었다.

한편, 산업혁명 이후 자본주의의 성숙과 함께, 산업기계화로 인한 실업, 분배의 불균형, 재래식 수공업적 부업의 몰락 등의 사회문제가 대두되었다. 이러한 현실에 대하여 독일의 신역사학파는 고전학파의 자유방임론에 반대하고, 국가의 입법적 간섭에 의한 사회개량을 추진하여 사회문제를 해결하려 했다. 그와 동시에 이러한 시도로서 노동자계급 사이에 사회주의가 성장하는 것을 방지하려고 하였다. 그러나 국내시장이 협소해 자연스럽게 해외시장 획득에 나섰던 독일의 독점자

합의 보호 육성을 급선무로 보는 브렌타노(Ludwig Joseph Brentano)의 자유주의 등이 각자의 입장에서 사회정책 발달에 이바지하였다.

본은 영국과의 경쟁에 이기기 위하여 생산가격의 저하와 산업에 따른 사회정책적 부담을 제거하도록 요구하기에 이르렀고, 또한 노동자 사이에 본래의 사회주의가 강력한 세력을 펴게 되자, 강단사회주의자의 사회정책론에 강력히 반대하게 되었다. 이에 따라 강단사회주의는 20세기에 들어서면서부터 영향력이 상실되었다.

사회정책의 개념과 이론 확장에 관해서는 사회정책 본질논쟁으로 미루기로 하겠지만, 이제 일본에서도 사회정책은 전통적으로 주 대상이 되어 온 노동문제에만 국한되는 것이 아니라 「노동과 생활」에 관련된 사회보장, 사회복지 등 대상영역을 적극적으로 넓혀가고 있음을 알 수 있다.

참고문헌

김승권(2001)『최근 가족해체의 실태와 정책방안에 관한 연구』한국보건사회연구원.

김태성·성경륭(1995)『복지국가론』나남출판.

김현식·박순우역(2000)『사회이론과 사회정책』인간과 복지.

송호근(1996)『복지국가의 현재와 미래』나남출판.

윤여덕(1995)『국가와 사회정책』민영사.

조정문·장상희(2007)『가족사회학-현대사회에서 가족은 무엇인가』아카넷.

홍지수 역(2010)『고령화 시대의 경제학』부키.

石畑良太郎·牧野富夫編(2009)『社会政策』ミネルヴァ書房.

埋橋孝文(1997)『現代福祉国家の国際比較』日本評論社.

埋橋孝文(2003)『比較のなかの福祉国家』ミネルヴァ書房.

小林謙一編(1998)『社会政策』実務教育出版.

隅谷三喜男(1993)『社会保障の新しい理論を求めて』東京大学出版会.

隅谷三喜男(1993)「現代社会政策の基本問題」『社会政策』労働法別冊第5号. 総合労働研究所.

武川正吾(1999)『社会政策のなかの現代-福祉国家と福祉社会』東京大学出版会.

鄭基龍(2000)『転換期における日本の高齢者対策に関する研究』一橋大学大学院博士論文.

鄭基龍(2000)「日本の高齢者社会政策に関する研究」『日本學報』제44집.

Esping-Andersen, G.(1990), *The Three World of Welfare Capitalism*, Cambredge : Polity Press.

Esping-Andersen, G. (2002), *Why We Need a New Welfare State*, Oxford University Press, New York.

제2장

사회정책의 시각과 논의

1. 영국의 사회정책
2. 독일의 사회정책
3. 국제사회의 사회정책
4. 일본의 사회정책과 노동문제

1. 영국의 사회정책

사회보장 개념의 등장에 앞서 이미 영국에서는, 15~16세기에 걸친 유럽 대륙의 양모공업의 발전에 수반하여 많은 토지에 울타리를 세워(enclosure movement) 농민을 몰아내고 양을 치는 형태로서의 농업혁명이 일어나 땅을 잃고 부랑하는 많은 빈민이 출현하였다. 이에 대하여 지배계급은 당초 엄중한 진압입법으로 시종하였으나 그것만으로는 대처할 수 없어 16세기 말경부터 일련의 구빈입법의 성립을 보게 되었다.

특히, 1601년의 엘리자베스여왕의 구빈법(Poor Law)이 널리 알려져 있는데 이는 교구단위로 노동능력이 없는 자를 구제하고, 노동능력이 있는 자에게는 구제할 의무를 부과하고, 그 재원을 교구주민 중 자산이 있는 자로부터 징수하는 구빈세로 조달한다는 것이었다. 그 후 산업혁명의 진행에 따라 농촌에 과잉인구가 조성되었는데, 이때 저임금 농업노동자에게 보조금을 급부할 것을 정한 1795년의 스피냄란드제도(Speenhamland system)는 동시에 저임금유지의 역할도 담당하였다.

이를 폐지하고 1834년에 등장한 개정구빈법(신구빈법)은 빈곤을 나태에서 비롯된다고 보는 자유주의 경제사상에 입각하여 구빈비 절약을 위하여 노역장(workhouse) 수용의 승낙을 노동능력이 있는 빈민에 대한 구제조건으로 하였다. 이 구빈법사상은 기본적으로 자본주의 사회에 있어서의 자조원칙에 바탕을 두는 것이며, 같은 자조원칙에서 구빈법과는 별도로 노동자들의 상호부조의 장치로서의 노동조합이나 우애조합(Friendly Society)에 의한 상호 공제사업이 행해지게 되었는데, 19~20세기에 걸친 산업자본주의로부터 독점자본주의로의 이행에 따라 영국 노동자계층의 상황은 악화되어 공제활동의 한계가 나타나기 시작하였다.

이런 과정을 통해 1905년 국왕의 명으로 설치된 구빈법위원회는, 1909년 보수적 다수파의 보고와 구빈법의 철폐, 사회보험 등 개별정책의 확충을 주장하는 웹부처(Sidney James Webb, Beatrice Potter Webb)의 소수파 보고를 발표하였고, 1911년에는 질병 및 세계 최초의 강제 실업보험을 포함하는 국가보험법(National Insurance Act)이 성립하였다.

영국에서는 1941년 처칠(Winston Leonard Spencer-Churchill) 연립내각이 설치한 위원회에서 베버리지(William Henry Beveridge)를 책임자로 하는 베버리지보서(1942년 말)를 제출하도록 했는데, 그에 기초해 전후 가족수당법(1945) · 국민산업재해보험법(1946) · 국민보험법(1946) · 국민보험서비스법(1946) · 아동법(1946) · 국가부조법(1948) 외 6개 입법으로 구성된 체계적인 사회보험제도가 출범하게 되었다.

사회보장은 사회보험과 공적부조의 통합이라고 여겨져 그 통합은 이미 1929년의 대공황 후에 형성되었으며, 제2차 세계대전 이후에 일반화되었다. 이러한 통합이 필요하게 된 것은 그 때까지 별개로 형성되었던 사회보험의 가난방지 기능과 공적부조의 구빈기능이 대공황에 의해 대량실업과 빈곤이 발생하는 과정 등에서 유효하게 기능하지 못했기 때문에 양자의 기능을 유기적으로 재구성하게 되었다.

유기적인 재구성에 관해서는 사회보험의 빈곤방지기능을 강화하는 것과 공적부조의 구빈기능을 충실히 하는 것에 의해 이루어졌다. 전자는 그 때까지 보험료에 의해 처리되었던 것에 공비부담을 부가하는 형태이며, 후자는 공적부조의 지급제한 즉 자산조사를 완화하는 형태와 더불어 공적부조수급의 권리성을 강화하는 형태로 수행되었다. 그런 의미에서 사회보험과 공적부조는 대공황기와 제2차 세계대전 이후에 현실화되었는데 이는 각 나라의 사정에 따라 변화하는 과정에 있다고 할 수 있다.

이는 일본의 사회정책 개념에 관한 의견이 분분하지만, 그럼에도 불구하고 일정한 공통분야가 있는 것처럼, 영국의 사회정책 개념 속에서도 일정한 경향과 범주에 관해 어느 정도 일치하는 내용이 엿보인다. 즉, 통상 사회정책으로서 열거되는 것으로서는, 사회보장, 보건, 의료, 대인사회서비스, 교육, 주택 등에 관한 정책이라고 하겠다. 영국에 있어서 사회정책의 표준적인 교과서는 대부분 각론 안에서 이러한 정책영역을 언급하고 있다. 이런 점에서 볼 때 영국의 [사회정책]=[social policy]이 일본의 [사회정책]=[노동정책]보다는 넓은 의미의 개념이라고 하겠다.

영국의 광범위한 사회정책 개념은 영국 학문의 경험주의적 전통이 반영된 결과로서 그것은 '경험주의의 강점' 이라고도 할 수 있다. 물론 이것이 이론적 연구의 경시라고는 할 수 없지만 이론연구의 지체에 의해 이러한 개념형성이 이루어졌다고 생각된다. 단, 영국 사회정책론에 있어 최대의 난점은 고용에 대한 시점이 희박하다는 것이다. 물론 베버리지는 고용문제를 사회정책의 5대 분야 가운데 하나로 인식한 듯 하지만, 그 후 사회행정 담당자들이 고용을 사회정책과제로서 제대로 다루지 못했던 것이다.

이러한 고용관련 문제점이 엿보이는 예로서 영국의 실업보험의 전개를 살펴보도록 하자. 영국에서는 실업보험이 1911년에 제정되었다. 당초에는 실업률의 발생이 규정된 비율 이하였기에 그에 따른 재정적 여유가 있었다. 하지만 제1차 세계대전 이후의 공황에 의해 대규모 실업이 발생해 장기화되었기 때문에 보험원리를 포기하고, 1921년에 자산조사를 조건으로 하지 않는 "무계약급부"를 실시하게 되었다.

그 당시 보험급부기간이 끊긴 실업자를 구빈법으로 구제하는 방법이 취해졌는데, 구빈법은 수치(치욕)를 동반하고 있었기 때문에 그에 따른 구제를 피한 것이다. 그 결과, 실업보험재정은 국고로부터의 방대한 차입에 의해 유지하게 되었다. 호황을 상정한 고용문제의 인식결여가 동반된 탓에 확대된 장기불황과 대공황의 영향으로 실업보험의 근본적인 개혁을 초래한 것이다. 이러한 사회보험 중심의 제도가 사회정책에 포괄된다고 하겠다.

2. 독일의 사회정책

독일에서는, 일찍이 1854년의 프로이센 광업종업원 공제조합법으로 모든 광산종업원의 보험강제와 광산소유자의 갹출분담의무를 정하고 있었으나 1860년대에 시작된 생산의 집약적 방법에 따른 생산력의 급속한 발전에 수반하여 노동재해나 노동자의 질병이 증가하였다. 한편 노동운동도 활발하여 1875년에는 독일사회주의노동당의 결성(1890년 독일사회민주당으로 개칭)을 보게 됨으로써 노사의 대립이 격화되었다.

그 후 1881년에 사회보험에 대한 황제의 교서가 발표되었고, 1883년 질병보험법, 1884년 공업재해보험법, 1889년 폐질·노령보험법의 사회보험입법이 계속하여 성립되었다. 이것이 이른바 '비스마르크의 사회보험'으로서 노동력의 보전을 위해 '당근과 채찍'의 논리에 의해 성립된 것으로 알려져 있다. 독일 자본주의는 20세기로 들어서면서 독점자본주의 · 금융자본주의 · 제국주의의 단계로 나아가게 되었는데, 실질임금이 상승을 멈추고 정체함으로써 노동자의 건강 유지와 노동력 회복이 어렵게 되어 보다 충실한 사회보험이 필요하게 되었다.

그 후 1911년에 국가보험법(Reichsversicherungsordnung)이 성립되어 질병 · 노동재해 · 폐질 · 노령연금보험을 총괄하는 동시에 유족연금제를 설치하였다. 제1차 세계대전 후 세계공황하의 미국에서는 30년의 공적구제를 요구하는 대규모 기아행진, 실업반대 대규모 시위행진 등이 있은 후 1935년에 사회보장법이 성립하였고, 동법은 이후 여러 차례의 개정을 거쳐 오늘에 이르고 있다. 이러한 과정을 토대로 특히 제2차 세계대전이 가져온 빈곤과 고뇌로부터 해방을 요구하는 근로자계층의 압력 하에 여러 나라에서 사회보장제도가 성립되었다.

독일에서의 '사회정책'이라는 개념은 이미 19세기 중반부터 등장했으나 널리 알려진 것은 19세기 말이다. 앞에서 살펴 본 슈몰러, 바그너, 브랜타노를 비롯한 학자와 관료가 결집해 있는 제정 독일의 사회정책학회가 1871년에 창설되고 나서부터이다. 동 학회에 의해 사회정책을 제창한 사람들을 강단사회주의자라고 하는데, 이들의 기본적인 입장은 당시의 구 중간계급의 몰락과 노동문제의 격화를 국가의 정책에 의해 해결하려고 하였다.

다른 한편에서는 파리 커뮨(commune)으로 상징되어진 사회주의 혁명세력이 대두되었다. 이런 정세에 대해 강단사회주의자는 반 자유방임주의와 반 사회주의의 입장으로부터 노동자계급에 대한 당근과 채찍의 사회정책을 제창하여, 현실적인 사회정책의 형성에 계몽적 역할을 수행한 것이다[1].

---

1) 구체적으로는 바그너(Wagner, A.H.G.)의 국가사회주의적 재정정책을 주장하며 대자본에 대한 조세정책적 수단을 통한 소득분배의 불공정 시정, 슈몰러(Gustav

그들의 사회정책론이 결국 도의적(윤리적) 사회정책론으로 불리어지는 것처럼 자기의 가치관으로부터 정책을 주장하는 면이 강했다. 그에 비해 이러한 사회정책의 도의론을 비판하고 자본주의사회에 있어서의 사회정책의 필연성을 주장하는 좀바르트(Werner Sombart)의 주장도 있었는데, 그에 의하면 고도의 생산성을 실현하는 것이 '사회정책의 이상'으로서 노동자계급의 이익을 촉진하는 것이 사회정책의 역할이라는 것이다. 이것은 하이먼(Eduard Heimann) 등의 정치적 사회정책론의 일종으로 도의적 사회정책론을 한 층 넘어선 것이었지만 가치판단에 있어서의 낭만주의를 넘어선 것은 아니었다.

그리고 도의적 사회정책론에 대하여 '가치주의론'의 방법에 기초하여 '실천적가치판단'을 분리, 배제함으로 과학적인 사회정책론을 대치하는 막스베버(Max Weber)의 주장이 등장한다. 20세기 초의 일이었다. 그의 주장은 이론적인 방법론상의 문제제기였으나 그 당시 대부분이 그의 주장을 환영하였다. 즉, 강단사회주의자가 정책제기상 전제였던 입법주의, 지방지주 귀족인 융카세력(Junker)과 신흥부르주아(Bourgeois: 有産者)계급의 이해로부터 자립한 프로이센 제정의 관료제가 이 시기의 융카세력의 지위약화로 약해졌기 때문이다.

그와 더불어 19세기말의 독일경제의 번성기에는 그 정도로 문제시되지는 않았던 사회정책의 비용부담이 20세기에 들어서면서 영국 등과의 경쟁격화로 인해 부담이 되었는데, 분배정책에 따른 계급협조를

---

von Schmoller)의 구 중산계급의 보호, 브랜타노(Ludwig Joseph Brentano)에 의한 노동조합운동인 크래프트유니언 육성을 주장하였다. 그들 세 분파는 각자의 입장에서 사회정책 발달에 크게 이바지하였다. 그러나 해외시장 개척에 나선 독일의 독점자본은 영국과의 경쟁에서 이기기 위해 생산가격의 저하와 사회정책적 부담을 제거하도록 요구하기에 이르렀고, 노동자 사이에도 본래의 사회주의가 세력을 확대해 강단사회주의자의 사회정책론에 강력히 반대하게 됨으로써 강단사회주의는 서서히 영향력을 잃게 된다.

염두에 둔 강단사회주의자들이 그 문제를 적절히 처리하지 못하자 베버의 문제제기를 환영하게 된 것이다.

더욱이 베버의 의도는 많은 아류의 에피고넨(Epigonen)에 의해 왜곡되어 사회정책 개념의 몰가치적 추상화와 형식사회학적 유형화 등이 행해져 사회정책론이 제 역할을 다하지 못해 사회정책의 위기를 맞게 되었다. 특히 이런 흐름은 1920년대의 사회민주당을 중심으로 한 사회주의 세력에 의해 사회주의 실현의 과도기적 수단으로 생각하는 사회민주당계 이론가들의 주장으로서 전개되었다.

이러한 논자의 대표적인 인물은 "사회정책은 자본주의에 있어서의 사회적 이념의 제도적 침몰"이라고 하는 하이먼(Eduard Heimann) 이라고 하겠다. 그에 의하면, 사회정책은 보수적 측면과 혁명적 측면을 가지고 있으며 후자는 사회운동에 의해 강해진다고 생각되었다. 이러한 사회정책의 정치론은 자본주의 아래에서 사회정책의 한계에 관한 인식을 빼면 도의적 사회정책론과 같이 일면 낭만주의적이었다고 할 수 있다. 그러한 결과, 바이마르(Weimarer)체제의 '사회화'와 '경제민주주의'의 구상자체가 독일자본주의 재건의 어려운 현실 앞에 무너져갔던 것이다. 결국 세계공황에 이어서 나치정권 장악에 의해 사회정책사상은 후퇴했으며 사회학파의 일부로부터 신분적 공동체국가의 재편 즉, 직분국가를 제창한 슈판(Othmar Spann) 등과 같은 전체주의적 사회정책론이 전개되기도 하였다.

그 후 제2차 세계대전의 재건에 돌입한 독일은 안정적인 노동과 복지국가로의 사회정책을 한동안 견지하였다. 그러나 2008년10월7일, 독일정부는 [최저노동조건법]과 [강행노동조건법] 등 최저임금에 관한 두 가지 법률의 개정안을 의회에 상정하였다. 특히 [최저노동조건법]은 1952년에 제정된 이래 한 차례도 변경되지 않은 채 유지된 법률이었다는 점에서 개정안 상정은 고임금 국가로 알려진 독일이 이제는 최저임금이 적용되는 분야를 확대해야 할 만큼 저임금 노동 분야가 급격히 늘어난 것이다. 완전고용, 표준고용관계, 산별포괄 협약으로 이루어진 노동계를 기반으로 사회보험체계가 갖추어져 있어 웬만한 사회적 위험에도 대응이 가능했던 전성기의 독일의 복지국가 체제가 변화되고 있음을 알 수 있다.

EU체제 속에서도 경제적인 면에서는 주도권을 잡고 있는 독일이지만, 이전에 사회정책에서 다루어졌던 노동과 복지제도의 연관성이 이전처럼 긴밀하지 못하다. 따라서 소득불평등 또한 격차가 크게 나타나고 있다. 1990년대 중반, 중위소득의 절반에 미치지 못하는 최저소득층은 약 8%대였는데, 10여년이 지난 2000년대 중반에는 무려 11%를 넘어서고 있다. 1989년 베를린장벽이 무너져 1990년10월 통일조약이 발효되면서 통일된 지 20여년, 후발공업국 일본의 사회정책에도 상당한 영향을 주었던 독일이지만 사회의 환경변화가 부단히 일어나고 있는 것이다. 과연 독일은 향후 어떤 형태의 복지국가를 형성해나갈 것인가? 그리고 EU의 재정문제에 대해 리더십을 갖고 해결해야 하는 독일의 사회정책이 향후 어떤 모습으로 재편될지에 관심이 집중되고 있다.

3. 국제사회의 사회정책

오일쇼크에 의한 저성장으로의 전환에 의해, 자본주의각국의 사회정책도 또한 중대한 전환을 맞이했다. 사실, 오일쇼크 자체가 현대자본주의의 인플레이션 체질의 산물이었다. 즉, 케인즈(John Maynard Keynes)형의 유효수요 확대정책은 전후의 경제성장을 촉진하여 사회정책을 충실히 하는 큰 역할을 하였다. 즉, 완전고용을 달성해 임금상승 없이 고용을 확대시키면서 경제성장을 지속시키기 어려워지자 임금과 물가가 올라 인플레이션을 초래하였는데 그러한 인플레이션이 결국 산유국에도 영향을 미치게 되었다.

오일쇼크는 석유수입국의 유효수요가 감소되었기 때문에 파이의 증가가 소멸되거나 성장이 둔해져 실질 경제성장이 마이너스 혹은 저하되는 충격을 입었다. 그러한 결과 현대자본주의의 체질과 함께 케인즈형의 유효수요정책[2])과 그에 의해 유지되었던 사회정책 등의 대폭적인 전환이 초래된 것이다. 그것은 물론 단순히 경제적 상황뿐만 아니라 정치권력의 교체를 매개로서 확대된 것이다.

그러한 전환이 경제과정과는 조금 어긋나는 것이 당연한 것이나 1980년 전후의 대처정권, 그리고 레이건 정권의 탄생 후 현저하게 드러났다. 다만, 그러한 전환이 단순하게 저성장으로의 대응뿐만이 아니라, 레이거노믹스라고 일컬어지는 것처럼 다양한 정권전환의 믹스된 형태의 결과라고 하겠다.

---

2) 유효수요(有效需要)는 구매력의 뒷받침이 되는 수요를 뜻한다. 즉 물품을 구매할 돈이 있어 구입하려고 하는 욕구이다. 총수요함수는 일정한 고용량과 그 고용으로 생산하고 판매하여 얻어질 것으로 예상되는 매상금액(총수요가격)과의 함수관계를 말한다. 고용량이 결정되는 것을 총수요함수와 총공급함수의 균등한 점에 있고, 이 점의 총수요가격의 값을 유효수요라고 한다. 케인스의 유효수요의 원리는 고용이론의 기본이 되는 것으로서 ①총고용량을 결정하는 것은 총유효수요이다. 또, 유효수요의 부족이 실업을 초래하는 것이다. ②고용이 증대하면 소득도 증대하고, 소득이 늘면 소비도 늘지만 소비의 증가율은 소득의 증가율보다도 작다. 완전고용 달성방책으로서는 소득과 그 소득에서 지출되는 소비와의 차액을 채울 정도의 신 투자가 정부에 의해 이루어져야 한다는 시각이다.

1981년부터 시작된 레이거노믹스(Reaganomics)[3]는 '강한 미국과 작은 정부'슬로건만 보더라도 알 수 있는 것처럼 달러 상승과 군사력의 강화에 의해 국제적 위상을 높임과 동시에 감세와 재정지출의 축소 등에 의해 스태그플레이션을 퇴치해 민간경제의 공급력을 증대시킬 것을 직접적인 목표로 한 것이다. 하지만 단순히 '작은정부'를 목표로 하고 있었던 것만은 아니다.

달러의 위상과 군사력의 증강도 목표로 하고 있어 특히 후자에 관해서는 케인즈형의 정책에 의존하지 않을 수 없다. 이러한 레이거노믹스 속에서 한편에선 긴축정책에 의해 인플레이션은 진정된 반면, 실업이 대량 발생하여 노동력 공급과정을 매개로 한 임금인상과 노동조합의 교섭력을 약화시켰다.

또 다른 한편에서는 확실히 사회복지제도에 대한 도덕적해이가 드러난 모자복지 등의 사회복지·부조의 삭감이 강행되었다. 더욱이 실업대책과 직업훈련프로그램과 노동안전, 위생으로의 연방지출도 대폭 감소된 반면, 사회보험료의 단계적 상승, 연금지급의 인플레이션에 따른 슬라이드의 제한, 연금지급 개시연령의 인상, 간병·수발이 필요한 고령자를 대상으로 하는 케어급부와 부담의 균형을 취하는 정책 등이 실시되었다.

이에 비해서 영국의 대처리즘은 보다 빠른 1979년부터 시작되었는데, 전통적으로 공공부문이 보다 확대되어 레이거노믹스 이상으로 '작

---

3) 미국 대통령 로널드 레이건이 1981년부터 1989년까지의 임기 동안 수행한 시장 중심적 경제 정책 혹은 이와 유사한 정책을 가리킨다. 방송인 폴 하비가 레이건(Reagan)과 이코노믹스(economics)를 합쳐 만든 말이다. 레이거노믹스의 중심 내용은 정부지출의 축소와 노동과 자본에 대한 소득세 한계세율을 낮추고, 정부 규제의 축소 및 인플레이션을 줄이기 위해 화폐 공급량의 조절하는 등 세금을 낮추고 국내 지출을 줄였다는 점에서 이전 정책과 차이가 있다.

은정부'를 목표로 삼았다. 여기에서도 국방 · 치안은 대폭 증가된 반면, 투자, 소득의 감세와 부가가치세의 증세가 이루어졌고, 국유기업과 불황지역으로의 산업정책을 후퇴시켜 공민주택의 매각, 공공서비스의 민영화, 국가공무원의 감원이 강행되었다. 그러나 사회보장과 국민보험은 거의 유지하는 한편, 교육, 주택, 환경투자 등으로의 재정지출은 대폭 삭감하였다. 더욱이 실업증대에 대해 실업급부의 삭감이 검토되어 노동조합운동에도 억압하는 경향이 드러났다.

그 점에 관해서 미국에서는 노동조합 쪽에서 노선을 전환해 저성장으로 대응하려고 하는 모습 또한 주목을 받았는데 결국 억제된 노동, 생활조건 속에서 노동력의 공급을 증대시켜, 이를 바탕으로 설비투자와 고용의 확대를 자극하려는 고전적인 체제의 합리화노선을 걷게 된 것이다.

자본주의의 발전이 각국마다 불균등한 것과 마찬가지로 사회정책과 그 전제인 노동문제에 있어서도 각국의 사정에 따라 다른 발전양상을 보였다. 노동기준입법과 노동조합입법 등에 있어서 앞서 시행한 나라에서는 국제경쟁 측면에서 관심을 갖기 시작했다. 예를 들면, 노동력의 약탈을 방임하거나 규제가 느슨한 국가의 사회정책에 관심을 갖게 된 것이다. 그리고 선진국의 노동자 또한 자신들의 노동, 생활조건의 유지, 개선을 도모하기 위해서는 후진국의 노동자 상황도 신경 쓰지 않을 수 없었다.

이러한 관심은 자본주의 각국이 세계시장으로의 진출이 활발해진 19세기말부터 현저해졌으며 또한 후진국에 있어서도 노동조건의 규제 등 개선을 향한 노동운동이 활발해진 것을 배경으로 사회정책의 국제적 규제의 필요성이 제기되었다.

그 단초적인 움직임은 1889년의 스위스정부에 의한 국제적 공장입법의 제안과 1890년의 베를린 회의에서 서구14개국의 정부대표에 의한 "무엇이 바람직한 노동조건의 기준인가?"에 대한 토의에 기록되어 있다. 1900년에는 파리에서 국제노동입법협회가 설립되어 국제노동입법추진활동단체로서 활약하였다. 이것은 민간단체라는 제약이 있었지만, 국제노동기구 설립을 위한 준비 단계가 되었다.

이러한 과정을 통해 드디어 ILO(International Labor Organization: 国際労動機構)가 1919년에 창설되었다. 그 설립에는 미국의 노동총연맹(AFL)과 유럽 각국의 노동조합의 요구, 일본을 비롯한 후진 자본주의국에 대한 공정한 국제경쟁의 요구가 그 배경이 되었다. 오늘날까지 ILO는 노동시간의 단축, 여성, 아동근로자 보호, 최저임금제, 사회보장의 보급 등 노동생활환경의 다방면에 걸친 조약・권고 채택과 가맹국 보급을 도모해 국제사회정책을 추진하는 중심기관으로서 일정역할[4]을 해 오고 있다.

그러나 미국이 ILO로부터의 탈퇴 후 재가맹한 점에서 엿보이는 것처럼 가맹국의 이해 대립에 의해 ILO의 통합력이 약화되고 있다. 그와 더불어 특히 1960년대부터 다국적기업 등의 진출에 의해 새로운 국제노동문제가 다수 발생하고 있기 때문에 이러한 새로운 사태의 발생이 ILO의 대응을 어렵게 만들고 있다.

그에 비해서 동일문화권의 EU(European Union)와 같은 지역공동체는 금융통화의 통합과 더불어 자유로운 노동력 이동에 대응하여 균등한 대우의 보장을 확대할 수 있는 여건을 갖추고 있다고 하겠다. 또한 다국적기업의 해외진출에 있어서도 ILO의 대응보다 유효하게

4) 단, 조약・권고의 강제라는 점에서는 국가가 가지는 강제력이 아닌 단순히 조약에 가입하지 않은 나라의 상품 보이콧과 수입관세인상 등의 간접적인 강제를 행하는데 그침으로서 주권을 갖지 못한 국제기관으로서의 한계를 안고 있다.

OECD(Organization for Economic Cooperation and Development: 経済協力開発機構)가 신속히 노동문제 규제를 추진하고 있다. 이러한 상황 속에서 ILO의 유니버설리즘의 허구 실태를 드러내고 있다고 하겠다. 무엇보다도 EU와 OECD는 선진 여러 나라를 중심으로 한 균질한 조직으로 ILO처럼 공·노·사의 삼자 구성이 아니라 정부대표에 의해 구성되어 있어 통합력을 강화할 수 있는 것이다.

그 반면, 개발도상국의 공업화가 진행되어 특히 냉전체제의 종언과 함께 구 사회주의의 자본주의화도 진행됨과 함께 새로운 국제 노동문제가 발생되고 있다. 그 하나의 예로서는 개발도상국으로부터 선진 여러 나라로의 노동력 이동을 둘러싼 문제이며, 또 하나는 공업화와 함께 개발도상국간의 사회정책의 표준화 문제이다. 다만, 사회정책의 공통화에 대해서는 EU에서도 난항중이며, 신흥공업경제지역인 NIES (Newly Industrializing Economies) 등의 사회정책 표준화에 있어서도 단계적으로 진행되지 않으면 안 될 것이다.

이렇듯 선지국에서는 20세기 초반부터 사회보장의 적용, 외국인 노동자의 보호 등 노동조건 면에서 평등한 처우를 취하고자하는 두 나라간 또는 복수의 국가 간 정부협정에 따른 국제사회정책이 추진되어 왔다. 그러나 개발도상국 등으로부터 외국인노동자 문제에서는 상당한 어려움에 처해 있다. 그 외에 국제사회정책의 선진기구로서는 ILO의 외부단체인 ISSA(International Social Security Association : 国際社会保障協会) 등이 있는데 주로 사회보장의 국제적인 발전을 위한 업무에 주력하고 있다.

4. 일본의 사회정책과 노동문제

자본주의사회의 노동문제는 노동력의 상품화를 바탕으로 다양한 형태로 발생한다. 즉, 자본주의는 사회의 기초인 인간의 노동을 노동력의 상품화라는 상품경제의 메커니즘을 통해서 확보할 수밖에 없다. 그러므로 노동문제는 자본주의의 다양한 사회문제 가운데 무엇보다 중요한 해결과제라도 하겠다. 그러면 노동력의 상품화를 바탕으로 어떤 사회문제가 발생하는 것인가? 이 문제를 해결하기 전에, 상품경제 그 자체를 기초로 한 사회문제는 어떤 문제인가에 대해 이해해 둘 필요가 있다. 실은 이 문제가 경제이론상의 과제이기 때문에 본서에서는 약술에 그치지만 그 요점은 다음과 같다.

먼저 상품경제의 수요는 화폐로 판매되는 유효수요이지 않으면 안 된다. 어떤 재화・서비스에 대한 수요가 봉건권력 등 정치적 지배력에 의해 움직이는 것은 허용되지 않는다. 그와 동시에 그런 유효수요에 대한 제공도 어떠한 재화와 서비스가 상품으로서 생산되어 제공되는 형태가 된다. 이런 전제 하에 다음과 같은 사회문제가 발생한다. ①유효수요가 큰 것에 비해 그에 대한 상품제공은 적다. ②그와는 반대로 유효수요는 작은데 비해 상품의 제공이 많아져 수급 불균형을 초래한다.

위의 경우, 상품경제의 메커니즘은 다음과 같이 작용한다. ①의 경우 상품가격은 상승한다. 그러면 먼저 그 상품에 대한 유효수요는 다른 대체상품으로 향하여지기 때문에 감소하는 반면, 공급측은 가격이 코스트를 웃돌 정도로 높아 이윤이 크기 때문에 생산이 증가한다. ②의 경우는 반대의 조정이 이루어져 어떠한 경우에도 상품가격의 변동을 통해 수요와 공급은 거의 자동적으로 조정되어지게 된다.

자본주의의 확립시기에 자유주의의 경제정책의 기조가 된 것은 앞서 말한 것처럼 상품경제의 메커니즘의 확립에 의한 것이다. 물론 더 깊이 들어가 보면 다양한 사회문제가 발생하는 것을 알 수 있다. 예를 들면, 경제공황기와 같이 아무리 상품을 싸게 팔더라도 유효수요가 발생하지 않는 국면도 일시적으로 발생할 수 있다. 더욱이 독점과 과점의 시장지배처럼 수요와 공급이 자유경쟁모델처럼 자동적으로 조정되지 않는 상태가 구조적으로 발생하기도 한다.

이런 문제가 노동문제에서는 어떨까? ①공황기에는 대량의 실업이 발생하는데, 일반상품처럼 싸게 팔아서 다 팔지 못할 경우 그냥 버릴 수는 없는 것이다. 왜냐하면 실업에 의해 하루하루의 노동능력을 버리고 있을 때, 실업의 기간이 길어지면 그 동안의 생계가 보장되어있다고 하더라도 노동의사와 노동능력 그 자체가 상실되어, 감퇴될 수밖에 없기 때문이다. 즉, 노동력은 그 소유자인 노동자라는 인간존재로서 일체화되어 있어서 장기간의 실업은 인간 그 자체를 무능하게 만들 수도 있기 때문이다. ②노동력상품의 경우에도 노동조합 등에 의해 그 공급이 독점되거나 과점상태가 될 수 있다. 하지만 노동력상품의 대체성은 매우 크다.

이런 상품의 예를 든다면, 철강제품을 종이제품으로 대신할 수는 없겠지만, 목수 등 장인을 대신하여 기계화가 발달되어 있다면, 비숙련 노동자라고 할지라도 장인과 선반공 등과 같은 직종의 노동력으로 대체될 수도 있을 것이다. 그러므로 노동조합의 독점과 과점은 그 조직이 외부로부터의 노동력 공급에 의해 위협받게 됨으로서 노동정책의 규제가 없으면 수요 측의 독점력과 과점에 대등하게 교섭할 수 없게 된다.

더욱이 일반상품이면, 그 가격이 코스트 이하로까지 하락하게 된다면 생산과 공급이 감소하게 된다. 그렇지만 소생산자는 제품가격이 내려가더라도 일정한 매상을 유지하기 위해 판매처를 늘리게 되고, 그에 따라 제품가격은 더욱 하락하는 상태에 이르게 된다.

노동력 상품화의 경우에도 노동자의 생활보장 여하에 따라서 그러한 임금삭감이 발생해 노동능력 그 자체의 파괴와 인신매매마저 일어날 수도 있다. 그 점에서 바로 노동자의 생활문제가 특수한 사회문제가 되는 것이다. 게다가 노동자의 생활은 꼭 노동능력을 재생산하기 위한 생활만이 아니기 때문에 자본의 지배라거나 상품경제의 이론으로서 관철되기 어렵다.

이를 위해 노동력의 가격은 불확정적인 면을 갖게 된다. 본래 가치는 가격결정의 기준이 되는데 반대로 가치가 노동시장의 수급상황에 변동하는 임금의 영향을 받거나 노사관계와 노동정책 등의 상품경제 요인 이외의 작용을 받기도 하는 것이다.

뿐만 아니라 자본은 직접적으로 노동력상품을 생산할 수 없기 때문에 간접적으로 '상대적 과잉인구'의 창출에 의해 조정되어지지 않으면 안 된다. 노동력상품의 경우, 그 부족과 과잉이 호황기와 공황 · 불황기에 집중적으로 발생하며 임금변동만으로는 잘 조정되어지지 않고, 수요 측에 있어서는 노동력부족, 그에 의해 지불할 수 없을 정도의 임금상승 문제가 발생하며, 공급 측에 있어서는 실업, 그에 의한 생계가 불가능할 정도의 임금하락과 같은 사회문제를 일으키게 되는 것이다.

더구나 노동력의 소비는 노동자의 의사로부터 분리하여 사용자가 자유롭게 결정할 수 없다. 그러므로 노동자의 의사를 강제적으로 혹은 합의를 통해서 수요측이 지배하게 된다. 이렇게 노동력상품의 매매-소비-재생산의 전 과정에서 무산노동자라는 전제 하에서의 계급관계를 반영한 노동문제가 발생하게 되는 것이다.

그리고 고용계약은 노동력의 수요와 공급의 관계 속에서 임금 등의 노동조건들을 정하고 고용이 결정되는 노동시장의 약속이다. 통상, 노동시장은 복수의 이질적인 부분으로 구성되어 상호관계를 갖는 노동시장 구조로 형성되어 있다. 예를 들면, 지역, 생산, 성별, 직업(숙련, 비숙련)별, 기업규격 등에 의해, 노동시장을 여러 구성인자로 분류할 수 있다. 이들은 개개의 시장을 형성하고 그 특성과 내용은 경제발전의 단계와 문화 등에 의해서 달라진다.

일본의 고용제도의 특징을 한마디로 단정하는 것은 논란의 여지가 있겠지만, 일반적으로 알려진 특성은 '종신고용제도, 연공서열제도, 기업별 노동조합'이 세 가지일 것이다. 종신고용과 연공서열 제도에 관해서는 최근 변화되고 있다는 의견도 분분하지만, 어쨌든 이전의 고용시스템은 일본의 경제성장의 한 요인으로 평가되어 왔다. 즉, 대부분의 직원은 일단 회사에 들어가면 정년까지 종신고용제 하에서 연공적인 기업의 승진, 승급이 적용되어 기업별노동조합을 기반으로 하는 집단주의적 의사결정시스템은 모든 직원의 높은 도덕성을 유지 할 수 있었던 것이다. 그야말로 일본의 기업성장을 지원하는 중요한 요인이었던 것이다.

그러나 연공서열제도는 노동력의 공급이 풍부하다는 것을 전제로 하고, 상대적으로 인구고령화 시기에는 변화하지 않을 수 없는 것이다. 특히, 최근의 환경 변화는 기업의 변화 또한 요구하게 되었다. 먼저 기업을 둘러싼 외부 환경이 국제화, 정보화, 기술혁신, 경제의 소프트화에 의해 급속히 변화하고 있다. 또한 기업조직의 내부 환경에서도 최근 기업의 조직을 구성하는 직원의 고령화가 급속히 진행되고 있다. 직원의 고령화는 인사관리에 매우 지대한 영향을 미치고 있으며, 전직자 및 중도채용이 증가하게된 것이다. 이러한 노동시장에서 구직과 취업의 다양화가 진전되면 종신고용제도와 연공임금체계도 결국 무너지게 될 것이다.

이러한 국내·외 환경 변화는 기업경영의 전환을 요구하고 있으며, 기업구조조정 등 돌파구를 찾지 않으면 안 되었다. 동시에 이러한 문제는 지금까지 기업성장을 지탱 해 온 중견세대의 직원들이 중 고령화되고 있는 상황 속에서 해결되어야 한다. 이러한 변화 속에서 기업은 어떤 대책을 가지고 있을까?

기업 측의 대책은, 단순한 개인 직원의 문제만이 아니라 기업조직의 구성원이라는 관점에서 가장 기본적인 개념은 먼저 고용확보와 고용보장이다. 기업은 무엇보다 기업이 필요한 경험과 기능 보유자 확보가 우선적으로 필요하기 때문이다. 따라서 젊은 층의 채용이 어려워지면 기업은 정년연장, 재고용, 계속근무 등을 활용해 그에 적합한 임금, 승진 등 인사관리의 개정과 직무재편성에 이르기까지 각 기업 사정에 맞는 대책을 실시하게 될 것이다.

한편, 내부적 노동시장(Internal Labor Market)론에서는 노동시장이 기업과 직종에 따라 봉쇄되어 있음을 지적한다. 기업봉쇄에 주목하면, 대규모의 기업조직일수록 직업능력으로 보아 하위의 직무만이 취업문이 열려있고, 외부노동시장과의 관련이 없으며 오히려 대다수는 기업조직 내부에서 노동력의 수급조정이 행해지는 기업 내 노동시장이 성립되어 있다고 할 수 있다. 거기서는 기업 간의 노동력 이동을 통한 경험축적보다는 조직내부에서의 캐리어 형성이 중요한 것이다. 그리고 하위의 직무에 취직할 때에도 직무능력보다는 입사 후에 캐리어형성이 어느 정도 가능할지를 기준으로 본 '훈련가능성'이 중요한 평가기준이 된다.

후생 경제학자인 바바(馬場啓之助)의 '복지사회의 일본적 형태'론의 경우, 복지사회는 원래 산업사회의 성숙에 따라 성립하는 사회형태이지만, 일본의 복지사회로의 이행은 서유럽사회의 경험과는 달리 산업사회가 미성숙 단계에서 복지사회로의 이행이 강요되었다. 더욱이 그 이행은 감속 경제 하에서 이루어지게 된 것이다[5]. 또한, 산업사회는 "실적주의와 보편주의에 의해 이루어지는 사회" 라고 정의되는 게 보통이지만, 일본의 산업사회는 일본적 노사관계 특징인 특수주의 사회와 성과주의 혹은 '중간집단주의'[6]의 색상을 오랫동안 띠어 왔다고 보았다.

그와 관련해 일본의 노동시장에서는 대기업을 중심으로 한 기업 내 노동시장이 형성되어 있었기 때문에 노동력 배분이 조직내부에서 행해지는 경우가 많았다. 그러므로 기업 내 노동시장에 대한 공공정책의 전개에 있어서 어쩔 수 없는 한계가 있었을 것이다. 그러나 최근의 서비스경제화, 소프트경제화, 기술혁신의 진전, 그리고 노동력의 고령화, 여성노동력의 신장 등에 따른 변화에 따라 기업 내 노동시장이 성립하는 범위를 좁혀 노동시장 전체의 노동력 유동화에 영향을 미치기 때문에 그만큼 공공정책에 대한 기대가 커지고 있는 것이다. 그와 더불어 중장기적인 관점에서 보면, 인구구성 측면에서 대기업, 중소기업을 불문하고 노동력 공급제약 또한 예상되기 때문에 고령자와 여성노동력의 활용까지도 염두에 둔 사회정책적 시각이 필요하다고 하겠다.

---

5) 稲上毅(1993)「福祉国家・福祉社会・社会意識」『社会保障の新しい理論を求めて』東京大学出版会. p.57. 馬場啓之助(1980)『福祉社会の日本的形態』東洋経済新報社.

6) 馬場啓之助(1978)『社会保障研究』社会保障研究編. p.24. 바바는 이「中間集団主義」를「部分的集団主義」라고도 표현하였다. 여기에서 가리키는 中間集団主義란 사회구성에 있어서 국가와 개인과 그 가정의 중간에 위치하는 조직체, 예를 들면 기업조직 등에 역점을 둔 형태를 가리키는 것이다.

따라서 영국과 독일 그리고 국제기구 등의 사회정책 개념과 일본의 현실적인 사회문제를 해결하기 위한 현대사회에서 통용되는 사회정책이란 무엇인가? 에 관한 필자의 견해를 요약하면, "사회가 모든 사회구성원의 생애주기 과정을 통해 발생하는 사회문제를 해결하기 위해 자원배분의 효율성에 입각해 행하는 정책" 이라고 할 수 있겠다.

참고문헌

박만섭(2002)『케인즈의 경제학』다산출판사.

안치민 역(2000)『사회복지정책의 이해－미국의 사회문제와 사회정책』일신사.

엄영진 외역(2003)『영국 사회정책 현대사』인간과복지.

전남진(1992)『사회정책학강론』서울대학출판부.

정영순 외역(2009)『OECD 국가들의 적극적 사회정책 동향 및 도전과제』학지사.

최일섭・최성재(1995)『사회문제와 사회복지』나남출판.

한림대학교 사회복지연구소 편(1991)『비교사회복지』을유문화사.

황규성(2011)『통일 독일의 사회정책과 복지국가』후마니타스.

UN사회개발연구소・Esping-Andersen, G. 편, 한국사회복지학연구회 역(1999)『변화하는 복지국가』인간과복지.

稲上毅(1993)「福祉国家・福祉社会・社会意識」『社会保障の新しい理論を求めて』東京大学出版会.

井原辰雄訳/OECD編(2005)『世界の社会政策の動向』明石書店.

伊部英男・早川利男編(1992)『世界の社会政策』ミネルヴァ書房.

氏原正治郎(1989)『日本経済と雇用政策』東京大学出版会.

埋橋孝文(1997)『現代福祉国家の国際比較』日本評論社.

埋橋孝文(2003)『比較のなかの福祉国家』ミネルヴァ書房.

大河内一男(1940)『独逸社会政策思想史』日本評論社.

小林謙一編(1998)『社会政策』実務教育出版.

隅谷三喜男『社会保障の新しい理論を求めて』東京大学出版会.

武川正吾(1999)『社会政策のなかの現代-福祉国家と福祉社会』東京大学出版会.

ドイツ連邦労働社会省編(1993)『ドイツ社会保障総覧』ぎょうせい.

馬場啓之助(1980)『福祉社会の日本的形態』東洋経済新報社.

제3장

일본의 노동정책과 사회정책

1. 일본 특유의 사회정책
2. 노동력 상품의 특수성
3. 사회정책의 특질
4. 노동정책의 역사적 전개

1. 일본 특유의 사회정책

사회정책의 의미를 넓은 의미로 보면 현실에 발생하는 다양한 사회문제를 해결하거나 완화하는 모든 공공정책이라고 할 수 있다. 예를 들면, 원유 급등에 관련된 인플레이션과 그에 따른 기업경영 악화는 실업률을 높이고 취업난에 영향을 미친다. 그와 더불어 화석연료와 관련해서는 주거난방, 환경공해 등 도시문제뿐만 아니라 농촌의 비닐하우스의 난방문제 등 다양한 사회문제에 대한 공공정책이 그에 해당된다.

이러한 사회문제에 대해 단순히 사회의 모순이 현실로 드러난 것으로서 사회적인 문제로 치부해 정부와 관련기관에 떠넘겨 버리기보다는 개인과 기업은 물론 농업협동조합 등도 사회문제 해결과 완화를 위해서 행동에 나서야 할 것이다. 아니 어쩌면 이러한 사회문제가 발생하였을 경우에는 그 대응의 규모와는 별도로 자력으로 해결하려는 행동에 나서게 된다. 그리고 여기에서 사회문제가 해결되지 못할 경우에는 공공정책이 요구되는 것이다. 즉 사회문제의 본질은 개인과 기업, 조합 등의 자력대책으로 처리하기 어려울 때 국가의 공공정책이 요청되는 것이다. 국가는 바로 그런 사회문제 발생 시 그 요청에 대한 대책으로서 정부의 기능을 발휘해 안정적인 체재를 유지하기 위한 행동에 나서게 되는 것이다.

다양한 사회문제가 발생하여 그에 대한 사회적인 인식이 높아짐에 따라, 그에 대응해 국가의 사회정책 기능이 발휘하게 된다. 국가기관은 사회문제에 따라 각 분야에서 전문화되는 동시에 합리적이고 효율적인 대응을 위한 입법과정과 행정적 처리에는 전문적인 지식과 방법이 필요하다. 따라서 사회정책은 예를 들어 우리생활과 관련된 인플레이션을 둘러싼 물가정책을 비롯해 도산에 관한 산업정책과 고용정책, 나아가 실업정책과 고령자대책, 도시정책, 농업정책 등과 같이 분화된 대책과의 연관성을 통해 우선순위라든가 중점대책 등이 조정되는 것이다. 무엇보다 이러한 공공정책의 분화와 전문화가 진행될수록 사회문제를 총괄적으로 인식하여 체계화된 의사결정이 중요한 의미를 갖게 된다.

이렇듯 국가의 공공정책이 분화되어 전문화되고 있는 현실은 무시할 수 없다. 그 중에서 사회정책으로 일괄되어온 공공정책 가운데, 협의의 사회정책은 주로 노동정책 중심이었다. 그러면 일본에서는 왜 노동정책이 협의의 사회정책으로 남게 되었을까? 그것은 다른 공공정책이 여러 방향으로 변화하고 분화되는 과정에서 노동문제를 대상으로 한 노동정책이 일본자본주의 사회의 각종 사회문제 중에서 가장 중심적인 공공정책이었기 때문이라고 하겠다. 즉, 자본주의사회의 기반인 경제과정은 노동력의 상품화에 기초해 있다는 생각이 강조되었기 때문이었다.

경제사회에서 우리 생활에 필요한 물자와 서비스가 노동에 의해 제공되어 분배되고 있는 것은 사실이므로 자본주의사회에서는 그러한 노동이 상품화되어 노동력의 소비로서 행해지고 있기 때문이다. 물론 오늘날 인간노동의 모든 것이 상품화되어 고용노동자에 의해 지출된다는 뜻은 아니다. 그러나 경제학 원리로서의 추상적인 가정은 물론이고 현실사회에서도 일정부분 그러한 원리에 입각한 의제가 가능하다고는 할 수 있다. 요컨대, 자본주의사회의 경제적 원리는 모두 상품경제의 논리로 설명될 수 있는 것이다.

즉, 경제활동에 필요한 노동력 또한 상품경제의 메커니즘으로 제공되어 소비된다고 생각할 수 있다. 자본주의사회의 물적 기반인 자본축적은 노동력의 상품화에 의해 비로소 그 기초가 형성되며, 자본축적의 원천인 잉여가치는 노동생산물의 가치 중에서 노동력상품의 가치를 상회하는 부분이기 때문이라고 하겠다.

만약 현실의 노동문제가 이런 노동력의 상품화에 입각해 발생한다면, 이에 대한 공공정책도 상품경제의 메커니즘을 기초로 한 경제정책으로서 처리하면 되기 때문에 경제정책에서 독립된 노동정책이 왜 필요한가? 라는 의문이 들것이다. 실제로 고용, 실업문제는 경제성장을 추진하고 고용량 전체를 보다 확대함으로써 해결되기도 한다.

또한 인플레이션을 동반한 생활난 역시 다양한 경제정책에 의해 처리되고 있다. 특히 노동문제에 있어서는 현실적으로 노동자와 노사관계에 다양한 유형이 있기 때문에 천편일률적으로 논하기는 어렵다. 예를 들면, 건설노동자와 항만노동자라든지 은퇴전후의 고령자, 또는 출산 전후의 여성근로자 등 각 개별성에 대응하려는 노동정책의 독자성 논리도 성립될 수 있는 것이다.

어쨌든 현재 일본에서 사용되고 있는 사회정책의 많은 교과서에서는 노동정책을 중심적 문제로 취급해 집필된 것이 많다. 나아가 사회정책의 표준적인 교과서가 실제적 대상으로 다루고 있는 영역도 거의 동일한데 그러한 문헌에는 노동기준, 노동시장, 노사관계, 사회보장, 사회문제 등이 포함되어 있다.

이처럼 [사회정책] = [노동정책] 중시라는 시각이 일본에서는 이른바 오랜 암묵적 전제이며, 여기에서 사회주의자 성향의 연구자는 물론이고 생존권론을 주장하거나 노동경제론자 등의 견해가 맞물려 일본 특유의 사회정책을 둘러싼 논의가 충돌하기도 한다. 그러나 최근에는 사회정책을 이전과 같이 노동정책에 한정하기 보다는 사회문제와 관련된 대상과 범위확대와 더불어 사회보장, 사회복지까지 포괄하는 경향이 나타나고 있다.

2. 노동력 상품의 특수성

일본 사회정책의 중심적 내용인 노동정책의 독자성을 보다 깊이 있게 이해하기 위해서는 노동력상품의 특성을 본질적으로 이해할 필요가 있다. 그것은 노동력이라는 상품은 일반상품과 달리 소유자인 노동자를 빼고서는 설명하기 힘든 인간노동의 본질과 관련되어 있기 때문이다. 이러한 노동력상품의 특질은 다양한 면에서 나타난다. 그것을 총괄적으로 고찰하기 위해 자본축적 프로세스에 있어서의 자본 변천을 생각해보자. 자본은 화폐자본 → 생산자본 → 상품자본과 같은 형태로 모습이 변하는데, 노동력상품은 이러한 프로세스와 어떤 관계가 있으며 노동력상품의 특성은 어떻게 나타나는가?

화폐	→	생산	{	생산수단	…	생산	…	상품	{	본래의 가치분
자본		자본		노동력		과정		자본		잉여가치

첫째, 먼저 자본으로서의 화폐는 생산수단과 노동력을 상품으로 구입함에 따라 다음과 같이 생산자본의 모습이 변하게 된다. 이러한 유통과정을 통해 노동력상품은 화폐와 교환되지만, 실제로는 아직 노동이 행해지지 않은 이유로 꼭 금전적으로 지불되는 것이 아니라 일정한 노동조건을 전제로 고용계약이 이뤄지는 것에 지나지 않는다.

이러한 계약방식은 개인계약의 경우나 노동조합 등에 의한 일괄 단체계약의 경우도 있을 수 있으나 노동력상품의 특성은 이러한 유통과정에 다음과 같은 중요한 영향을 미치게 된다. 즉, 노동력은 인간존재를 전제로서 비로소 공급되는 것으로, 일반상품과 같이 공장 등에서 자본가적으로 자유롭게 생산할 수 없다는 것이다.

여기에서 경제학의 원리가 해명하는 것처럼 자본축적 그 자체가 상대적 과잉인구의 발생을 불러 일으켜, 직접 생산할 수 없는 인간노동력의 유통을 조정하게 된다. 특히 유통과정에서는 다음과 같은 문제가 중요하다. 즉, ①상대적 [과잉인구] = [산업예비군]은 완전실업을 비롯해 다양한 형태로서 그들의 생활문제가 사회문제의 원인이 된다. ②상대적 과잉인구는 경제공황에 따라 발생해 불경기에 있어 자본축적의 회복을 지탱하게 된다. 그리고 불황에서 호황으로 경기순환이 되면서 상대적 과잉인구가 감소하여 결국에는 제로가 되어, 그 이후에는 임금상승 없이는 고용을 증가시킬 수 없으므로 그런 의미에서 노동력 부족 현상이 일반화된다.

이렇듯 노동력 부족을 어떻게 처리하는가는 기업레벨에서도 여러 방책이 모색되는데, 이러한 상황에 입각해 노동자의 의식적, 조직적인 임금인상 요구에 따른 처리불능 사태를 초래하기도 한다. ③자본축적의 중심축인 노동력공급 특성이 노동계약과 그 갱신을 둘러싼 노사간 교섭에 있어서도 결정적인 영향을 미쳐 노사관계의 조정, 특히 노동자 측의 교섭력을 어느 정도에서 규제할 것인가? 하는 노동정책의 대상이 되는 것이다.

둘째로, 생산자본으로서의 노동력은 일정양식으로 생산수단과 결합하여 생산과정에 들어가게 된다. 그것은 노동력의 소비과정에 지나지 않는다. 여기에서는 노동력상품의 다음과 같은 특징이 발휘된다. 즉, 일반상품과 같이 구입자의 의사에 따라 자유롭게 소비되는 것이 아니라, 계속적으로 노동자의 의사를 따를 수밖에 없다.

여기에 등장하는 노동자는 고용소득 없이는 생활방법이 없는 근면과 절약정신에 입각한 '무산노동자'이기 때문에 그런 상태에서 근로의사가 발휘되겠지만, 단순히 그런 동기의 의사뿐만 아니라 생산수단을 활용하는 노동자의 기능과 숙련 등에서 문제가 되기도 한다. 그와 동시에 유통과정을 전제로 한 노동조건 또한 노동과정에서 보다 구체적인 현실문제로서 나타나는 것이다. 다음의 논점을 살펴보자.

먼저, 인간의 노동은 다양한 재화를 생산하기도 하고 서비스를 제공하기도 하지만, 노동력 상품의 소비는 잉여가치를 생산하는 자본축적에 있어서는 결정적으로 중요한 사용가치를 발휘하기 위하여 행해지고 있기 때문에 그 잉여가치 생산을 위해서는 노동조건을 현저하게 절하시키는 일이 일어날 수 있다. 그를 위해서는 장기적으로 노동력을 확보할 수 없을 정도로 노동력을 혹사할 가능성도 큰 것이다. 특히 여성과 청소년을 혹사하게 되면 다음 세대의 노동력 확보에도 중대한 영향을 미치게 된다.

또한 차세대의 노동력의 확보뿐만 아니라 노동재해와 직업병의 발생상황 여하에 따라서는 소비된 노동력뿐만 아니라 생애노동능력까지 잃어버리게 될 수도 있다. 이 문제에 있어서도 노동자의 의사가 존중되어야 하는데 개개의 노동자와 사용자 사이의 의식을 초월한 사회적인 문제를 포함하게 된다. 이런 문제에서는 노동조건과 작업환경의 구체적인 실체에 관한 공공적 규제의 필연성이 인정된다.

나아가 노동력은 소비되는 동시에 생산되는 특성을 발휘한다. 즉, 노동력은 그 소비를 통해서 기능과 숙련을 개발하기 때문이다. 그것은 사람이 생물적으로 성장하면서 잠재적으로 맡은바 일을 얼마나 잘 수행할지에 대한 보람을 느끼려 하기 때문이다. 그런 반면, 아무리 노동의사를 작용시키려하여도 고령화에 따른 일정 노동능력의 소멸과 퇴행은 부정할 수 없는 경향이라고 하겠다. 그와 동시에 노동력을 소비하지 않으면 그것을 확보하거나 보전하는 것도 어려운 것이 사실이다. 어느 쪽이든 노동력의 [소비]=[개발]이라는 특성은 실업보장과 공공교육과 직업훈련에 크게 영향을 미치는 점을 인식하지 않으면 안 된다.

셋째로 생산과정 이후 자본은 새로운 상품으로 변하는데, 그것이 순조롭게 판매되어 원리금 이상의 화폐가치가 회수되지 않으면 안 된다. 이런 유통과정에 노동력상품은 다음과 같은 관련을 가지게 된다. 즉, 노동 후의 노동자는 당장 하루하루 소비한 노동력을 회복하기 위해 재생산과정에 들어간다. 그런 경우, 노동자생활의 모든 것이 노동력재생산을 위한 것이라고는 할 수 없지만 노동자의 생활에 필요한 생활수단의 재화나 서비스를 새로운 노동생산물 속에서 재구입해 소비하게 된다.

그런 경우, 무엇과 무엇을 구입해 소비하는가? 에 대해서는 앞에서 논한 노동과 함께 노동자의 의사와 선호에 의존하거나 일정의 생활양식이 전제가 된다. 노동자의 생활양식 또한 일정형태의 가족 혹은 세대구성으로 영위되는데, 그중에서도 노동력상품의 제공과 소비가 결정되는 동시에 그에 의해 획득한 수입이 노동자의 생활을 영위하게 되는 상호규정의 상황이 된다. 이러한 생활과정에서도 다양한 문제점이 나타날 수 있다.

우선, 노동력의 가격인 임금을 규정하는 것이 노동력상품의 가치인데, 그것은 노동력을 직접 생산할 수 없기 때문에 간접적으로 노동력을 재생산하는데 필요한 생산수단의 가치로 규정할 수밖에 없다. 그러한 경우, 노동능력을 재생산하는데 필요한 생활양식은 어떤 것인지? 그 내용을 상품경제에 의해 일의적으로는 규정할 수 없기에 일반적인 상품처럼 표준적인 제조원가가 얼마라고 할 수 없을 것이다. 이런 노동력가치에 불확실한 측면이 강하기 때문에 임금과 노동조건의 결정에는 노무관리와 노사관계, 노동정책이 영향을 미치게 된다.

그리고 임금, 노동조건 결정을 전제로 노동자생활을 조정하려는 경향도 있다. 그런데 일반적 상품에는 그 생산비가 자본의 경쟁을 통해서 저하하는 경향을 보이기도 하는데 반해, 노동자의 생활수단은 그 반대로 장기적으로는 증가하는 추세이다. 이것은 노동자생활 향상의 한 측면으로서 그러한 경향을 보장하는 것을 매개변수로 삼아 노동자의 자본주의 체제에 대한 지지가 확보된다고 하겠다.

결국, 노동자의 생활향상을 보장하려고 한다면, 국가의 공공정책을 충실화 해야만 한다. 그것은 노동자 생활의 병리적 문제 즉, 실업과 질병과 고령화 등 공공정책뿐만 아니라 교육과 주택, 교통 등 생리적 문제에 관해서도 동일하다고 할 수 있다. 노동정책의 영역을 넘어선 광의의 사회정책 영역도 어떤 측면에선 문제가 상존하고 있다고 할 수 있겠다.

이처럼 노동력상품의 특수성에서 볼 때, 노동자가 일을 할 것인가? 쉴 것인가? 일을 할 경우에도 어느 정도의 수준에서 일을 할 것인가? 어떻게 노동력을 재생산할 것인가? 이러한 모든 국면에서 노동력의 소유자인 노동자가 의사결정하게 된다. 물론 그 의사결정에 있어서는 무산노동자이기 때문에 노동력 상품화가 강제되는 상황에서 기능하는 것에 지나지 않겠지만, 일반적 상품처럼 상품경제의 메커니즘에서 떼놓을 수 없는 측면도 있다. 그것은 노동력상품의 사용가치와 가치의 불확정성에 단적으로 나타난다고 볼 수 있다. 그럼에도 불구하고 노사쌍방이 자율적으로 다양한 노동문제를 해결하거나 완화해서 문제를 해결해나가려 한다면 국가의 노동정책은 요청되지 않을 것이다.

그러나 노사관계가 유산자와 무산자와의 계급관계를 기초로 하여 자본 측과 임금노동 측의 관계가 노동의사의 지배관계를 포함하는 이상 자율적인 조정을 한다고 해도 불확실한 것이다. 노동력상품을 그 소유자인 노동자에게 요령 있게 떨어뜨려 놓으려 하지만, 결국은 뗄레야 뗄 수 없는 이상 자본에 의한 노동력상품의 지배는 불확실하게 된다. 이것은 자본축적 그 자체의 기본적인 모순이라고 해야 할 것이다. 따라서 그러한 문제를 해결하기 위해 노·사를 대상으로 한 국가의 노동정책이 필요할 수밖에 없는 것이다.

3. 사회정책의 특질

이상과 같은 관점에서 경제정책으로부터 독립할 수밖에 없었던 일본의 노동정책의 근거가 어느 정도 설명되었다고 하겠다. 그런데 이러한 노동정책을 일본에서 사회정책이라고 표현해 온 것은 일본 나름의 특수한 역사적 배경이 있기 때문이다. 따라서 그 점을 충분히 이해해 두지 않으면 안 될 것이다.

일본의 자본축적은 노동정책(고용과 노동조건의 규제)을 전제로 해 기술력과 정보 그리고 물적 자원의 효율적인 배분에 의해 이윤생산이 가능한 생산력 수준과 체계를 확립할 수 있도록 자본간 경쟁을 전개해 왔다. 특히 노동력에 관해서는 만약 자본축적이 구조적으로 불가능하다면, 노동정책의 규제를 완화하는 방향으로 반전될 것이다. 하지만 그러한 반전이 현실적으로 가능한지 어떤지는 계급관계를 중심으로 한 정치상황에 따라 다르게 나타날 것이다.

한편, 장기간 실업에 처했거나 건강을 해쳐 노동능력을 잃은 빈민

혹은 정년 이후의 고령자의 생활보장에 대한 공공정책은 어떠한가? 약자를 위한 정책은 어느 시대에도 존재하겠지만, 자본주의의 상품경제의 발달에 동반되는 빈민증가에 대한 공공정책은 대단히 중요하다. 물론 거기에는 여러 의미가 있겠지만, 단순하게 안정을 위한 치안정책과 구빈정책을 통해 노동력상품을 창출해 나가려는 의미를 부여할 수 있을 것이다.

노동능력을 가진 빈민에게는 취업을 전제로 고용계약이 이루어지는데 여기에는 노동정책이 관할하게 된다. 이렇게 해서 처음으로 노동력 이외의 재산이 없는, 무산노동자는 근면과 절약을 전제로 노동력 상품화가 형식적으로 자유로워진 근대적 노동자계급으로서 등장하는 것이다. 이러한 측면은 자유주의단계가 되면 직업선택과 궁핍화의 자유 또한 선택할 수 있게 된다. 하지만 노동능력을 상실한 경우에는 실업과 질병, 정년 등에 대한 생활보장을 정책적 원조로서 해결할 수밖에 없는 것이다.

사회정책이라고 하는 용어가 모든 나라에서 사용되고 통용되는 것은 아니다. 영국과 미국에서는 오래전부터 최근까지 시사해 온 노동정책과 생활정책 등이 실시되어지고 있음에도 불구하고, 그것들을 일괄적으로 social policy라고 표현했던 것과는 달리 일본에서는 그렇게 빈번하게 사회정책이라고 불리어지지는 않았다. 일본 내의 이론적 사회정책이라는 용어는 1870년대에 독일에서 탄생한 Sozial politik이라는 말의 번역어라고 하겠다.

그러면 왜 독일과 일본에 있어서 사회정책이라는 총괄적인 용어와 그것을 지지하는 사상과 이념이 탄생한 것일까? 여기에서는 우선 요점만 정리하고자 한다. 먼저, 독일의 사회과학 등 사상으로서 볼 수 있는 국가주의와 역사주의의 경향에 주목할 필요가 있다. 그에 반해 자본주의의 모국인 영국은 시민사회의 발달에 기초로 한 자유주의와 보통주의의 사조가 강해 그것을 기초로 한 고전학파의 경제학이 개화한 것은 모두가 알고 있는 바이다.

영국에서는 다양한 노동문제에 있어서도 가능한 한 자유방임적으로 해결하려는 경향이 두드러졌다. 이에 비해 독일에서는 시민사회의 발달이 늦어졌고 근대국가의 통일마저 지연됨으로서 다양한 사회문제를 자유방임으로 해결할 수 없게 됨으로써 처음부터 통일국가로서 해결하려는 사상이 강했던 것이다. 이런 상황에서는 고전파 경제학의 보통성은 승인되지 못했으며 후진 독일의 역사성이 강조되어 역사학파의 경제학이 탄생된 것이라고 하겠다.

이러한 역사학파 학자들이 1872년 사회정책학회를 조직하게 되는데 어느 측면에서는 자유주의적 사회문제 처리에 반대하는 동시에 또 다른 면에서는 사회주의에 의한 문제해결에도 반대한 것이다. 먼저 독일에서는 산업혁명에 의해 자본주의체제를 확립하여 급속한 중화학공업을 발전시키며 이른바 거대 자본형성이 진행되었다. 그에 따라 노동문제도 격화되는 동시에 노동운동도 공장노동자로 확대되고 있었다.

나아가 농민층과 소기업주 등과 같은 구 중산계급도 중산계급으로 머무른 채 궁핍화됨으로서 이를 둘러싼 다양한 사회문제가 드러나게 되었다. 더욱 주목해야 할 점은 이런 사회상황 속에서 러셀파와 마르크스파의 사회주의 운동이 발전하였고, 그 양파가 합동해 고도의 사회주의 강령을 작성하려 했던 단계에 있었다.

본래 역사학파의 경제학에서는 고전학파의 경제학이 시민사회형의 경제인을 설정한 것에 비해 국가주의형의 전체인을 설정한 것인데, 그에 대응해서 사회정책학회에서는 광범위한 사회문제 파악에 의해 광범위한 사회정책을 주장[1)]하게 되었다.

이런 주장의 일부가 나중에 거론되는 비스마르크의 사회주의자진압법과 사회보험으로서 실현된 것이다. 특히 사회보험에는 실업보험이 포함되지 않았으나 국가적인 노동자보험의 성립으로서는 다른 자본주의국가에 앞서 주목받아야 할 내용이라고 하겠다. 하지만 현실의 사회정책은 결코 사회정책의 주장과 사상을 체계적으로 체현한 것이 아니었기에 제1차 세계대전 이후 바이마르정권[2])이 성립하여 사회민주당이 정권에 참여하게 되어 그 자체의 근거마저도 대부분 잃어버리게 되었다.

그러므로 독일의 사회정책학회의 유지는 예상 외로 짧게 끝날 수밖에 없었음에도 불구하고, 독일의 사회정책 사상이 일본에 미친 영향은 현저하게 큰 것이었다. 그것은 명치헌법이 결국은 프러시아헌법에 그 규범을 요청하게 되었고 선진자본주의 영국을 능가할 정도의 중화학공업화를 추진해 보불전쟁에서 승리할 정도의 군사력을 축적해온 독일의 부국강병 규범을 수용하려는 의도가 있었던 사실과 관계가 깊을 것이다. 한편, 후진자본주의국이라고 하지만, 민주주의가 앞섰던 미국과 국가주의 국가를 지향하는 일본과는 그 영향의 수용형태가 결정적으로 달랐던 것이다.

---

1) 일본 사회정책학회에서는 다양한 사상과 학설이 존재함으로써 그 중에서는 노동조합운동 등에 따른 사회문제의 자주적인 해결과 완화를 주장하는 학자도 있었지만, 주류는 국가주의적인 처리를 지향하고 있었다고 볼 수 있다.

2) 1918년11월 공화국이 선포되자 사회민주당과 스파르타쿠스단(団:공산당)이 대립하였다. 사회민주당은 에베르트(Friedrich Ebert)의 지도 하에 스파르타쿠스단을 탄압하였고, 1919년 바이마르에서 소집된 국민의회에서 제1당이 되어 '바이마르헌법'을 제정하고, 바이마르공화국으로 불리는 정권을 성립시켜 강국 독일 재건의 길을 걸었으나 1929년에 시작된 세계대공황은 독일을 다시 혼란 속으로 몰아넣어 나치스를 비롯한 우파 세력이 대두해 후에 나치스정권을 성립시켰다.

4. 노동정책의 역사적 전개

사회정책학은 후진 자본주의국가 가운데에서도 민주주의가 뒤처지는 국가주의의 나라들과 시대적 산물로서, 사회과학이기 이전에 사회문제에 대한 공공정책의 사상이었다고 볼 수 있다. 그리고 그것은 사회문제의 자유주의, 사회주의적 해결을 배제하고 고전적인 제국주의 체제 하에 노동자와 농민 등을 통합하려고 했던 발상이었다고 봐도 무방할 것이다.

이에 반해 다음과 같은 사회정책의 규정도 있었다. 그것은 '우노경제학'으로 알려진 우노코조(宇野弘蔵)의 『경제정책론』의 규정인데, 그에 의하면 사회정책이라는 것은 공황과 실업에 따른 사회문제를 사회주의에 의해 해결하는 것이 아니라 자본주의적인 구제책이라는 것이다. 이러한 사회주의의 반대를 기준으로 한 규정에 입각해 미성년자와 여성의 보호를 목적으로 한 공장법까지도 사회정책이라고 한 학설을 비판하면서 미성년자와 여성을 혹사했다고 해서 자본주의 그 자체를 부정하는 것이 아니기 때문에 공장법과 사회정책과는 다르게 자유주의사상과 모순이 일어나지 않는다고 주장하기도 하였다.

이러한 우노설에 따르면, 사회정책은 자유주의 사상에 입각한 정책이 아닌 동시에 자본주의를 부정하는 사회주의에도 반대의 자본주의적인 구제정책이라는 것이다. 하지만 비스마르크의 '사회주의자진압법'까지 고려한다면 공황과 실업에 대한 구제정책만으로 한정하는 것이 어떠한지 생각해 볼 문제이다. 그 이상 중요한 것은, 한편에서는 공장입법을 제외하고, 다른 측면에서 보면 단순히 사회정책을 자본주의적인 구제정책이라고 규정하는 것만으로는 비민주주의적인 국가주의의 공공정책으로서의 특질을 놓치게 되고 만다.

더욱이 우노경제학의 발전을 기획한 오우치츠토무(大内力)의 [경제학대계] 제1권『경제학방법론』에 의하면, 다음과 같이 규정되어 있다. 즉, 사회정책은 국가주의적인 위에서부터의 정책으로 사회문제를 완화하여, 체제의 유지・강화를 도모할 것을 목적으로 하는 정치적인 목표를 가진 정책이다. 그렇다면 앞서 말한 것처럼 '사회주의자진압법' 또한 사회정책에 포함되는 것으로 여겨지는데, 이어서 다음과 같이 서술되어 있다. 사회정책이라는 것은 사회주의에 대항하기 위해서 금융자본의 경제정책의 총체를 의미한다는 것이다. 그러면 우노설과 같은 구제정책을 중심으로 한 경제정책에만 한정되는지 그렇지 않은지가 문제시 되는 등 이론이 난립하였다.

그러나 그 이상으로 다양한 경제정책으로부터 독립된 사회정책의 규정으로서 오히려 불충분한 것이 아닌지? 또한 사회주의에 대항하기 위해 금융자본의 경제정책이라는 것을 어떻게 이해하면 좋을지? 금융자본의 경제정책이 정치적인 측면을 포함하는 사회주의 체제와 사회주의 운동에 대항하는 것은 경제정책으로서의 효과뿐만 아니라 그것을 통해 정치적 효과를 가지는 의미가 될 것이다. 그러므로 앞서 말한 것처럼 정치적인 목표라는 것은 그런 간접적인 의미로서 이해하지 않으면 안 된다. 하지만 독일과 일본의 그 시기의 사회정책은 직접적으로 정치 그 자체에도 효과를 미치는 정책적 의도를 가졌었다고 이해할 수도 있을 것이다.

이런 문제로 인해 오우치(大内力)의 주장은 사회정책의 본질을 둘러싼 오코우치카즈오(大河内一男)이론에 대한 논쟁과 비판으로서 제시되었다. 오코우치이론에서는 사회정책은 총자본에 의한 노동력보전을 위한 정책이라고 하는데, 그것은 오히려 노동정책이라고 할 수 있으며 사회정책은 노동정책 뿐만이 아니라 상공정책이라든가 농업정책, 재정정책 등도 제국주의에서는 사회정책이 될 수 있는 것이다.

확실히 사회정책의 사상은 그런 광범위한 영역을 통한 공공정책을 포함한다는 것은 앞서 논한 바 있다. 그런 경우 본래 오코우치이론을 과연 노동력 보전정책이라고 이해해도 되는 것인가? 에 관한 논의가 가능하며 이후의 본질논쟁에서 이 문제를 다시 거론하게 될 것이다.

중요한 것은 자본주의를 부정하는 사회주의라고 해도 이미 역사적으로 러시아 사회주의만이 사회주의가 아닌 것이 명확하게 밝혀졌고, 또 사회주의의 사상과 운동이라 해도 각파로 분화하여 다양화되어 있기 때문에 그런 불명확한 사회주의로의 반대라는 개념을 기준으로 하면 사회정책의 개념자체가 또다시 불명확하게 된다. 그것보다는 사회정책을 지지하는 사상은 다양한 사회문제를 국가주의적으로 처리함에 따라 노동자와 농민 등을 정치적으로 통합하여 제국주의체제의 국내체제를 모으기 위한 정책사상으로서 그 가운데에는 사회주의운동에 대항하는 억압까지도 포함된다고 이해할 수 있을 것이다.

이상과 같이 본래의 사회정책 개념에 대해서 간략히 살펴보았다. 사회정책 사상은 후진자본주의국의 제국주의 단계에 발생한다고 하지만, 모든 후진자본주의국에서 발생한다기보다는 국가주의적 상황에 따라 각각의 형태로 형성된다고 이해[3]하면 될 것이다. 그러면 노동정책을 어떻게 이해하면 좋을 것인가? 그에 대해서는 이미 논한 바와 같이 노사쌍방이 자율적으로 해결할 수 없는 노동문제를 국가가 공공

---

3) 따라서 일본에서는 본서의 제명이기도 한 『일본의 사회정책』 처럼, 일본 특유의 노동자 중심의 사회정책을 비롯해 사회문제 해결과 사회보장을 위한 최근의 사회정책 범위 확대(노동정책은 물론이고 일본의 사회정책사상 및 이론 나아가 사회보장 등)에 따른 현실적인 사회문제 해결을 위한 정책적 대응을 주로 다루게 되었다.

적으로 해결하고 완화하기 위한 정책이라고 해야 할 것이다. 그러면 노사쌍방이 자율적으로 해결할 수 없다는 이 문제를 누가 평가하고 정할 것인가? 공공적으로 해결하고 완화한다는 것은 무엇을 의미하는가? 라는 의문 또한 제기될 것이다.

이러한 의문에 대한 답으로서 먼저, 노사쌍방이 자율적로 해결할 수 없다고 할지라도 그런 상황을 노사 쌍방 혹은 어느 한 쪽이 그렇게 주관적으로 판단하고 국가에 그 해결을 요청하는 동시에 국가 또한 그에 관한 문제해결에 역점을 두어 입법과 행정 등 정치적 수단을 통해 해결해 나가지 않으면 안 된다.

예를 들면, 국가주의적인 사회정책사상이 강한 정치상황 속에서 객관적으로도 노사쌍방이 자율적으로 해결할 수 있을 때까지 판단을 유보하기보다 공공정책의 대상이 되므로 나서야 하고, 반대로 자유주의적인 상황 하에서는 객관적으로도 노사쌍방이 자율적인 해결을 할 수 없을 경우, 자율적인 해결과 완화를 강제할 수도 있을 것이다.

다음으로 공공정책으로서 해결할 경우, 결국 어떤 방법을 채택할 것인지에 관해 생각해 볼 필요가 있다. 자본주의인 이상 자율적으로 상품경제로서 처리할 수 없는 문제는 타율적으로 상품경제의 메커니즘으로 해결할 수밖에 없다. 한편, 상품경제의 구조 밖에서 처리되거나 또는 [자본축적]=[이윤생산]을 제약할 것처럼 보이는 경우에도, 결국은 상품경제의 메커니즘으로서 처리하게 되어 전체로서는 자본축적을 유지·추진해 나가려는 목적이 잠재되어 있는 것이다.

참고문헌

김현식 · 박순우역(2000) 『사회이론과 사회정책』 인간과 복지.

윤여덕(1995) 『국가와사회정책』 민영사.

전남진(1992) 『사회정책학강론』 서울대학출판부.

石畑良太郎・佐野稔編(1987) 『世界の社会政策』 ミネルヴァ書房.

埋橋孝文(1997) 『現代福『現代の社会政策(新版)』 有斐閣.

伊部英男・早川利男編(1992) 『福祉社会の国際比較』 日本評論社.

伊部英男・早川利男編(1992) 『世界の社会政策』 ミネルヴァ書房.

氏原正治郎(1989) 『日本経済と雇用政策』 東京大学出版会.

内海陽一編(1992) 『世界の社会政策』 ミネルヴァ書房.

大内力(2009) 『大内力経済学大系』 全8巻. 東京大学出版会.

大河内一男(1979) 『社会保障入門』 青林書院新社.

大河内一男(1968)大河内著作集 第2巻 『社会政策論』 清林書院新社.

小林謙一(1990) 『経済志林』 第58巻第3·4合併号.法政大学経済学会.

小林謙一(1999) 「産業社会・地域社会における高齢者の活躍」 『労働かながわ』 No.573. 神奈川県.

小林謙一編(1998) 『社会政策』 実務教育出版.

佐武弘章編(1991) 『高齢化社会政策の実験』 新評論.

末高信・安井信夫(1970) 『現代の社会保障』 成文社.

隅谷三喜男編(1993) 『社会保障の新しい理論を求めて』 東京大学出版会.

玉井金五(1997) 『社会政策を学ぶ人に』 世界思想社.

土穴文人(1990) 『社会政策制度史論』 啓文社.

中川清(1995) 「生活変動と社会政策像」 『社会保障研究』 Vol.31, No.1. 社会保障研究所.

村上雅子(1984) 『社会保障の経済学』 東洋経済新報社.

山田雄三(1968) 『社会保障研究序説』 社会保障研究所.

제4장

일본의 사회정책 변용과정

1. 사회정책의 태두와 변천
2. 사회정책논쟁의 경과
3. 일본 사회정책의 특수성
4. 사회정책의 전환기

1. 사회정책의 태두와 변천

일본에서는 메이지(明治)전기에 독일의 강단사회주의자의 사회정책사상이 소개되었고, 메이지 중기에는 사쿠마(佐久間真一), 소에다(添田寿一) 등에 의해 '공장조례'의 제언이 시도되면서 선구적인 사회정책사상이 제창되었다. 그 후 산업혁명에 의해 노동관계가 생겨났으며 공장 발전에 의해 계급대립 격화가 예상됨으로서 관료, 실업가, 노동운동지도자 사이에서 사회정책학회의 필요성이 대두되었다.

일본에서 사회정책학회가 설립된 것이 1896년4월26일이었다. 독일유학에서 돌아온 쿠와타(桑田熊蔵), 야마자키(山崎覚次郎)를 비롯해 오노즈카(小野塚喜平次), 타카노(高野岩三郎) 등 10명에 의해 결성된 사회문제연구회를 전신으로 하고 있다. 이 연구회는 독일유학을 통해 사회정책 학파의 강단사회주의에서 수학한 쿠와타와 야마자키가 사회문제의 격화를 예방하고, 해결하기 위해 독일 사회정책학회를 모델로 설립한 것이다. 연구회는 또한 카나이(金井延)를 중심으로 타지마(田島錦治), 타카노(高野房太郎) 사쿠마(佐久間貞) 등을 영입해 월례 연구회를 개최하다가 그 이듬해 1897년4월24일 사회정책학회로 개칭해 본격적인 학회활동을 시작하였다.

동 사회정책학회의 연구는 독일보다 장기간에 걸쳐 사회정책학의 연구와 계몽에 큰 업적을 쌓았다. 일본의 사회과학, 특히 경제학의 창시학회라고 해도 좋을 것이다. 최근 사회정책학회의 대회기록 [사회정책학회논총] 전15권(御茶の書房刊)복간되어졌는데, 사회정책대회의 테마는 다음과 같은 다양한 사회문제를 다루고 있다.

즉, 공장법, 노동보험, 생계비, 노동쟁의, 부인노동, 노동조합, 중간계급, 임금제도, 순익분배제도라는 노동문제와 노동정책 계열의 테마 외에 관세, 이민, 소농보호, 세제, 영업보호사회, 소공업과 같은 경제정책, 산업정책, 재정정책, 인구정책 등의 테마도 포함되어 있어, 사회문제, 사회정책이라는 개념의 넓이를 드러나지 않도록 하고 있는 것이다. 그러므로 주요 사조로서 전술한 바와 같이 독일의 모습과 비슷했기에 자유방임으로 이러한 사회문제를 자율적으로 해결할 수 없었고, 자유롭게 방치해 두면 사회주의운동이 확대되어 결국에는 국가주의적인 자본주의체제의 발전과 유지가 불가능할 수 도 있을 것이라는 사상이 그 중심에 있었다고 할 수 있다.

더욱이 유력한 학회구성원 중에서는 동경상과대학(현 히토츠바시대학)의 후쿠다(福田德三)와 같은 자유주의자도 있어, 사회문제는 본래 영국처럼 자유주의적으로 처리되면 자본주의로서 발전하기 어렵다든가, 오하라사회문제연구소 소장이었던 타카노(高野岩三郎)와 같은 노동조합주의자도 있었기에 후세에 본격적으로 개화하는 다양한 학설의 토대가 마련되었다.

일본 사회정책학회는 독일을 모델로 만들어진 것으로서 자유방임주의와 사회주의에 반대하여 사회문제의 국가적인 해결을 시도함으로써 자본주의 체제를 유지하고자 하였다. 동 학회의 대표적인 논자로서는 사회정책의 주체로서 모든 계급의 이해를 초월한 군주제체를 생각한 쿠와다(桑田熊藏)를 비롯해 '밖으로는 제국주의, 안으로는 사회정책'이라는 이론을 내세운 카나이(金井延), 고임금, 단시간의 경제를 제창한 후쿠다(福田德三), 생존권의 사회정책을 제창한 호즈미(穗積陳重) 등을 들 수 있다. 학회 구성원은 정부의 보수성을 비판하고 노동정책과 사회정책에 관한 연구와 계몽활동에 있어서의 큰 역할을 선도했다고 하겠다.

사회정책의 시각으로서는 사회정책학자 중 한사람이었던 카나이에 따르면, "소득분배의 불평등이 발생하여 빈부의 격차가 점점 심해지면서 이것이 사회질서를 문란하게 하고 사회문제가 발생하면서 사회정책이 필요하게 된다"고 주장하였다. 즉 카나이의 노동문제에 대한 시각은 사회통합 혹은 국가질서를 위협하는 사회문제에 한해서 사회정책의 대상이 되는 것으로 파악한 것이었다. 또한 현대국가가 가장 필요한 정책은 대외정책과 사회정책으로서 사회정책은 외교정책에 버금가는 국가정책으로 파악했던 것이다.

또한 사회정책학회 창설 멤버였던 쿠와타(桑田熊蔵)는 계급투쟁의 결과로 발생한 노동문제에서 노동자를 보호하는 것이 국가의 당연한 책임으로 생각하고 있다. 그러나 구와타의 경우에도 노동문제에서 국가가 개입하게 되는 것은 공존의 목적을 달성시키기 위한 것이었다. 나아가 사회정책의 궁극적 근거로서는 '노동권'이라기보다는 '생존권'이었다. 즉 그에 의하면 사회정책은 노동하지 않는 자, 노동할 수 없는 자, 노동하고 싶지 않은 자까지 대상으로 보았는데 이러한 견해는 후에 생존권 론에도 영향을 미친 것으로 보인다.

한편 다이쇼(大正) 데모크라시에 들어서면서 이미 시작되었던 노동문제의 격화와 노동운동의 고양을 배경으로 사회주의 사상과의 대립도 명백해졌으며 학회는 소멸되었다. 학회 붕괴 후, 카와이(河合栄次郎)와 하야시(林癸未夫) 등에 의해 새로운 사회정책론이 나타났는데 전자는 사회민주주의의 입장이었고, 후자는 천황제적인 국가주의의 입장에 서서 상호 비판적인 사회정책을 주장하였다[1]. 이들은 1920년

---

1) 河合栄次郎(1935)『社会政策原理』日本評論社版. pp.7-9. 카와이는 여기에서 사회정책의 목적은 사회에 속한 모든 구성원이 인격의 성장을 위해 사회조직을 구성하는 것으로 보아 조직을 중시하였으며, 하야시(林癸未夫)와 이론적 상호비판을 의식해, 당시의 사회정책에 있어서 이상주의와 자연주의, 개인주의

대 이후에 있어서의 일본자본주의의 불황으로부터 공황, 공황으로부터 전쟁이라는 장기간에 걸친 심각한 위기를 반영한 것이었다.

이러한 일본의 사회정책학의 상황과 일본 사회정책의 규범이었던 독일의 사회정책의 상황에 대해 카와이와 하야시 등의 사회정책론이 사회정책의 도의론과 정치론에 지나지 않는다고 비판하는 오코우치(大河内一男)의 사회정책론이 등장했다. 자본주의경제 그 자체 속에 사회정책의 필연성을 추구하고, 그 정책의 의의와 한계를 명백히 하려는 의도의 사회정책론이 등장한 것이다. 그에 의하면 사회정책은 자본에 있어서의 '생산요소로서의 노동력'을 개별 자본에 의한 약탈과 탕진에 대해 총자본의 입장으로서 '보전 · 유지 · 배양'을 위한 정책에 지나지 않는다는 것이다.

즉 총체로서의 자본에 있어서 노동력정책으로, 구체적으로는 이른바 노동보호입법 뿐만 아니라 본원적 축적기에 있어서의 잔학입법도 사회정책이라고 할 수 있다. 또한 자본주의 성장기의 노동조합의 해방입법은 '성숙한 노동력'을 장기적으로 확보하는 합리적인 정책으로서 시야에 두게 되었다. 그리고 질병, 실업 등에 의해 노동활동을 중단하고 있는 노동력을 대상으로 하는 사회보험입법은 노동자보호를 보완하는 것으로 생각하였다. 즉, 노동력의 보전이라는 의미는 산업사회 총체로 보아 노동휴지중의 노동력도 포함하여 그 재생산이 총체로서의 자본입장에 있어 배려되지 않으면 안 된다는 것이다.

이상과 같은 오코우치(大河内一男)의 사회정책론은 마르크스경제학과 베버의 정책론을 그 나름대로 수용한 경제이론이라고 보아도 될 것이다. 특히 [노동력정책]=[생산정책]의 의의가 강조되었다. 그에 대

와 국가주의, 사회주의와 사회개량주의가 서로 주요한 대립국면이라고 주장했다.

해 분배정책의 의의를 강조하는 한편, 사회정책은 정책인 이상 정치적, 경제적 개념 규정을 받아야하겠지만 경제적으로 매우 단적으로 이해하자면, 사회정책은 노동자계급이 노동력상품 가치대로 판매하지 않는 투쟁에 대한 자본가 계급의 양보・타협이랄 수 있다. 이른바 자본가계급의 넓은 의미에서의 일종의 노임정책이라며 정치적・사회적 경제이론에 의해 사회 정책을 규명하려고 한 모리(森耕二郎)의 주장과 양자를 통합하려는 카자하야(風早八十二)의 주장 등이 등장했으나 오코우치는 두 주장을 생산정책이 전개된 것으로 파악해 상호 비판이 이루어졌다.

나아가 언론규제가 엄격해진 전쟁 시기에 있어서 오코우치(大河内一男)는 그 이론을 토대로 노동력 보전과 노동자의 자주성 존중이 중요하다는 점을 역설하였다. 전쟁 시기에 사회정책론이 의도한 것은 전쟁 하에 있어서 가능한 한 노동조건의 저하를 저지하여, 노동자의 자주적 활동을 지키려는 것이었다. 그의 생산 정책적 사회정책론은 자본주의경제가 사회정책을 필요로 하는 것을 원리적으로 해명하려는 것이었지만 전쟁 시의 경제에 대해 반대로 그 원리를 바탕으로 사회정책의 필요성을 주장한 것이다[2].

이와 같은 과정을 통해 오코우치의 사회정책론은 도의론, 정치론을 배제하고 어디까지나 경제이론으로서 사회정책을 체계화했다는 점에서 의의가 있다고 하겠다. 그러나 사회정책 성립의 필연성을 총자본의 이성으로부터 구하고 바야흐로 노동자자신의 운동이 의미를 가지지 않는 것처럼 이해되는 이론을 취한 점에 관해서는 여러 연구자로부터

2) 이러한 전쟁 시의 사회정책론에 대해서는 전쟁이 시작된 후 정부 측으로 전향한 형태라는 비판을 받기도 하지만, 오코우치 자신은 물론, 일부 지지자들로부터는 파시즘에 저항했다는 양면의 평가를 받았다.

의 비판이 이어졌다. 그것은 본질적으로는 총자본과 국가와의 관련성, 즉 경제학에 있어서의 국가론의 위치를 두는 것에 관련된 문제였다.

이점에 관해서는 다시 사회정책 논쟁이 전개되기에 이른다. 제2차 세계대전 이후에 장기간 중단되었던 사회정책학회가 재결성되었지만 이전의 사회정책학회를 직접 계승한 학회는 아니었다[3]. 그 동안 일본의 정치체제는 큰 혁명을 경험했을 뿐만 아니라 사회과학 특히 경제학은 전문적 영역이 분화되었고 사회정책 영역의 공공정책 또한 분화되어 갔다. 이에 따라 학회의 명칭이 사회정책학회라고 이어졌지만 주로 국가주의의 사회정책 연구를 중심으로 한 이전의 학회와는 본질적으로 다르다고 하겠다.

---

3) 학회 재건의 근원에는 역시 '사회정책 본질논쟁'이 있었다. 토호쿠(東北)대학의 핫토리(服部英太郎)교수가 토쿄(東京)대학의 오코우치(大河内一男)교수의 사회정책론을 비판 한 것이 논쟁의 단초가 되었다. 이 논쟁은 다른 여러 연구자를 참여시켰고, 이를 통해 공통연구에 대한 관심이 생겼으며 연구자 간 교류도 활발해졌다. 학회 재건의 직접적인 계기가 된 것은 1950년1월에 쿄토의 키시모토(岸本英太郎)씨가 상경해 오코우치교수와 면담을 하게 되었는데 그 때 사회정책학회의 재건이 논의된 것이었다. 키시모토교수의 상경목적도 '본질논쟁'을 둘러싼 연구회에서 보고하기 위해서였다. 오코우치・키시모토 회담 직후, 학회재건 움직임이 시작되었다. 처음에 오코우치교수와 키시모토교수라는 도쿄대학과 쿄토대학의 사회정책강좌 담당교수 두 명의 연명으로 사회정책학회재건준비위원회에 참여해달라는 편지를 다음 8명에게 보내졌다. 수신자는 토호쿠대학의 핫토리(服部英太郎), 히토츠바시대학의 이토(井藤半弥) 케이오대학의 후지모리(藤林敬三), 와세다대학의 히라타(平田富太郎), 센슈대학의 오토모(大友福夫), 큐슈대학의 모리이(森耕二郎), 오사카대학의 콘도(近藤文二), 나아가 도쿄대학의 스미야(隅谷三喜男) 였다. 그 후 3월26일 학회 창립준비를 위한 간담회가 열렸다. 그리고 10명이 창립발기인으로 결정되어 5월에 재창립 발기인 모임이 열렸으며, 스미야교수가 기초한 회칙(안)과 취지서(안)등을 심의한 다음, 7월8일 케이오대학에서 창립대회를 열고, 다음날인 9일 토쿄대학에서 보고회를 개최해 학회결성의 기본방침이 정해졌다.

2. 사회정책논쟁의 경과

오코우치(大河内一男)이론의 생산력설적 견해를 비판하면서 사회정책의 필연성에 있어서의 계급투쟁의 의의를 중시하는 핫토리(服部栄太郎)의 설이 전후에 등장하게 된다. 오코우치의 사회정책론에서는 계급투쟁에 관계없이 총자본의 이성에 의해 사회정책이 전개될 리 없다고 생각하는 핫토리의 비판은 총자본의 이성을 반영하는 계급투쟁의 이론에 의의를 제기한 것이라고 할 수 있다. 핫토리의 비판을 계기로 사회정책 본질논쟁이 활발하게 일어났는데 그 중 가장 큰 이유는 전후의 노동자의 조직화가 빠른 속도와 규모로 진전함으로서 노동운동에 의해 사회정책이 휘둘릴 수도 있다는 견해가 생겼기 때문이다.

이러한 상황 속에서 사회정책이 필연적으로 등장하는 근거로서 계급투쟁의 의의를 한층 더 강화하여 그것을 [자본주의의 축적법칙]=[궁핍화법칙]에 의해 이론화한 기시모토(岸本栄太郎)가 등장해 그에 의해 사회정책 본질논쟁은 절정을 맞이하게 되었다. 이 논쟁의 참가자들의 공통적인 특징은 [경제이론과 정책론]=[국가론]의 관계에 관해 적절한 이해가 결여되었기 때문에 그러한 점이 논쟁을 무모하게 만든 원인이 되었다고 할 수 있다.

여기에서는 지금까지의 일본 사회정책론 연구의 결과와 변용 나아가 유산을 어떻게 평가할 것인가? 하는 문제와 앞으로 어떤 방향으로 사회정책이론이 발전해나갈 것인가? 에 초점을 맞추어 이미 발표된 필자의 졸고[4]를 참고로 하여 일본 사회상의 일면을 담아보고자 한다.

4) 鄭基龍(2000)「日本の高齢者社会政策に関する研究」『日本学報』第44輯. 韓国日本学会. 鄭基龍(2001)「日本の生活保障対策に関する一考察」『日本学報』第47輯 韓国日本学会. 등 참조

일본에서 사회정책이 학문으로 정착하게된 것은 19세기 말엽에 생성되어 확립된 독일의 SOZIALPOLITIK[5]을 계승한데 연유하며, 특히 근로자 문제를 중심으로 사회문제에 대해 정부와 재계의 대응을 추구했던 오코우치(大河内一男)의 이론으로서 발전해 왔다는 견해[6]가 주류를 이룬다.

오코우치가 주장하는 사회정책론의 체계는 사회정책의 궁극적인 의도가 노동력의 보전을 통하여 국가 총자본에 유익하다는 시각으로서 노동자정책의 일환으로 사회정책을 정의하였다. 그 배경으로서는 당시 일본의 사회여건, 즉 마르크스주의에 대한 탄압과 분배주의적 사회정책론의 쇠퇴라는 사회여건으로 말미암아 국가독점주의의 정책론으로 구축될 수 있었으며 전후 사회정책론에까지 영향을 미치게 되었다[7].

오코우치(大河内一男)는 '개별자본'과 '총자본'의 이해관계를 구분하면서 사회정책을 노동력의 창출, 보전, 장악하기 위해 행하는 시책으로 파악해 개별자본의 탐욕에 의해 자본제경제가 해체되는 것을 막고 총자본의 입장에서 자본제경제의 원활한 발전을 보장하기 위한 공공정책이었던 것이다. 즉, 오코우치의 사회정책은 그 이전의 사회정책학자들이 생각했던 것처럼 여러 가지 사회문제를 대상으로 하는 것이

---

5) 독일에서는 산업혁명 후 자본주의의 성숙과 함께, 기계화로 인한 실업, 분배의 불균형 등의 사회문제가 대두하여 국가의 입법적 간섭에 의한 해결을 시도했으며, 슈몰러를 중심으로 사회정책학회를 창설하여(1872) 당시의 비스마르크식 사회정책을 위한 윤리적 기초와 사회개량을 위한 계몽을 담당하였다.

6) 伊部英男・早川利男編(1992) 『世界の社会政策』 ミネルヴァ書房. pp.153-154. 참조

7) 西村豁通・荒又重雄編(1992) 『新社会政策を学ぶ』 有斐閣. pp.80-81. 여기에서 塩田咲子는 전시사회정책론의 형성을 오코우치(大河内一男)의 자본주의 경제이론으로 파악하고 있다.

아니라 "노동자 문제에 관련된 사회문제"를 대상으로 하는 것이었다.

오코우치이론에서는 노동문제가 자본제 경제의 존립에 관한 의미에서 노동력문제가 가장 시급히 해결해야 할 문제로 파악한 것이었다. 이러한 사회정책을 이데올로기로부터 사회과학의 대상으로 전환시킨 것은 오코우치의 업적이며 그의 이론을 많은 연구자들이 지지하였다. 또한 그의 이론적 일관성은 그에 대한 비판자들을 압도했기 때문에 오코우치이론을 그 당시 사회정책학자들이 수용하기 시작했으며 [사회정책]=[노동정책]이라고 하는 문제설정이 통용되었다.

따라서 오코우치의 이론을 간략히 요약하면 "원활한 노동력의 재생산을 위하여 사회정책을 총자본의 정책으로 규정하여 경제이론으로 체계화한 것" 이라고 하겠다. 물론 이와 같은 오코우치이론에 대해 당시 사회정책학자들의 비판[8])이 없었던 것은 아니다. 그럼에도 불구하고 사회정책을 노동정책으로 수렴시킨 그 당시의 일본의 정치적・시대적 상황으로는 이론과 실제에서 오코우치의 이론이 다른 이론을 선택하기보다 유익할 수 있었다는 것이다.

앞서 살펴본 것처럼 오코우치(大河内一男)이론의 출현에 의해 모든 사회정책학자가 그의 이론에 동조했던 것은 아니다. 이와사키(岩崎卯一)는 "사회정책학은 경제학에서 사회학으로 양도되어야 한다"고 주장

8) 2차 세계대전 이후 이른바 사회정책 본질논쟁이 일어나 大河内一男이론의 경제주의적인 해석과 계급시점의 결여에 대하여 논쟁적 비판이 행해졌다. 특히 服部英太郎(1949) 「社会政策の生産力説への一批判」『経済評論』 pp.2-4, 岸本英太郎의 本質論争・方法論論争에 관해서는 石畑良太郎・佐野稔編(1987)『現代の社会政策(新版)』有斐閣. p.267. 또한 大河内一男이론의 변모에 관련하여 그 동요의 원인은 국가론의 결여에 있다는 지적도 있었다. 나아가 太陽寺順一(1955) 「社会政策の主体と総資本の立場」『一橋論叢』 第34巻. 第7号, 高田一夫(1981)「大河内理論の変貌とその意義」『千葉商大論叢』第34巻. 第7号, p.110. 등 참조 요.

하면서 실질적으로 사회정책 개념의 확장을 제창하였다. 타카다(高田保馬)는 “사회정책을 자본주의의 제도 하에서 극심한 계급적 차이의 격감을 추구하는 정책” 으로 보았으며 사회정책을 노동정책에 한정하지는 않았다. 또 후쿠타케(福武直)는 사회정책학을 사회학의 정책론적 부분과 동일시하면서 “사회정책을 단지 경제정책만이 아닌 인간사회의 계급적 구조의 모순으로 나타나는 사회문제 전반을 대상으로 하는 인간정책” 이라고 생각했다. 그러나 그들의 주장은 오코우치이론만큼 영향력을 갖지는 못했으며, 제2차 세계대전 이후 사회정책학자들 사이에서 일제히 분출된 오코우치에 대한 비판 속에서도 오코우치이론은 오히려 절대적 지위를 확립하게 되었다.

왜냐하면 오코우치(大河内一男)의 사회정책론은 이전의 ‘도의론’이나 ‘ ‘정치론’에 머물던 추상적인 사회정책이론을 경제이론으로 끌어올려 근대적인 자본과 노동과의 관계를 이론적으로 확립하였기 때문이다. 이른바 전후의 사회정책 본질논쟁이 일어나 소모적인 학술논쟁이 계속되는 가운데 오코우치의 사회정책론은 1970년에 이르기까지 학계뿐만 아니라 일본사회 전체에 상당한 영향력을 미쳤던 것이다.

물론 그럼에도 불구하고 오코우치(大河内一男)의 사회정책론의 문제는 여전히 남는다. 초기의 오코우치는 사회정책이라는 용어를 쓰면서도 노동자 중심의 편협한 노동정책에 그 범위를 한정하였기 때문에 생활정책적인 대상은 결여되어 있었다. 그러한 사회 환경 하에서 1973년 복지원년이 발표되자 이른바 종합사회정책의 등장과 함께 사회정책의 대상이 점차 확대되는 계기를 맞이하였다. 또한 사회변화의 하나인 인구의 고령화 문제는 그동안 노동자 문제를 중심으로 해왔던 그 당시의 사회정책이론으로서는 접근할 수 없었다.

한편, 이전의 사회정책으로부터 노동경제로 연구대상의 이행을 주도한 스미야(隅谷三喜男)는 "전후, 노동자의 요구에 대해서 구체적으로 어디까지 충족되었는가? 하는 것은 별도의 문제로서 사회정책은 원리적으로 그러한 요구를 수용하고 있다. 그것은 노동자의 전 생활과정의 보장이라는 형태를 취한 점으로서 사회정책의 완성된 형태를 나타낸 것" 이며 또한 "현재의 사회정책은 모든 고용자를 대상으로 하여 생활의 재생산 전 과정을 포함하는 내용" 이라며 사회정책론의 재구축을 주장[9]하기도 하였는데 이러한 견해는 노동경제학으로 발전하는 계기가 되었다.

한편, 일본에서도 서유럽형의 사회보장론이 전개되지 않았다고 볼 수는 없다. 먼저, 사회보장의 체계론을 적극적으로 펼친 곤도(近藤文二)는 "사회보장은 국민의 최저생활을 보장하려는 각종 제도의 새로운 형태" 라고 사회보장의 개념을 규정하였다[10]. 또 다른 중심이론으로서는 보험경영학 연구를 통해 전후의 일본의 국민보험과 고용정책 등에 관한 정부에 대한 제언에 영향을 미친 스에타카(末高信)의 생존권론[11]을 들 수 있는데, 생존권론을 보다 명확한 이론으로 정리한 사람

---

9) 隅谷三喜男(1990) 「戦後社会政策の到達点」『戦後社会政策の軌跡』 啓文社. pp.17-18.

10) 西野照太郎(1952) 「社会保障と厚生経済」『社会保障研究』 2号. p.75. 近藤文二(1948) 『社会保障』, 末高信(1949) 『社会保障のはなし』 社会保険法規研究会 참조. 스에타카교수와 콘도교수는 사회보장 수입 직후에 출판했다. 사회정책학자 중심의 전후 사회보장 연구의 결실로 보이는 저작으로서 그 내용은 빈곤론이 기저를 이루고 있다. 또한 近藤文二(1963) 「研究生活35年-年譜に代えて」『生活保障の経済理論(近藤文二博士還歴記念論文集)』 日本評論新社.에서 콘도교수는 또 정책학을 연구하는 자는 심의회 같은 기회를 통해 생생한 지식을 반드시 습득해야 한다고 믿는다며 연구생활 35년 연보에 부쳐 사회정책이 실용 학문임을 강조했다.

11) 末高信의 생존권론에 관한 주요문헌으로는 末高信(1951) 「社会保障の体系」『社会保障年鑑』 健康保険組合連合会. 末高信・安井信夫(1970) 『現代の社会保障』 成文社. 등을 들 수 있다.

은 히라타(平田富太郎)였다. 그는 사회보장이란 "국민 생존권의 실현을 의도하여 소득의 재분배를 통하여 국가가 모든 국민의 최저생활을 전체로서 확보하기 위한 조치의 총체"[12] 라고 정의하였다.

이와 같이 사회보장 이론 논의에서 전개되기 시작한 사회제도론과 더불어 1970년대에 들어서서는 사회보장의 사회적·경제적인 기능분석에 중점을 둔 기능론이 등장하였다. 예를 들면 야마다(山田雄三)는 사회보장을 "빈곤층이라든가 노동계급이라는 일부를 대상으로 하는 것이 아니라 사회 각층을 포함하여 국민적 입장에서 소득과 의료와 생활상의 보장을 고려한 것"[13]으로 정의하고, 그에 입각하여 사회보장의 급부와 수요와의 긴장관계를 논하였다.

1980년대에 이르러서 일본 가족사회학자로 널리 알려져 있는 사회학자 후쿠타케(福武直)는 "사회보장은 원래 평등주의의 이념에 입각한다. 그것은 기회의 평등을 가능한 확보하여 결과의 불평등을 시정한다는 이념에서 출발 한다" 고 주장하면서 "사회보장은 자조를 전제로 하여 연대로 파악하고 있기는 하지만 자조만을 과도하게 주장하여 경제효율을 지나치게 중시하는 것은 오히려 사회의 안정을 위협하게 되어 결과적으로 비효율적이다. 사회보장은 어떤 의미에서는 경제와 사회

---

12) 平田富太郎(1950)『社会保障への途』前野書店. p.46. 이곳에서 피력한 생존권(사회보장)은 다음과 같은 내용이 담겨 있다.
사회보장의 본질 : 국가에 의한 국민 최저생활의 확보
사회보장의 목적 : 생활궁핍 방지 및 구호에 의한 국민생존권의 실현
사회보장의 수단 : 국민소득의 재분배
사회보장의 효과 : 노동력 보전에 의한 생산성의 향상
또한 平田富太郎의 사회보장이론의 요점은 다음과 같다.「사회보장이란 국민생존권의 실현을 목적으로 하며, 소득재분배를 통해 국가가 모든 국민의 최저생활을 전체로 하는 정책이다」라고 주장. 平田富太郎(1974)『社会政策』日本労働協会. p.17.

13) 山田雄三(1968)『社会保障研究序説』社会保障研究所. p.22.

의 균형문제이다. 경제만 중시될 경우, 그에 의해 좌우되는 사회는 오히려 경제에 반격을 가하게 되어 붕괴할 수도 있다"[14] 고 주장하면서 경제논리를 앞세워 경제의 효율화만을 중시하지 않도록 경제와 사회의 균형론을 강조하였다.

한편, 사회정책 본질논쟁의 무모성을 논하기에 앞서 사회정책학보다는 그 전제가 되는 노동문제 연구의 중요성이 명백하게 드러났다. 특히 1955년 전후부터 스미야(隅谷三喜男)에 의한 임금노동의 이론의 구상과 우지하라(氏原正治郎)에 의한 실증적인 노동문제연구가 제창되었다. 스미야는 "임금노동의 이론을 사회정책이라는 전통의 틀에서 빼어냄으로써 임금노동 그 자체의 이론을 정면에서 문제화" 하는 것을 주장하였다.

우지하라는 사회정책학에서 노동문제에 대한 연구를 탈피시켜야할 것을 주장했다. 우지하라는 전통적인 사회정책학의 발상방법이 "노사양 계급의 경제적 대립까지도 사회문제, 즉 사회질서의 파괴라고 의식해 이를 회복하는 것에 관심을 둔 관료적인 발상" 이라고 지적하며 노동문제의 사회과학적 연구로의 전환을 주장한다. 또한 노동자가 그 지위를 개선하기 위해서는 어떤 정책이 필요하며 유효한가에 관심을 가진다고 했는데 그 문제의식이 당연히 정책 비판적이었다고 하겠다.

나아가 사회과학의 문제는 현실 노동자문제의 실체를 밝히면서 어떻게 노동자의 지위가 개선되어지는가가 관심이었고, 노사가 어떤 조직과 정책을 갖고서 단체교섭을 통해 그 결과 노동조건이 어떻게 정해지는가? 이 양자가 어떤 정치적 행동을 하는가? 에 대한 연구의 필요성을 나타냈다.

이들의 주장은 그 당시의 사회정책학과는 다른 시각으로 보인다.

---

14) 福武直(1983)『社会保障論断章』東京大学出版会. p.109.

그러나 오코우치(大河内一男)의 '사회정책의 경제이론'의 형성과정에서 오코우치이론을 부정하기보다는 노동력을 중심개념으로 불순한 비경제적요소와 분리하여 오코우치의 사회정책이론을 순화했다고 판단하는 시각도 있다.

그 후 노동문제와 개별적인 사회정책에 관해 역사적, 실증적 연구가 눈에 띄게 축적되어갔다. 이러한 연구동향의 전환은 일본의 고도경제성장하에 있어서 새로운 노동운동이 전개되어 이를 바탕으로 한 전후 일본형 노사관계 형성의 배경이 되었다. 이러한 노사문제의 실증적 연구와 노동경제론의 발전을 발판으로 새로운 사회정책론으로서 재구성하려는 움직임이 1965년경부터 시작되었다.

그러한 가운데 사회정책을 국가론으로서 연구하여 새로운 사회과학의 방법을 구상하는 문제제기 등이 등장하기도 했으나 그 또한 국가과학의 제창에 지나지 않았다. 사회과학이라고 한다면 사회정책을 요청하는 정치를 포함하는 사회, 경제 그 자체를 고찰하지 않으면 안 되기 때문이다. 그 시점에서 확인해 두어야 할 점은 그러한 사회 그 자체의 노동문제를 중심으로 한 연구로서 사회정책론이 전개되지 않으면 안 되는 연구풍토가 주류였기에 그 다음으로 국가의 상대화를 고찰할 수 있었던 것이다.

3. 일본 사회정책의 특수성

일본의 경우, 앞에서 살펴본 바와 같이 사회정책은 노동정책 중심으로 발전되어왔다. 다시 말하면 사회정책은 노동정책의 또 하나의 이름으로 인식되기도 한다. 사회정책학자들은 "사회정책학자 전원에게 합의가 얻어진 사회정책의 개념이 확실히 확립되지 않았다"고 말한다. 실제로 개개의 사회정책학자가 자신의 사회정책을 전개함에 있어 그들이 가지고 있는 사회정책의 정의는 각각 다르다.

어떤 논자는 사회정책을 '노동력 확보를 위한 자본의 정책'이라고 정의하고 있으며, 또 다른 논자는 "자본에 의한 노동력의 가치수탈을 억제·완화하는 것을 본질로 하는 국가의 노동정책" 이라고 정의하는 경우도 있다. 이러한 견해 차이에도 불구하고 일본의 사회정책학자들 사이에서는 자본주의경제에 의해 끊임없이 나타나는 노동문제(혹은 노동력문제)를 해결하기 위한 자본주의국가의 시책이며 사회정책이 존재함으로써 비로소 자본주의경제는 그 원활한 운영이 보장된다는 시각이 주류를 이루고 있다.

되돌아보면, 일본에서의 '사회정책' 개념은 자본주의가 확립되기 시작했던 메이지시대 중기에 공업화의 선두였던 독일 신역사학파의 Sozialpolitik를 수입하면서 시작되었다. 거기에서 사회정책으로서 개념화되어 있던 중심적인 내용은 공장법을 비롯한 노동정책이었다. 그러나 당시 대표적인 사회정책학자들은 사회정책을 그 의미로만 한정해서 이해하고 있었던 것은 절대 아니었다. 이와 같이 초창기 일본 사회정책의 문제설정은 먼저 사회문제가 있고 그 다음에 노동문제가 따라오는 것이었다. 이는 [사회문제]=[노동문제]라고 하는 사회정책의 문제설정과는 다르며 [사회정책]=[노동정책]이라는 개념이 처음부터 확립되어 있었던 것 또한 아니었다.

한편, 앞에서 살펴본 것처럼 국제적인 시각에서 보면, 사회정책이라는 용어는 일본의 경우보다는 그 대상과 범위가 훨씬 넓으며, 거기에는 노동정책이 사회정책의 일부로 포함되고 있을지라도 양자가 동등한 관계로 취급되는 일은 없다. 일본에서는 해외의 사회정책론의 배경으로 이른바 사회정책의 개념을 '영 · 미적 개념'이라고 부르는 반면, 일본의 지배적인 사회정책의 개념은 '독일=일본적 개념'이라고 인식해 양자의 관계를 사회정책 개념의 두 가지 유형으로 구별하는 경우가 있다.

이와 같은 명칭은 언뜻 보면 전자가 영국과 미국에서 그리고 후자가 독일과 일본에서 사용되며 양자가 서로 별도의 형태로 발전되어 온 것처럼 여겨진다. 그러나 '영 · 미적 개념'이라고 하는 명칭은 오해를 불러일으키기 쉽다. 왜냐하면 '영 · 미적 개념'은 영국과 미국에서만 통용되는 것이 아니며 영 · 미뿐만 아니라 유럽 여러 나라에서 통용되고 있기 때문이다. 따라서 특정국가의 사회정책의 '영 · 미적 개념'이라는 표현방법은 재고되어야 한다고 본다.

또한 '독일=일본적 개념'의 사회정책에 관한 시각도 그 세부내용에 있어서 일본과 독일에서 확실히 지배적인지 아닌지? 에 대해서 의문이라는 주장도 있다. 한 때 독일에서는 전통적인 Sozialpolitik와 구별하는 의미에서 사용된 Gesellshaftpolitik라는 개념이 사용되기는 했지만, 현재 양자의 구별은 큰 의미가 없다. 오히려 국제표준으로서의 사회정책 개념과 일본적 특수 개념이라는 두 가지 개념에 관한 이해가 더 필요하지 않을까? 생각한다.

물론 OECD에서는 최근 '활성화사회정책'이라는 개념을 강조하여 노동과 고용문제를 중전 과제로 삼아 「OECD고용전략」 등으로 제언하기도 하였으며, 국제노동기구(ILO)에서는 노동자에 대한 사회보장의 내용충실을 도모하고 있다. 그런 의미에서 일본에서와 같은 사회정책=노동정책이라는 생각은 국제적으로 부합하기는 하지만, 완전히 노동정책이라고 하기에는 시대적 착오일수도 있다. 이러한 사실은 적어도 사회정책에 관한 일본에서의 정의가 유일한 정의가 아니라는 것을 의미한다. 이러한 전제 하에서 이전의 사회정책본질논쟁 시기처럼 일본 특유의 사회정책 틀에 머물고 있을 것이 아니라 국제적 시각에 입각해 실용적 학문으로 전환하는 계기가 필요할 것이다.

4. 사회정책의 전환기

앞에서도 살펴본 바와 같이 사회정책은 독일의 Sozial politik에 연유하는 것은 부정할 수 없다. 이른바 노동조합입법 등 노사관계에 관련된 정책을 기축으로 공장법을 비롯한 노동자의 노동조건에 관련된 정책인 것이다. 나아가 사회정책이 구빈입법(救貧立法)으로부터 사회보장제도에 이르는 국민의 생활보장에 관계되는 정책이라고 한다면 현대적 개념은 매우 확대되고 있으며 그 대상 또한 시대적 환경에 다라 변하고 있다고 봐야 할 것이다.

브리태니커에 따르면, 본래 사회정책이라는 용어는 1872년 독일에서 창립된 사회정책학회에 집결한 신역사학파(→ 역사학파)의 경제학자 바그너(Wagner, A.H.G.), 슈몰러(Gustav von Schmoller), 브렌타노(Ludwig Joseph Brentano) 등에 의해 주창된 것이다. 이들은 독일의 급속한 자본주의화에 따르는 계급대립의 심각성과 사회주의운동의 발흥에 의한 사회혁명을 두려워하여, 계급의 이해를 초월한 국가가 경제에 개입하고 분배적 정의를 실현하지 않으면 안 된다고 주장하였다. 즉 신역사학파에 의한 사회정책은 현존하는 자본주의체제를 용인하면서 자유주의에 반대하고 사회주의에도 반대하는 사회개량의 주장을 편 것이었다.

그러한 방책으로 제창된 정책수단은 누진소득세의 도입 등 조세개혁에 의한 사유재산에 대한 규제, 격화된 계급대립의 방파제로서 수공업자 · 자영농민 등 중산계급의 유지 · 확대 및 단결의 자유를 보장하고 노동조합에 의한 노동자의 세력신장 등 여러 가지가 있지만, 어느 경우에도 분배적 정의의 실현이라는 윤리적 가치판단을 경제학의 밑바탕에 둔 것이었다. 이와 같은 신역사학파에 의한 사회정책의 주장은 20세기 초에 퇴조하고, 제1차 세계대전 후 바이마르 체제 하에서 사회민주당계의 이론가 하이먼(Eduard Heimann) 등이 사회정책을 사회주의로 향하는 교두보로 간주하는 이론을 전개시키게 되었다. 거기서는 사회정책이 '자유와 노동의 존엄'을 실현하는 사회운동 이념의 제도적 결과물로 간주되었다.

사회정책은 자본주의 체제의 내부에 생겨난 것으로서 자본주의 체제의 유지에 이바지하고는 있지만, 본래 사회정책이 자본주의 체제와는 다른 이념의 산물인 이상, 사회정책적 획득물이 축적되어 가면 결국에는 자본주의 체제를 지양(止揚)하게 된다고 주장했던 것이다. 사회정책은 무엇보다도 먼저 노동력 정책으로 이해되는 점이 특징이다. 따라서 노동력 보전책은 개개의 자본에 의한 노동력의 자의적 수탈을 방지하고 자본주의 경제의 운행에 필요한 노동력의 계속적 재생산을 도모하는 시책이라 할 수 있겠다.

제1차 세계대전 이후의 현대자본주의의 전개는 국가정책에 몇 가지 새로운 전개를 촉진하게 되었다. 첫째, 기업운영에 관련한 사항에 대한 노사협의기관의 설치와 감사회 · 이사회 등에 종업원 대표가 참가하고 나아가 정부 · 자치제 등의 의사결정 과정에 노동자 · 소비자 대표의 참가 등 소위 참여 시스템을 개발한 것이다. 둘째, 산업구조의 변화에 따른 숙련공의 기능진부와 더불어 실업에 대처하기 위한 직업 소개·재훈련 및 그것을 위한 수당의 지급 등, 적극적 노동시장정책의 전개이다.

또 심각한 실업문제에 대처하기 위한 실업보험 등 보험원리의 수정을 위시하여 영국의 베버리지 계획 중에서 결실을 본 사회보장제도의 창설과 시장(市場) 메커니즘을 통해서는 확보하기 어려운 서비스의 공공적 공급 등이 이루어졌다. 제2차 세계대전 후 선진 자본주의 나라에서 성숙한 사회보장제도는 사회보험과 공적 상부상조의 통합을 도모하고 완전고용정책을 전제로 국가에 의한 생활보장을 국민의 권리로 확인함으로써 새로운 복지국가 체제를 탄생시켰다.

그러나 1970년대에 이르러 특히 1973년의 석유위기를 계기로 스태그플레이션이 나타나면서 미국·영국을 비롯한 선진국에서 소위 작은 정부론에 근거한 복지국가 체제의 재검토가 시작되었고, 1980-90년대에 미국 정부의 재정적자가 급격히 늘어남에 따라 작은 정부론이 더욱 확대되고 있다[15].

일본은 1973년에 복지원년을 선언했으나 아이러니하게도 세계적인 석유위기에 따른 복지재검토가 이루어짐에 따라 고부담 고복지의 복지국가를 추구하기보다는 중부담 중복지의 일본형 복지사회를 지향하

15) 복지국가의 등장은 18세기 후반 영국에서부터였다. 1940년대 영국에서 복지국가가 비약적으로 발전, 풍요로운 사회를 경험하고 '사회지출'은 증가했으며 1950년대에는 '큰 정부' 체제에서 이들의 황금시대가 계속되다가 1960년대 말부터 시작해 1970년대의 저성장과 고실업을 겪게 되면서 납세자들의 반발이 일어나고 복지국가 성장에 대한 반작용이 일어났다. 1980년대 위기와 재건의 시기를 맞이하여 3가지 모델이 나타났다(프랑스, 영국, 스웨덴). 1990년대 이후 인구고령화에 따른 사회지출 증가와 지구환경문제에 기인한 경제성장 제약이라는 어려움 속에서 '지속가능한 복지국가(sustainable welfare state)'에 관한 새로운 모델을 모색하고 있다고 하겠다.

게 되었다. 그와 더불어 1990년대 이후 급속한 저출산・고령화(少子・高齡化)경향은 이전의 경제성장기의 사회구조로서는 해결하기 어려운 사회문제를 초래하였다. 2000년 4월의 개호보험제도의 실시와 더불어 연금제도의 개혁(2004) 등 사회보장의 분야의 개혁이 잇따르고 있다.

또한 기업에서도 연공서열형 고용체계의 재검토가 추진되고 있으며 지역커뮤니티를 중심으로 한 생애교육과 여성의 사회활동을 지원하기 위한 보육시설의 정비 등 사회문제의 해결을 위한 대책이 전개되고 있다. 나아가 일본의 가족관은 가치관과 함께 변화하였다. 현재 일본의 가족구성은 직계 가족제도와 핵가족제도가 병존하고 있다. 전후, 신헌법의 제정, 민법의 개정에 의해 해체된 이에(家)제도는 가족생활의 연대감의 약화를 초래하였다. 가족의 역할과 기능의 변화도 뚜렷이 드러나고 있다.

이와 병행하여 일본 사회정책의 변화에 관해서 생각해볼 수 있는 다음과 같은 시각도 있다. 히토츠바시대학의 타카다(高田一夫)교수는 오코우치(大河内一男)의 '새로운 사회정책'을 비판하면서 "사회정책의 근본은 19세기에도 현대에서도 조금도 변하지 않는 것이며 틀린 이론화를 전개한 오코우치가 그 과오를 현대의 사회정책에까지 끌어 들여왔기 때문에 혼미가 일어나고 있는 것뿐" 이라며 사회정책의 본질은 사회문제에 대한 국가의 대응책으로서 그 본질은 변하지 않으나 사회정책의 구체적인 형태는 사회문제에 대응해서 변화한다고 보았다.

그의 주장처럼, 변화 그 자체를 인식할 필요는 분명히 있다고 본다. 그렇다면 그것은 시시각각 발생하고 있는 사회문제의 변화 속에서 발견되는 단순한 각종 사례에서 이전의 이론을 적용하는데 당연히 문제가 있지 않을까 생각한다. 또한 사회정책에 있어서도 역사적인 진전에 따라서 질적인 변화를 보이고 있으며 그러한 변화는 '노동정책'이든

'복지정책'이든 현실사회에서는 변화하고 있는 사회문제에 어떻게든 대응하고 있는 것이 사실이다.

그러나 그러한 문제에 관해서 사회정책학회의 이론적 정리가 미완으로 남아있는 것이 문제일 것이다. 따라서 오코우치(大河内一男) 이론을 언제까지나 비판만 하고 있을 것이 아니라 그것이 문제라면, 오코우치의 업적은 업적대로 인정하고, 현대사회에 적합한 사회정책학의 대상과 범위를 제시해 사회정책에 관한 현대적 이론 재구축이 필요할 것이며 바로 그 점이 일본 사회정책학회가 무엇보다 먼저 해결해야 할 과제라는 생각을 떨칠 수가 없다.

어쨌든 일본의 사회정책의 연구동향은 변화에 변화를 거듭하며 마이너스 경제성장을 경험한 1990년대에 시작된 잃어버린 20년에 걸쳐 급격히 진전된 인구고령화(고령화율 20% 이상)와 저출산(합계출산율 1.32명)에 관한 사회문제로 집중되는 경향이 엿보인다. 따라서 이러한 사회문제에는 경제학적 분석뿐만 아니라 정책입안 과정과 평가에 관한 정치학, 나아가 노인·여성·아동을 둘러싼 가족제도의 사회학적 연구도 필요하다는 주장이 제기되고 있다[16]. 이른바 사회정책의 전환기 혹은 21세기형 사회정책론의 재구축이 필요하게 되었다고 하겠다.

즉, 이전의 사회정책 이론을 현재시각으로 재분석하여 학제적 연구를 시도하는 한편, 비교사회정책, 나아가 사회보장의 국제적 시점에 관한 연구의 필요성[17] 또한 제기되고 있다. 이렇듯 사회보장에 관한

---

16) 국제비교를 제외한 연구동향의 변화를 보면, 사회정책의 대상과 범위가 오코우치(大河内一男)의 이론수정 시기(1980년대 이후) 이후의 관점과 시각이 매우 유사한 것을 알 수 있다. 즉, 인간의 출생·성장·성숙·노쇠·사망에 이르는 인간의 생애 전 과정으로 확대해 다루고 있다.

17) 새로운 사회정책 관련 연구동향이 포함된 주요문헌으로는 隅谷三喜男編(1993)『社会保障の新しい理論を求めて』東京大学出版会. p.26, 徳永重良

일본국민의 욕구는 전후 급속히 늘어났으며 고도성장기를 거쳐 안정성장기에 이르는 1980년대 이후 사회보장의 중심축인 연금제도와 의료보험의 개혁이 실시되는 등 바야흐로 라이프사이클과 관련된 생애생활 전반에 관한 정책으로서의 사회정책 과제가 등장하게 되었다[18].

최근에는 일본의 사회정책학에 대한 재편을 주장하는 동경대학의 타케가와(武川正吾)교수의 견해가 눈길을 끈다. 즉, 일본에서 사회정책의 현대적 전개가 확충되는데 반해 오코우치(大河内一男)이론을 비롯한 이전의 사회정책 이론의 대응이 충분치 못하다고 보고 있는 점이다[19]. 물론 그렇다고 곧바로 [노동정책]=[사회정책]으로 보았던 이전의 주류 사회정책의 시각과는 다른 별도의 새로운 이론체계를 전개하거나 새로운 이론을 제시해 대다수 학자의 동의의 의해 확립하는 것은 아닐 것이다. 그럼에도 불구하고 사회정책의 대상과 범위 확대에는 사회정책 연구에서 다음과 같은 의의를 가지게 될 것이라고 타케가와는 주장한다.

첫째, 사회정책의 범주에서 당시 배제되었던 영역, 가령 ①공적부조, 사회사업, 그리고 노동정책적인 사회보장(노동과 직접적 관련이 없는 사회보험 등)과 ②사회보장과 일부 중복되는 사회서비스를 사회정

(1999)(「読書ノート：新しい社会政策論の構築のために」『大原社会問題研究所雑誌』大原社会問題研究所. No.490. 徳永重良(2000)「社会保障の研究史」『大原社会問題研究所雑誌』大原社会問題研究所. No.501. 등을 들 수 있다.

18) 玉井金五(1997)「社会政策研究の系譜と今日的課題」『社会政策を学ぶ人に』世界思想社. pp.13-15.

19) 타케가와는 일본의 사회정책학이 전제하고 있는 사회정책의 범위가 다른 나라와 비교해 볼 때 매우 협소할 뿐만 아니라 특히 노동정책으로 편향되어 있기 때문이라는 것이다. 따라서 우선 사회정책의 개념을 확장하는 것에서 출발하지 않으면 안 된다는 문제의식을 갖고 있다. 武川正吾(1999)『社会政策のなかの現代-福祉国家と福祉社会』東京大学出版会.

책으로서 통일적으로 파악할 수 있는 것이 가능해진다. 둘째, 확대된 사회정책 개념 하에 포섭된 사회정책의 여러 분야 사이에서 공통성과 독자성에 대한 탐구를 통해 기존의 문제 설정을 변화시킬 수 있을 것이다. 셋째, 사회보장을 교육・주택・고용 등 그 외의 다른 사회서비스와의 공통성 안에서 파악함으로써 그 공통 기능이 무엇인가? 나아가 확대된 사회정책 개념에 의해 포섭된 실체가 여전히 노동정책으로 지속될 수 있는가에 대한 새로운 문제제기도 가능하다고 역설한다[20].

이들 각 연구자의 주장처럼 생활환경의 변화가 지속되는 현대 일본사회의 현실 속에서 사회정책학계에서는 새로운 사회정책연구의 필요성을 이미 인식하고 있다고 하겠다. 즉, 노동문제로부터 상대적으로 독자의 문제영역을 형성시키기 시작한 생활문제의 일부로서의 소비문제의 해명이 정책연구의 경향이라는 의미를 부정할 필요도 없을 것이다. 나아가 사람들의 생활양식과 생활의식의 변화와 병행해 민주주의적 정치과정의 변모와도 겹치면서 복지국가(일본형 복지사회)로의 전환에 따라 사회정책론 또한 노동문제를 비롯해 생애에 걸친 생활보장에 관한 종합적 파악과 함께 정책론의 심화 속에서 재구성이 필요한 시점이라고 하겠다.

---

20) 이러한 시각은 사회정책의 새로운 이론 제시라기보다는 연구의 대상을 확정하여 그것을 통해 사회정책을 확장・재편하자는 견해라고 하겠다. 또한 이전의 소모적이고 이상론적인 본질논쟁에서 나아가 국제적 현실에 맞는 사회정책론을 구축하는 것이야말로 일본 사회정책학계의 과제로 인식하는 부분에는 상당 부분 공감하는 바이다.

참고문헌

다케가와쇼고 저・김성원 역(2004),『일본의 사회정책과 복지국가론』인간과 복지.

정기룡(2006)『일본사회의 이해』제이엔씨.

安立清史(198)『市民福祉の社会学－高齢化・福祉改革・NPO－』ハーベスト社.

石畑良太郎・佐野稔編(1987)『現代の社会政策(新版)』有斐閣.

石畑良太郎・牧野富夫(2009)『よくわかる社会政策』ミネルヴァ書房.

伊部英男・早川利男編(1992)『世界の社会政策』ミネルヴァ書房.

埋橋孝文(1997)『現代福祉国家の国際比較』有斐閣.

氏原正治郎(1989)『日本経済と雇用政策』東京大学出版会.

内海陽一編(1992)『世界の社会政策』ミネルヴァ書房.

大河内一男(1979)『社会保障入門』青林書院新社.

大河内一男(1968) 大河内著作集 第2巻『社会政策論』清林書院新社.

岡本英雄(1983)「高年齢者研究にみられる偏見と差別」『欧米の高齢者雇用・職業に関する研究報告書』財団法人高年齢者雇用開発協会.

岡本英雄(1987)「高年齢者の生活パターン」『欧米の高齢者雇用・職業に関する研究報告書』財団法人高年齢者雇用開発協会厚生省監修(1995)『年金と財政』法研.

河合栄次郎(1935)『社会政策原理』日本評論社版.

厚生省大臣官房統計情報部編(各号)『厚生統計要覧』(財)厚生統計協会.

厚生省年金局(1999)『21世紀の年金を構築する』厚生省年金局内部資料.

厚生労働省(各号)『国民生活基礎調査』中央法規.

厚生労働省(各号)『厚生労働白書』ぎょうせい.

近藤文二(1963)「研究生活35年-年譜に代えて」『生活保障の経済理論

(近藤文二博士還歴記念論文集)』日本評論新社.
近藤文二(1948)『社会保障』新労働文庫.
全国社会福祉協議会(各号)『社会保障年鑑』東洋経済新報社.
小林謙一編(1998)『社会政策』実務教育出版.
社会政策学会編(2008-2011)『社会政策』第1巻1号-第3巻1号. ミネルヴァ書房.
社会保障入門編集委員会(2009)『社会保障入門』中央法規.
佐武弘章編(1991)『高齢化社会政策の実験』新評論.
末高信(1949)『社会保障のはなし』社会保険法規研究会.
末高信(1951)『社会保障年鑑』東洋経済.
末高信・安井信夫(1970)『現代の社会保障』成文社.
隅谷三喜男・稲上毅編(1993)『社会保障の新しい理論を求めて』東京大学出版会.
隅谷三喜男編(1993)『社会保障の新しい理論を求めて』東京大学出版会.
清家篤(1998)『生涯現役社会の条件』中公新書.
高田一夫(1981)「大河内理論の変貌とその意義」『千葉商大論叢』No.34-7.
高田一夫(1994)「高齢者雇用はすすむか」『経済セミナー』No.475.
玉井金五(1997)『社会政策を学ぶ人に』世界思想社.
太陽寺順一(1955)「社会政策の主体と総資本の立場」『一橋論叢』第34-1号, 日本評論新社.
土穴文人『社会政策制度史論』啓文社、1990.
武川正吾(1999)『社会政策のなかの現代-福祉国家と福祉社会』東京大学出版会.
鄭基龍(2000)「日本の高齢者社会政策に関する研究」『日本學報』제44집.
鄭基龍(2000)『転換期における高齢者対策に関する研究』一橋大学大学院博士論文.
土穴文人(1990)『社会政策制度史論』啓文社.
徳永重良(1999)(「読書ノート：新しい社会政策論の構築のために」『大

原社会問題研究所雑誌』大原社会問題研究所. No.490.
徳永重良(2000)「社会保障の研究史」『大原社会問題研究所雑誌』大原社会問題研究所. No.501.
内閣府編(各号)『高齢社会白書』財務省印刷局.
中川清(1995)「生活変動と社会政策像」『社会保障研究』Vol.31, No.1. 社会保障研究所.
西野照太郎(1952)「社会保障と厚生経済」『社会保障研究』2号. 社会保障研究所.
西村豁通・荒又重雄(1992)編『新社会政策を学ぶ』有斐閣.
服部英太郎(1949)「社会政策の生産力説への一批判」『経済評論』経済評論/日本評論社.
平田富太郎(1950)『社会保障への途』前野書店.
福武直(1983)『社会保障論断章』東京大学出版会.
藤田伍一(1997.4)「社会保障の構造調整について」『週刊社会保障』No. 1899.
馬場啓之助(1977.1.)「福祉社会の日本的形態」『季刊社会保障研究』No. 12-3. 社会保障研究所.
馬場啓之助(1977. 12.)「福祉社会移行の日本的条件」『季刊社会保障研究』No.13-3. 社会保障研究所.
三浦三朗(1997)「高齢者の生活実態と自立」『高齢化社会の生活保障システム』東京大学出版会.
宮沢健一(1995)「21世紀の社会保障の思考軸」『社会保障研究』Vol.31., No.1. 社会保障研究所.
村上雅子(1984)『社会保障の経済学』東洋経済新報社.
八代尚宏編(1977)『高齢化社会の生活保障システム』東京大学出版部.
山田雄三(1968)『社会保障研究序説』社会保障研究所.
労働省編(1999)『日本の労働政策』労働基準調査会.

제5장

일본의 사회보장제도

1. 사회보장이란?
2. 일본의 사회보장
3. 소득보장과 공적연금
4. 기타 사회보장제도

1. 사회보장이란?

사회보장(social security)은 개인이 처해진 위험요인 즉, 질병·부상·실업·출산·장애·사망·노쇠·사망 등의 생활상의 문제에 대해 빈곤을 예방하고 빈곤층의 생활을 안정시키기 위해 국가 또는 사회가 소득이전으로 소득을 보장하고 의료와 간병수발 등의 사회서비스를 제공하는 제도를 말한다. 사회보장이라는 말은 사회복지와 동의어로 사용되는 경우도 많지만, 공적으로는 사회복지 외에 공중위생을 포함하여 보다 넓은 개념으로 사용되고 있다.

1929년 월가의 주식 대폭락을 계기로 시작된 대공황은 전 세계에 대량 실업자가 발생하여 사회불안이 커졌다. 미국에서는 프랭클린 루스벨트 대통령이 뉴딜정책의 일환으로 1935년에 연방사회보장법(Social Security Act)을 제정하였다. 사회보장이라는 말은 이 때 처음으로 사용되었지만, 이 연방사회보장법은 노령연금, 실업보험, 장애인보조, 모자보건 및 아동복지사업 등을 그 내용으로 하고 있지만 반드시 오늘날 사용되고 있는 사회보장을 의미하는 것은 아니었다.

사회보장이라는 말이 국제적으로 본격적으로 쓰이게 된 것은, 비버리지보고 이후이다. 영국에서 전시중인 1942년에 윌리엄 베버리지가 「사회보험 및 관련서비스」라는 제목으로 보고서를 제언한 다음, 여러 나라의 사회보장 발전에 크게 영향을 주게 된다. 이 보고서는 사회보험제도를 중심으로, 공공부조·관련 제반서비스를 종합하여 "요람에서 무덤까지"를 슬로건으로 한 사회보장 계획을 제창했다.

사회보장이라고 하면 일반적으로 사회보장비의 국제비교에 있어서 ILO에서 정한 다음과 같은 7개의 부문에 기초하고 있다. 즉, ①사회보험 및 유의제도, ②가족수당, ③공무원제도, ④공중보건서비스, ⑤공적부조 및 유의제도, ⑥전쟁희생자원호, ⑦제도간의 배분되지 않는 관리비 등이다.

이러한 ILO의 정의는 사회보험의 기초로 해 공적부조와 보건서비스가 보완하는 입장을 취하고 있다. 이로 인해 사회복지의 관계가 명확하지 않은 문제점이 드러나기도 한다. 일본에서는 후생노동성에서 발표하는 통계가 ILO의 기준에 입각하고 있는데 사회보장의 국제비교에 있어서 그 외에 대체소득은 ILO베이스의 사회보험 급부비보다 적게 나타나는 경향이 있다.

자본주의 발달에 의한 생활구조의 변모, 평균수명의 연장에 따른 인구 노령화 현상과 도시형 생활구조의 정착, 기업 내에서의 연금의 역할 및 국민경제적인 측면에서의 연금의 기능 등에 관한 것들이다. 자본주의 사회의 생활원리는 철저한 자기책임의 원리이다. 임금을 기본적 소득으로 하고 있는 노동자들의 노후생활은 도식적으로는 노동력의 일상적·생애적·세대적 재생산비로서 임금수입의 시간적 자기배분에 의한 대응을 가정할 수 있다.

그러나 현실적으로 임금은 전적으로 생산에 대한 공헌도나 노동능력의 척도에 따라 결정되는 것이 아니고, 생활임금·세대임금(世帯賃金)의 요청이나 소비욕구와 직접적으로 관련되어 결정되는 것도 아니다. 따라서 임금은 생활을 영위하는 데 부족한 현상이 나타날 수 있으므로 노후에 대한 사전준비를 할 여지를 없게 한다. 비록 임금이 상당한 수준에 있더라도 일상지출을 감당한 후에 장래에 예정된 불확실한 필요규모의 노후준비에 충당한다는 것은 매우 어려운 일이다.

노후에 대한 불안은 노령에 의한 노동능력과 노동기회의 상실 등에 기인하는 바가 크다. 그와 더불어 인간의 자연적·생리적인 사고의 변화 사회체제 및 경제조직의 변화, 정년제도의 사회적 강제, 기술혁신에 의한 고령 미숙련자의 탈락 등에 의한 사회적 문제가 발생하게 된다.

이상과 같은 노령자의 사회적 인식을 계기로 하여 자본주의 국가에서는 일찍이 연금제도가 사회보험방식에 의하여 전개되어 왔다. 결국 연금제도는 노동 능력이나 기회를 상실한 자에 대하여 생활수단을 제공하여 주므로, 이런 점에서 하나의 사회적 임금이라 할 수 있겠다. 연금보험이라는 입장에서 보면 위험의 정확한 측정을 어렵게 하는 노령부양자에 대한 비용을 공동 계산하여 개별적으로는 용이하지 않은 준비를 집단적으로 확보하는 제도인 것이다. 이때 형성되는 보험기금은 임금 가운데 평균적으로 포함되는 노후생계비의 강제저축이며, 가계지출의 구조를 합리화시키기 위한 임금의 특정부문에 관한 사회적 관리를 의미하는 것이라 할 수 있다.

2. 일본의 사회보장제도

일본의 사회보장[1)]은 제2차 세계대전 이전의 독일 비스마르크의 사회정책제도를 모방해 사회보험제도가 만들어졌다. 일본의 최초 사회보험은 1927년에 시행된 건강보험법이다. 또한 농촌에 대한 구제책으

1) 일본 헌법 제25조의 생존권에 입각한 기본적인 사회보장제도는 질병, 부상, 분만, 폐질, 사망, 노령, 실업, 다자녀 추가 압박의 원인에 대해 보험수단 또는 직접 공공부담으로 경제적 보장의 길을 강구, 생활 곤궁에 빠진 자에게는 국가보조에 의해 최저 한도의 생활을 보장함과 동시에 보건 및 사회 복지 향상을 도모하고, 모든 국민이 문화 사회의 성원으로서의 생활을 영위 할 수 있도록 하는 것을 목적으로 하고 있다.

로 1938년 국민건강보험법이 제정되었다. 1941년에는 노동자를 대상으로 한 노동자연금보험법이 창설 된 후, 대상을 직원과 여자에게도 확대하는 형태로 1944년에 후생연금보험법이 제정되었다.

1961년은 일본의 사회보장에 있어서 기념비적 해라고 할 수 있다. 그 이유로서는 1958년과 1959년에 각각 제정된 국민건강법과 국민연금법이 1961년에 시행되었기 때문이다. 이 두 제도는 일본사회보장제도의 양 축을 구성하고 있으며, 생활보호법(1946), 고용보험법(1974)과 함께 질병, 사고, 실업, 가령(加齡)에 의한 위험을 완화시키는 주요한 사회정책으로서의 역할을 하고 있다. 그러나 1973년에 오일쇼크가 발발, 유가상승이 인플레이션을 초래해 기업수지가 악화되었으며 반면 사회보장비가 급증해 고도 경제성장 시대가 종언을 맞이했다.

그 후 인구고령화에 적합하도록 사회보장제도의 재검토가 이루어져, 1982년 노인보건제도가 창설되어 노인의료비에 대해 환자 본인의 일부부담이 도입되었고, 1984년에는 건강보험의 본인부담을 10%로 올리고, 퇴직자의료제도를 도입했으며 1985년에는 전 국민의 기초연금제도가 도입되는 한편, 연금급여 수준은 상당히 낮아졌다. 더불어 노인 간병수발 문제가 노후의 불안요인으로 인식되는 한편, 2000년 개호보험제도를 사회보험방식으로 재구성하였다. 또한, 후생연금의 지급개시 연령 인상과 의료비의 환자부담분이 인상되었다.

일본의 사회보장제도는 이전의 사회보장제도심의회의 분류에 따르면, 주로 사회보험 · 공적부조 · 사회복지 · 보건 및 의료 · 노인보건 등 5개 부문으로 나뉘어 있으며 넓은 의미로는 이에 은급(恩給)과 전쟁희생자원호를 추가하는 형태이다. 일반적으로 사회보장은 협의의 사회보장을 주로 가리키며, 사회보장 가운데 중심적 제도는 사회보험이라고 하겠다. 사회보험은 개인보험처럼 자유의사에 의해서 가입하는 것

표 5-1 일본의 사회보장제도 범위와 구조

(1) 협의의 사회보장 = 공적부조+사회복지+사회보장+공중위생 및 의료 (2) 광의의 사회보장 = 협의의 사회보장+은급+전쟁 희상자 원호 (3) 그 외 관련제도 = 주택정책+고용(실업)대책	
사회 보장 세부 제도	의료보험 의료공급체제의 관리 결핵, 에이즈, 암과 등의 질병예방 개호보험 공적연금 소득부조 ※(공공부조) 고령자서비스 ※(고령자생활보호) 장애인부조 ※(장애인생활보호) 아동수당 ※(아동생활보호) 공중위생 고용보험 산업재해보험

※ 표는 정부에 의해 지원되는 공적 지원제도임.

이 아니라 보험료도 개인 · 기업 · 국가가 서로 분담하는 것이 원칙이다. 보험료의 계산에 있어서도 위험의 정도보다는 소득에 비례하여 분담함을 원칙으로 함으로써 소득의 재분배 기능이 작동한다.

협의의 사회보장을 상세히 살펴보면, ①사회보험은 의료보험, 연금보험, 산재보험, 고용보험, 개호보험으로서 각자가 보험료를 지불하고 각종 위험 보장을 하는 시스템으로서 원칙적으로 강제가입이지만, 상호부조형 제도라고 하겠다. ②공적부조는 생활보호로서 생활이 어려운 사람에 한해 국가가 최소한의 생활 보장을 하고 자립을 돕는 시스템이다. ③사회복지는 노인복지, 장애인 복지, 아동복지, 모자복지 등 사회생활을 하는데 있어서 입지가 약하거나 핸디캡이 있는 사람을 지원하는 시스템이다. 보건 및 의료는 감염대책, 식품위생, 수도, 폐기물처리로서 국민이 건강하게 생활 할 수 있도록, 전염성 질환과 생활습관병의 예방과 조기발견을 목표로 하는 시스템이라고 하겠다. 끝으로 ⑤노인보건은 후기고령자 의료제도로서 2008년4월1일부터 새로이 시작된 후기고령자를 대상으로 한 의료제도(2013년 폐지예정)이다.

먼저, 사회보험은 노령, 질병, 업무상의 사고, 실업 나아가 간병수발 등의 가정과 사회를 둘러싼 각종 위험에 대비하기 위해 사회 구성원이 위험에 처하거나 취약계층으로 전락하는 것을 방지하려는 목적으로 국가가 강제적으로 실시하는 사회보장제도로서의 사회보험을 말한다. 이는 임의로 가입하는 것이 아니라 의무적으로 가입해야 한다는 점과 공공기관이 관장하며 수익을 창출해 배분하지 않고, 일정부분 국고보조가 이루어지는 점에서 민간보험과는 다르다. 또한 보험료의 일정액을 노・사가 함께 부담하고 보험료는 소득비례로 부과되고 있기 때문에 재분배성격을 띠고 있다.

보험의 내용에 따라서 분류하면 연금보험, 의료보험, 산업재해보상보험, 실업보험, 개호보험으로 나뉜다. 연금보험은 노령으로 인한 퇴직이나 다른 사유로 인해 노동이 불가능할 경우의 생활보장을 목적으로 만들어진 제도로서 급부수준은 현역시의 임금에 준해 가입기간 등의 연금산식을 통하여 결정된다. 의료보험은 개인적 질병에 대한 보험으로서 사회구성원들이 경제적 부담을 경감하여 질병치료를 받도록 하는 데 그 목적이 있다. 의료보험료는 소득에 비례하지만 급부는 연령과 자격, 수혜범위에 따라 의료기관 이용 시 약 20~30%의 자기부담방식으로 의료서비스가 제공되고 있다.

산업재해보상보험은 가입자가 사업장에서 업무수행 상 발생하는 사고에 대해 보험금을 지급하는 보험으로서 사용자가 전액부담 하는 것을 원칙으로 한다. 실업보험은 불경기로 인한 구조조정 등으로 실직한 노동자에게 실업기간 중의 생활안정을 목적으로 지급하는 실업급여와 재취업을 위한 교육기회 비용제공으로 행하는 보험으로 노・사가 보험료를 분담하고 있다.

또한 공적부조제도는 자력으로 기초생활 유지가 곤란한 저소득층의 소득을 보전하기 위해 생활보조 즉, 생계, 의료, 주택, 학비보조 등을 지급하는 제도이다. 복지사무소의 개인별 자산과 소득조사를 통해 수혜자가 인정되며, 일정기준에 의해 급부가 결정되지만 그 재원이 조세라는 점에서 보험료 수입에 의존하는 사회보험과는 성격이 다르다.

그동안 경제성장에 의해 안정적으로 운영되던 일본의 사회보장제도는 21세기에 접어들면서 본격적인 소자(저출산)・고령사회를 맞이해 제도 수정이 불가피하게 되었다. 즉, 고령사회 위기론과 저성장경제를 배경으로 한 재정재건의 필요성에 입각하여, 사회보장제도를 비롯한 경제・사회의 전반적인 시스템의 전환이 요구되고 있는 것이다. 그것은 정부 역할의 축소, 시장 활용을 기조로 하고 있어 생활보장시스템의 전환기임을 시사하고 있다.

실제로 사회보장방안에 관한 간담회(내각관방장관주재: 2004년 7월)에서 향후에도 사회보장제도를 지속 가능하도록 사회보장제도 전반에 관한 세금 및 보험료의 부담과 혜택에 관한 실체를 포함한 총체적인 검토가 필요하다는 문제의식에 입각해 '향후사회보장의 본연의 자세에 대해'라는 방침(2006)[2]이 제시되기도 하였다. 또한 2007년1월에 각의결정 한 '일본경제의 진로와 전략'에서는 향후에도 지속 가능하고

2) 상세내용은 ①자조・공조(共助)・공조(公助) 및 세금・보험료의 역할 분담, 세대 간・세대 내 형평성 등에 유의하면서 사회보장제도 전체를 파악하기위한 총체적 검토를 추진한다. ②사회보장 혜택은 국민이 부담 가능한 범위가 되도록 지속적으로 검토한다. ③사회보장을 위한 안정적인 재원을 확보하고, 미래세대로의 부담 이연을 막는다는 내용이다.

신뢰할 수 있는 사회보장제도를 구축하기 위해 자조·공조(共助)·공조(公助의) 역할분담 아래 세대 간 공평성을 도모하고, 서비스 질의 유지와 향상을 도모하면서 효율성을 추구해 공급비용을 절감시켜 가겠다는 의도를 나타내고 있다.

최근의 사회보장 개혁에는 제도의 빈번한 설치와 개정이 반복됨으로써 혼란을 초래하기도 하는데 예를 들면, 후기고령자의 의료비 급증과 더불어 보험료 갹출지역과 병원비 지출지역의 괴리를 비롯한 운영 효율성이 결여됨에 따라 2008년부터 시행했던 후기고령자의료제도가 다른 제도와의 관계·조정을 통해 차기 통상국회를 거쳐 폐지될 예정이다.

3. 소득보장과 공적연금

사회보장 체계 중에서 중심축을 이루는 소득보장 제도로서의 공적연금은 장기소득보장을 부여하는 사회보험의 일종이다. 이렇게 볼 때, 연금제도의 보험사고(保険事故)는 일정연령 이상 생존하여 노령이 되거나 또는 노령에 의하여 소득 능력의 현저한 감퇴·상실 등이 일어날 때 해당된다.

연금제도, 특히 공적연금(公的年金)은 ①소득의 상실 또는 상당한 저하가 발생하였을 경우 장기간에 걸쳐 생활위험상의 보호를 받게 되는 점, ②급부는 개개인의 요구에 대응하는 것이 아니라 미리 설정된 기준에 따르는 획일적 급부라는 점, ③사후적 구빈책이 아니라 보험기술에 기초를 둔 사전적(事前的) 구빈책이라는 점, ④자산조사(資産調

査)를 하지 않는다는 점 등에서 공적부조(公的扶助) 혹은 저축이라기보다는 바로 사회보험인 것이다.

일본에서 전 국민을 대상으로 한 공적연금제도[3]는 이미 반세기를 넘어 성숙단계에 접어들었는데, 그동안 수차례의 연금개혁의 공과와는 별도로 노후의 소득보장을 중심으로 한 복지제도의 일환으로 제도 시행 이후 정부주도 하에 줄곧 시대적 환경 변화에 따라 관리・운용되어 왔다. 그러나 최근에 이르러 수차례의 연금개정에도 불구하고 연금 수급액이 줄어드는 반면, 연금보험료 부담은 상당히 늘어나고 있다. 또한 사회보장재정 보전을 위한 소비세 인상이 최근 정치적 이슈로 떠올라 일본인들의 관심이 증폭되고 있는 실정이다[4]. 그리고 연금적립금의 운용을 통해 앞으로도 연금제도가 안정적으로 유지될 것인가? 라는 의문과 혼돈이 제기되기도 하였다[5].

---

3) 정기룡(2012)「일본 공적연금제도의 복지이념에 관한 연구」『일본언어문화』한국일본언어문화학회. 제23호 p.514. 일본 공적연금제도(public pension system)는 노령, 장애, 사망 등의 재해 발생 시 개인의 소득과 생활보장을 위해 정부에 의해 제도가 운영된다. 보험료 부과는 강제적이며 장기간 연금지급을 이행할 수 있는 재정안정을 위해 재정계획이 필요하다. 연금제도는 연금재원 조달방식에 따라 적립방식(Pension credit method) 및 부과방식제도(pay-as-you-go system)로 재정이 운용될 수 있으며, 결정된 급여지출이 근로세대의 보험료 적립과 운용 및 기여로 재원을 조달하는 방법으로 연금재정이 운영된다. 일본의 경우는 노동인구에 비해 인구의 고령화가 급격히 진행되면서 수입이 줄고, 지출이 급증하면서 연금재정이 악화되어 점차 적립방식에서 수정적립방식(혹은 수정부과방식)을 거쳐 부과방식으로 전환되는 과정에 있다고 하겠다. 이하 일본 공적연금제도의 전반적 내용에 관해 동 문헌 pp.518-523. 및 pp.531-532. 내용을 요약 기재함.

4) 2012년 12월의 중의원 총선거에서는 그동안 사회보장 재원을 위한 소비세 인상을 내걸었던 여당인 민주당이 참패하여 기존 230의석에서 57석으로 줄어든 반면, 자민당(자유민주당)은 118석에서 294석으로 과반수인 240석을 훨씬 넘어서 정권재창출을 이루었다. 이에 따라 공명당(31석)과 연합하면, 중의원에서 재의결이 가능한 수준 이상의 의석을 확보하게 되었다.

1) 공적연금제도의 체계

일본에서는 메이지(明治)시대 초기부터 중기에 걸쳐 군인 및 관리를 대상으로 창설된 은급제도(1875년)를 효시로 하고 있으나 민간 피용자를 대상으로 하는 연금제도는 1940년의 선원보험법을 시초로 본다. 그리고 근로자를 대상으로 한 것은 노동자연금법(1942)에 의해 연금이 도입되어, 1944년에 후생연금보험법으로 개칭되었으나 전후 혼란으로 기능이 정지되었다가 1954년에 전면 개편되어 사회보장 이념하에 재건되었다[6]. 이후 자영업자를 대상으로 한 국민연금제도(1961)가 도입되었으며, 1985년에는 연금제도간 연계성과 연금재정안정을 위해 국민연금을 기초연금으로 변화시킨 연금개혁을 이루었다. 향후 연금개정이 또 이루어질 것으로 예상되지만, 일본의 후생연금과 국민연금 양 제도는 일본인의 생활기반적인 제도로서 특히 노후생활의 안전망으로서 그 역할을 하고 있다.

---

5) 이러한 문제는 연금제도에 관한 이해를 도모하고, 재정추계에 근거해 연금지출억제와 보험료의 갹출증대라는 수단을 통해 연금제도의 유지를 얼마간 연장할 수는 있다. 그러나 현재의 부담수준과 미래의 수급수준의 균형을 이루면서 연금재원인 연금적립금을 저성장, 저금리시대에 있어서 효율적으로 운영하는 것은 매우 어려운 일일 것이다.

6) 한편, 관리 등에만 지급되던 은급제도는 1950년대에 들어서면서 폐지되고, 공공기업체직원공제조합법, 국가공무원공제조합법, 지방공무원공제조합법의 개정 및 제정되어 1958년에 전체 공무원은 공제조합이라는 제도에 통합되었다.

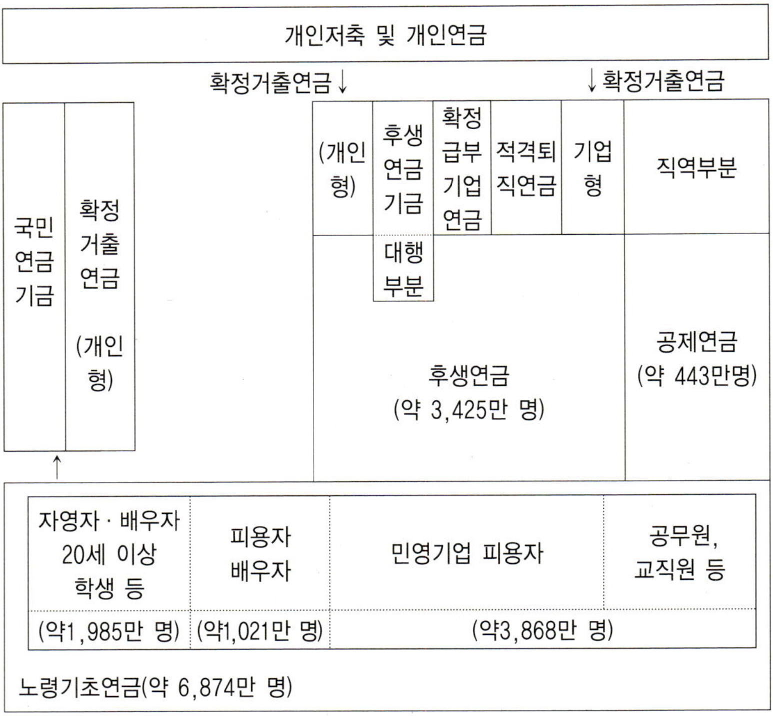

자료 : 自由国民社編(2012)『あなたの年金が全てわかる』自由国民社. p.13. 厚生労働 省大臣官房統計情報部編(2012)『厚生統計要覧』厚生統計協会.p.302. 참조

▌그림 5-1▐ 일본의 공적연금제도 구분도

2) 연금제도의 변천과정

일본의 공적 연금제도는 1942년에 발족된 노동자연금제도부터이다. 그 후 노동자연금은 1944년 후생연금보험으로 개칭되었고, 1948년에는 국가공무원 공제조합이 발족되었으며 1961년 농민·자영업자 등의 근로자 이외의 전 국민을 대상으로 한 국민연금이 발족됨으로써 전 국민 연금체제를 갖추기에 이르렀다. 즉, 1950년대를 전후하여 사회보

험 원리를 적용하기 용이한 직업군을 대상으로 먼저 공적연금제도를 시작하여 피보험 대상을 확대하면서 공무원, 교직원, 회사원, 자영업자 등으로 제도를 분리해 운영하게 되었다.

그 후 일본의 연금제도는 여러 차례의 연금개정에 의해 국민연금, 후생연금, 국가공무원공제조합, 지방공무원공제조합, 사립학교교직원공제조합, 농림어업단체공제조합으로 분리되었고 국민연금 이외의 연금제도는 피용자 연금제도로서 1997년4월부터 공무원 등의 공제조합 가운데 연합회를 제외한 공제조합은 후생연금에 통합되었다[7].

그리고 1985년의 연금개정에서는 1986년4월부터 국민연금이 전 국민을 대상으로 하는 기초연금제도로 개편되어 후생연금·공제연금 등의 피용자연금은 기초연금의 추가적인 급여(소득비례연금) 제도로 전환되었다. 즉, 1986년 이전의 국민연금제도를 변형한 기초연금제도를 도입하여 자영업자를 비롯하여 후생연금과 각종 공제연금 가입자 및 그 배우자를 모두 포괄하는 형태의 통합을 이루었다.

그 밖에도 기업연금에 해당하는 일반피용자계층을 위한 부가적 후생연금기금제도가 1966년에 도입되었으며, 1991년 4월부터는 자영업자를 위한 부가연금제도로서 국민연금기금제도가 도입되어 있다. 이러한 제도개선에도 불구하고 후생연금의 경우에는 가입자 간 갹출에 부합하는 급부보장이 명확하지 않다는 불만이 고조되었으며, 국민연금은 정액급부와 정액보험료 갹출이라는 사회보험으로서의 소득재분배 논의가 불가능하다는 비판이 있었다.

이렇듯 일본의 국민연금·후생연금 등 공적연금제도의 개정과정은 수차례에 걸쳐 이루어졌다. 먼저, 일본의 복지원년이라 일컬어지는

---

7) 정기룡(1998)「연금적립금의 복지사업 운용에 관한 한·일 비교연구」『한국사회복지학』 제35호 한국사회복지학회 p.356. 참조

1973년 개정에는 모델연금과 현역노동자의 임금대체율[8] 60%를 목표로 표준보수의 재평가와 인플레이션에 따른 슬라이드를 도입해 새로운 연금시대를 열게 된다. 이런 조치는 급부가 인상된 반면, 부담 증가로 인해 연금운영방식을 수정적립방식으로 변형시키게 되었다.

1985년 개정에서는 연금재정 안정화를 위해 앞의 〈그림-1〉과 같은 1층 기초연금 및 중층구조의 공적연금체제의 기반을 구축하게 되었으며, 연금재정 안정을 위해 급부와 부담의 적정화를 도모하였다. 또한 기초연금도입에 따라 근로자의 배우자(제3호)도 모두 국민연금가입 의무화를 시도함으로써 여성의 연금권을 확보하게 되었다[9].

1999년의 재정재계산보고서에서는 후생연금의 재정평가와 재정계획의 기준은 먼저, 장래의 보험료율을 단계적 상승 보험료율에 의하며 최종보험료율에 도달할 때까지 5년마다 인상하고, 또한 최종보험료율은 장기적인 재정균형을 이루도록 하는 한편, 연금적립금의 운용은 피보험자의 이익을 위해 안전하고 효율적인 운용을 목적으로 하는 '연금자금운용기금'으로 복지사업단을 해산하는 동시에 민간 금융기관을 활용한 연금자금 관리운용을 개편하였다.

나아가 2004년의 연금개정에서는 부과방식을 기본으로 하되 향후 100년간 연금제도를 안심시키겠다는 기치 하에 ①장래의 보험요율의 인상계획과 그 상한을 명확하게 설정, ②모델연금을 명시하고 급부수

8) 福祉士養成講座編集委員會編(2007) 『社會保障論』 中央法規. p.115.급부수준은 일반적으로 현역세대의 평균 연간 순수입에 대한 비율로 표시하며, 퇴직후의 연금에 대체되는 의미의 소득을 소득대체율이라고 한다. 본 개정에 의해 표준적인 후생연금수급세대(남편 40년간 근로, 배우자 전업주부의 경우)의 소득대체율은 개정 전 59.3%에서 차츰 줄어 2023년경에는 50.2%로 전망한 수치임.

9) 福祉士養成講座編集委員會(2007) 『社會保障論』 中央法規 pp.110-111. 참조

준의 하한선 설정, ③적립금의 인출예정을 명문화, ④5년마다 실시했던 재정재계산[10)]을 폐지하는 대신 재정검증을 채용하는 등 상당한 개혁이 이루어졌으나 연금액 개정방식과 지급개시연령에 관한 논의는 연차적인 실시로 미뤄졌다.

2004년 개정이 계획대로 추이되었다면, 일본의 연금개혁은 향후 100년간 제도안정과 가입자 및 수급자 모두에게 안정적인 연금제도로서 인식되었을 것이다. 그러나 연금채무 누적과 연금적립금의 비효율적인 운용결과는 결국 연금제도의 구조적문제를 노출하였고, 이에 대한 해결방안이 보험료율 인상과 더불어 연급수급액의 축소가 중심이었다. 이렇듯 연금재정재계산이 미진하게 추계되어 실행되었기 때문에 현재에도 연금제도의 안정적 유지에 대한 불안감이 지속되고 있는 것이다.

결국, 이러한 결과는 연금재정의 장기 재정추계의 실수도 있었겠지만, 고용감소와 저출산 및 고령화의 급속한 인구변화 등 구조적인 영향 또한 크다고 하겠다. 따라서 일본의 연금제도를 비롯한 사회보장제도 개선을 위한 정책적 대응으로서 소비세인상(5%에서 10%로) 등이 거

---

10) 국민연금법 제87조3(보험료 관련) : 보험료는 이 법에 의한 급여에 필요한 비용의 예상액, 예정운용수입[연금재정기반강화를 위한 연금복지사업단 업무의 특례 및 국고납부금의 납부에 관한 법률(1987년 법률 제59호) 제8조 제1항의 규정에 의한 국고납부금을 포함] 및 국고부담액에 비추어 장래에 걸쳐 재정의 균형을 유지할 수 있는 금액이어야 하며, 적어도 5년마다 이 기준에 따라 재계산을 실시하여 그 결과에 입각하여 필요한 조정을 하여야 한다. 후생연금보험법 제81조의4(보험료관련) : 보험료율은 보험급여에 필요한 비용(기초연금부담금 포함)의 예상액, 제89조2제2항에 규정된 특별보험료, 예정운용수입[연금재정기반강화를 위한 연금복지사업단 업무의 특례 및 국고납부금의 납부에 관한 법률(1987년 법률 제59호) 제8조제1항의 규정에 의한 국고납부금을 포함] 및 국고부담액에 비추어 장래에 걸쳐 재정의 균형을 유지할 수 있는 금액이어야 하며, 적어도 5년마다 이 기준에 따라 재계산을 실시하여야 한다.

론되고 있으며, 현재 수급자의 연금축소와 더불어 후세대의 부담이 한동안 병행하게 될 것으로 예상된다.

3) 연금제도 개혁의 배경

인구구조의 변화 즉, 저출산으로 인해 일하는 사람은 점차 줄어들고, 고령화가 진전되어 정년 이후의 연금수급자가 늘어나 연금재정 수지가 악화되고 있다. 따라서 현재의 연금제도를 유지하려면 연금보험료 부담을 늘리는 한편 연금수급액은 낮춰야 할 수 밖에 없다. 인구고령화는 이미 1970년대부터 진전되었으나 소폭의 개선만 이루어지다가 2004년에 이르러서 대대적인 연금개정이 이루어졌다[11]. 이는 연금재정재계산의 착오와 더불어 연금적립금을 재정투융자로 활용한 엘리트적 정책 실패라고 하겠다.

그와 더불어 인구고령화로 연금수급자가 급증하는 반면, 저출산에 따른 젊은 층의 부담이 크게 늘어나게 됨으로서 그동안의 재정재계산을 폐지하는 대신 재정검증을 채용하고 복지사업에서 완전히 철수하는 등 연금제도의 안정적 유지를 위한 국민적 공감대 형성을 도모하였다. 그럼에도 불구하고 일본정부는 2004년의 개혁안에서 노동참여율과 경제성장률을 비교적 높게 설정하는 한편, 연금액 개정방식과 지급개시연령에 관한 논의를 연차적으로 미루면서 일종의 '외형적 균형'을 시도했던 것으로 보인다. 이러한 조치에 따라 연금제도의 복지이념은

---

11) 20세기말까지 연금제도를 비교적 안정적으로 유지할 수 있었던 이유는 지속적인 경제발전으로 소득수준이 향상되었기 때문에 생활을 유지하면서 여력으로 사회가 고령자를 부양할 여력이 있었다. 그러나 이러한 연금제도를 유지하기 위해서는 노동인구(가입자)와 고령인구(수급자)의 비율이 일정수준을 유지한다는 전제에서 유지되어야 한다. 그러나 연금수급자가 점차 늘어났기 때문에 근로자의 부담이 가중되어 연금제도를 대폭 개혁하는 단계에 이르게 되었다.

대폭 수정될 수밖에 없었으며, 일본의 입장으로선 그것이 인구감소와 고령화 사회에서 연금제도를 유지하는 유일한 방법으로 선택될 수밖에 없었을 것이다. 왜냐하면, 자칫 인구감소사회에서는 현행 연금제도를 유지해야 할 명분이 사라질 수도 있기 때문이다. 즉, 각 개인의 노후대비 저축보다는 연금제도가 세대를 초월한 사회적 부조에 적합하다는 세대 간 소득재분배[12] 견해논리가 배경이 되었다고 하겠다.

표 5-2 한국과 일본의 고령기 수입원(복수) (단위 : %)

분류		취업 소득	공적 연금	사적 연금	예금 저금	재산 수입	자녀 원조	생활 보호	기타
일본	2002	33.4	84.9	11.1	22.1	8.2	12.0	1.0	3.2
	2007	27.7	90.6	7.1	23.8	6.5	10.0	0.5	3.3
	2012	34.9	85.9	10.1	17.2	6.8	7.4	0.9	2.7
한국	2002	34.2	9.5	1,2	21.7	10.1	59.4	6.1	2.5
	2007	42.0	14.8	6.6	31.1	7.6	60.7	5.7	3.2
	2012	43.3	30.3	8.5	21.9	7.9	52.6	8.7	1.7

자료: 日本内閣府(2012)第7回高齢者の生活と意識に関する国際比較調査結果
http://www8.cao.go.jp/kourei/ishiki/h22/kiso/gaiyo/index.html

연금제도개정은 일본의 행·재정개혁과 맞물려 연금적립금 운용기구의 조직과 사명, 운영이념 등을 변화시켰다. 단, 발본적인 연금개혁

12) 시간이 지날수록 소득수준이 크게 높아지는 상황에서는 앞 세대의 저축액이 후세대의 저축액을 도저히 따라갈 수 없다. 아무리 노후에 대비해 저축을 한다고 해도 앞 세대와 후세대 사이의 저축액에는 큰 차이가 나기마련이고, 생활수준도 상당히 다르다. 후세대가 노후에 높은 생활수준을 향유할 수 있는 것도 따지고 보면 앞 세대가 쌓아올린 경제 기반 덕분이다. 그렇기 때문에 노후생활은 세대를 초월한 수평적 재분배 성격이 기존 연금제도의 배경이었다.

에 나서지 못하는 것은 현재 연금수급자와 향후 수급예정자의 생활보장 문제가 연금개혁의 발목을 잡고 있기 때문으로서 이전의 연금제도를 전제로 노후생활을 설계해둔 고령자에게는 연금제도 개정결과가 가혹한 현실인 것이다.

한편, 앞으로 고령자의 취로가 늘어날 것으로 전망하는 견해도 있지만, 취로소득 대신 연금수급액을 급격히 떨어뜨리면 가입자의 생활유지에 문제가 생긴다. 물론, 고령자의 연금수령액을 대폭 줄이면 연금제도를 얼마간 오래 유지할 수도 있을 것이다.

그러나 연금제도는 기본적으로 노후생활을 책임지는 기본적인 소득보장의 개념이 유지 되고 있는 것이다. 따라서 건강하고 문화적인 생활을 보낼 수 있는 최소한의 수준 이하로 떨어져서는 곤란하다. 왜냐하면, 연금제도가 평등화의 최소한의 보장이라는 것은 소득이 없는 노인에게도 사회적 생활을 보장하는 수단으로 존재해왔기 때문이다.

일본의 공적연금제도는 관련 법률에 따라 1973년부터 2004년의 연금개혁에 이르기까지 매5년마다 실시한 연금재정재계산(현재는 연금재정검증)에 입각한 제도수정을 통해 지속적으로 연금수급액이 줄어들었다. 그럼에도 불구하고 대부분 일본인들의 노후의 소득수입원으로서는 〈표 5-2〉 처럼 공적연금이 노후 수입원으로서 가장 지지를 받고 있는 것은 아직까지도 사회보장제도 특히 공적연금에 대한 신뢰[13)]에 근거한 것이라고 하겠다. 따라서 연금재정 안정화를 위해 연금수급액이 줄어든 반면, 고령기의 수입원을 다변화하는 방법이라던지 생활부담 경감대책이 뒤따라야 할 것이다. 예를 들면, 역모기지론의 활성화

13) 2004년 연금개정에서는 2004년(현재) 시점에서 약100년 간 연금제도를 안정적으로 유지할 것이라는 목표를 내걸었다. 물론 이것은 국민을 안심시키기 위한 희망사항으로서 사회보장 부족분을 보전하기 위한 소비세 증세가 이슈가 되고 있으며 그와 더불어 연금일원화 등의 연금제도개혁도 필요할 것으로 예상된다.

혹은 공공임대주택 정책과 같은 대책을 통해 복지이념의 실현을 강구하는 방법[14]도 고려해볼 수 있겠다.

한편, 보험료를 갹출하는 가입자세대를 위한 저출산대책의 일환으로 연금적립금의 출산 및 양육환경을 위한 방안이 필요하다. 지금 일본이 처해있는 문제 중 가장 시급한 과제가 바로 출산율 회복일 것이다. 왜냐하면, 연금재정 안정화를 위해서는 연금기금 고갈대책도 문제이지만, 인구가 감소하면 경제 활력이 떨어지므로 보다 시급히 해결해야 할 문제이기 때문이다. 결국, 부과방식의 연금제도를 정착시키고 노후보장을 유지하기 위해서는 출산 연령세대가 안심하고 자녀를 출산해 양육할 수 있는 환경과 이용편이성이 제고되어야 할 것이다[15]. 이는 부과방식의 연금제도에 대한 청구권을 확보하는 동시에 최소한의 연금수급권 확보를 위한 기여이며 이를 통해 수평적재분배의 세대간 '사회연대'를 도모할 수 있을 것이다.

---

14) 먼저, 자택보유자의 경우에는 국가 혹은 지방자치단체, 특별법인 등이 부동산을 구매해 임대형식의 이른바 역모기지 방식을 고려할 수 있다. 고령자의 임대료는 평균수명을 근거로 조정하여 예상 외로 조기에 사망할 경우와 장수할 경우가 공존하겠지만, 전체적으로 균형을 이루도록 조정해 확보한 토지와 주택을 공공 임대주택 혹은 고령자 복지시설로 활용하는 방법도 있을 수 있겠다. 나아가 자기 소유주택이 없는 고령자의 경우, 일본에서의 집세부담은 생활비 중 상당부분(대략1/3)을 차지하는 부분이므로 비교적 저렴하면서 양질의 공공 임대주택을 공급하는 것도 연금수급액 감액에 따른 부담경감 방법이 될 것이다.

15) 이러한 출산연령세대를 위한 지원은 미래의 산업역군을 책임질 자녀의 출산과 후세대의 연금기여자로서 책임을 부과하게 될 것이다. 즉, 출산 및 양육환경의 도움을 받고 자란 후세대는 산업역군이 되었을 때, 부모 세대의 노후를 위해 적정수준의 세금과 사회보험료를 지불하는 명분으로 작용하게 될 것이다.

4. 기타 사회보장제도

1) 생활보호

생활보호제도는 헌법 제25조(생존권보장)를 구체화한 것으로서 생활이 어려운 국민에 대해 그 곤궁의 정도에 따라 필요한 보호를 실시하여 건강하고 문화적인 최저한도의 생활을 보장함과 동시에 그 자립을 촉진하기위한 제도이다. 생활보호 절차의 과정은 「사전상담 → 보호신청 → 보호비지급」 으로서 상담 및 신청창구는 주소지의 복지사무소에서 신청이 가능하다. 생활보호는 생활부조(식비, 의류비, 광열비 등), 교육부조(학용품비용 등), 주택지원(집세, 지대 등), 의료보조, 간호보조, 출산부조, 생업부조(생업비용, 기술습득비용, 취업준비비용), 장례부조의 8종류로 나누어져 있으며 필요에 따라 단일 또는 병급 지원된다. 생활보호는 원칙적으로 세대단위로서 생활보호에 의해 보장되는 생활수준(생활보호기준)은 피보호자의 연령, 세대구성, 거주지 등에 따라 달리 정하고 있으며 매년 개정된다.

2) 의료보험제도

1961년 이후 일본에서는 모든 사람이 공적 의료보험에 가입되어 있다. 국민보험제도라고 하는 이제도에 의해 질병과 부상을 당했을 경우에도 안심하고 의료기관에 진료할 수 있다. 일본의 의료서비스는 강제적인 의료보험제도에 의해 재정을 조달하고 있으며 직역을 기준으로 한 의료보험과 지역을 기준으로 한 의료보험의 두 가지 형태로 구성되어 있다. 전자를 건강보험이라고 하며 일정규모 이상의 기업의 사업주와 피고용자는 개별적인 조합관장건강보험을 결성하고 있다.

전국의 1,670여개 기업이 이러한 건강보험조합을 운영하고 있으며, 상대적으로 소규모의 기업에서 일하는 피고용자를 위해서 정부는 정부관장 건강보험으로서 단체건강보험을 제공하고 있다. 나아가 공무원, 일용직노동자 그리고 어업종사자와 같은 특별직종 종사자의 경우 각각 특정피용자보험을 형성하고 있다. 건강보험의 적용을 받지 못하는 자들은 지역을 기준으로 한 건강보험, 즉 국민건강보험 가입이 요구되고 있으며 지방자치단체(市町村)가 독립적인 보험업자로서의 역할을 담당하고 있다. 대부분의 자영업자, 농업종사자, 소규모기업의 노동자 그리고 이들의 가족들은 국민건강보험에 가입하고 있어 공적 의료보험은 거의 전 국민을 적용대상으로 하고 있다.

①직장보험은 일반근로자(직장인)와 부양친족을 대상으로 한 '건강보험'과, 공무원과 선원 등 특정근로자와 부양친족을 대상으로 하는 '공제조합'과 '선원보험'이 있다. '건강보험'은 주로 중소기업 근로자 등을 대상으로 한 '전국건강보험협회건강보험'과 주로 대기업 근로자 등을 대상으로 한 '조합관장건강보험'이 있다. 보험료는 급여에 따라 근로자 본인과 사용자가 거의 절반씩 부담하고 있다.

②지역보험으로는 개별도시가 운영하는 '국민건강보험'이 있다. 보험료는 세대별로 소득과 자산, 가구규모 등에 따라 결정되며 거주지 시정촌(市・町・村)에 따라서 보험료가 다르다. 그 밖에 특정 직종에 설립되어 있는 '국민건강보험조합'이 있다.

③2008년부터 시행된 '후기고령자의료제도'는 75세가 되면 가입할 수 있는데, 몇 년 시행함에 있어 비효율적인 면이 드러나 후기고령자의료제도에 관해서는 현재 이에 대체할 제도가 검토되고 있으며, 2013년 통상국회를 거쳐 폐지될 것으로 예상된다.

3) 노동자재해보상보험

근로자의 재해보상을 보장하기 위한 노동자재해보상제도는 1884년 독일의 재해보험법을 효시로, 현재 여러 나라에서 시행하고 있다. 산업재해로 인한 보상에 관련한 법이 제정되어 근로기준법의 적용을 받는 사업 또는 사업장의 근로자에 대한 업무상의 재해를 신속·공정하게 보상함과 동시에 이에 필요한 보험시설을 설치·운영함으로써 노동자보호에 기여하였다. 이는 사용자의 입장에서도 산업재해로 인한 위험부담을 분산·경감해 주고 안정된 기업 활동을 할 수 있도록 지원하는 이점이 있다.

일본에서 노동자재해보상보험(산재보험)의 시행 초기에는 근로기준법상의 보상 수준을 그대로 대행하는 책임보험의 영역에서 벗어나지 못하였으나, 그 동안의 경제발전과 몇 차례의 법 개정을 통하여 보험급여의 수준을 향상시켰고, 산재근로자를 위한 여러 복지시설을 설치·운영하는 등 사회보장제도로서의 면모를 갖추었다. 근로자가 산재보상을 청구하기 위해서는 그 재해가 업무상 발생한 것이어야 하며 업무상의 재해여부는 업무수행성과 업무기인성 등을 고려하여 판단하고 있다.

산재보험은 업무상 재해 또는 통근시의 재해로 인해 부상 혹은 장애가 남거나 사망한 경우, 노동자와 유족을 위해 필요한 보험급부를 실시하는 제도이다. 노동자를 한 명이라도 고용한 사업(개인경영의 농업, 수산업에서는 근로자 5인 미만의 경우 제외)은 적용사업체로서 산재보험법의 적용을 받게 되고, 보험료를 납부해야 하며 보험료는 전액 사업주 부담이다.

산재보험의 대상이 되는 근로자는 정규직뿐만 아니라 파트타이머,

아르바이트 등 임금을 지급하는 모든 사람이 대상이며 고용형태와 관련 없이 노동자만 대상이 된다. 중소기업 사업주, 목수·미장 등의 감독과 가족업자 등은 신청에 의해 특별히 가입 할 수 있다.

산재보험의 혜택은 의료기관에서 요양을 받을 때 '요양급부'와 환자가 요양을 위해 노동할 수 없어 임금을 받을 수 없을 때 '휴업급부'그리고 장애가 남았을 때의 '장애(보상)급부', 나아가 장기요양이 필요할 때 '상병(보상)급부' 간병이 필요할 때 ' 개호(보상)급부' 사망 시 '유족(보상)급부' 장례비 등이 있다. 그 외에 의족지급, 사후관리 등 사회복귀촉진사업도 실시하고 있다.

4) 고용보험

자본주의경제에서는 자본축적의 과정에서 발생하는 노동력의 수급변화 속에서 현실은 고용기회를 이루어 낼 수 없는 실업이 발생한다. 실업의 존재형태는 그 발생 원인에 따라 여러 가지로 구분할 수 있다. 먼저, 노동시장에 있어서의 수급관계의 불균형과 마찰로부터 발생하는 일시적, 단기적인 실업으로 다음과 같은 것이 있다.

표 5-3 실업의 종류

① 계절적 실업 : 실업의 계절적 변화에 의해 노동력수요가 변동하여 생긴다.
② 경기적 실업 : 산업의 경기순환과정에서 발생한다.
③ 마찰적 실업 : 자본의 산업적·지역적 배분의 변동에 의해 발생한다.
④ 자발적 실업 : 임금 등 노동조건이 맞지 않다고 판단한 노동자가 자발적으로 이직하여 발생한다.

또한 자본주의가 성숙기로 이행하면서 자본축적 패턴의 변화로부터 대량의 실업이 존재하게 되었다. 이런 실업은 만성적 실업 혹은 구

조적실업이라고 부르기도 한다. 실업보험의 발달이 그 원인이 되어 있는 측면도 무시할 수 없다. 이런 종류의 실업이 장기화하면 할수록 궁핍한 생활고에 따른 저임금, 비숙련 고용형태로 취업하는 노동자가 발생하는 경우가 있다. 이들 노동자는 현재화된 실업이 아닌, 노동시장에 잠재화된 정체적 실업으로 나타나기 때문에 취업하더라도 불완전 취업의 형태라고 할 수 있다.

고용보험은 노동자의 생활 및 고용안정과 취업촉진을 위해 실직한 사람과 교육·훈련을 받는 사람 등에 대하여 급부를 지급하는 제도이다. '1주간의 소정 근로시간이 20시간 이상' 혹은 '31일 이상의 고용가능성'이 있을 경우, 근로자는 사업장의 규모에 관계없이 원칙적으로 모든 고용보험의 피보험자가 된다. 고용보험의 보험료는 근로자 본인과 사용자가 지불하고 국고부담도 있다. 고용보험 수급요건은 취업하려는 의사가 있고 취업 할 수 있는 능력이 있음에도 불구하고, 직업에 종사 할 수 없는 상태에 있으며 이직일 이전 2년간에 피보험자 기간이 통산 12개월 이상이어야 한다.

고용보험 급부는 '구직자급부(기본수당, 기능습득수당, 기숙수당, 상병수당)'와 '취업촉진수당', '교육훈련수당', '고용계속급부(고연령자고용계속급부, 육아휴직급여, 개호휴업급부)'가 있다. 일반적으로 실업보험이라고 하는 것은 구직자 급부의 기본수당이다. 기본수당의 소정급여 일수(기본수당의 지급을 받을 수 있는 기간)은 이직일의 연령, 고용보험피보험자기간, 이직사유 등에 따라 90~360일 사이의 지원이 결정된다.

한편, 고용보험은 임의가입보다는 대부분 강제가입을 원칙으로 하는데, 그 목표는 실업상태에 놓인 노동자를 돕고 경제의 효율성과 안정성을 증대시키는 데 있다. 그러나 실업을 단기적인 현상으로 보고 노동력이 있는 사람만을 대상으로 한다는 점에서 사회보장제도로서의 한계를 갖고 있어서 고용정책과 경기대책 등의 정책이 필요하다.

나아가 노동능력이 없는 사람을 위해서는 의료보험 및 넓은 의미에서의 사회보장제도가 요구된다. 이렇듯 고용보험은 실업예방, 고용촉진, 근로자의 직업능력의 개발·향상은 물론 생활에 필요한 급여를 지급하여 실직근로자의 생활안정 및 재취업을 지원하는 사회보장제도로서 기능을 맡고 있다.

5) 개호보험(장기요양보험)

일본에서는 2000년4월부터 개호보험제도(介護保険制度: 장기요양보험)가 도입되어 실시되고 있다. 개호보험제도는 고령자에 대한 장기요양(간병·수발)을 실시하는 것을 주된 목적으로 하고 있으며 개호보험제도가 도입되기 이전에는 의료보험과 복지정책에 의해 부분적으로 제공되었다. 개호보험제도는 공동체 의식의 약화, 핵가족의 증가, 여성의 노동시장 참가, 고령자 개호에 대한 가족의 심리적, 재정적 부담의 증가와 같은 급격한 사회적 변화를 배경으로 실시되게 되었다.

개호보험제도는 사회 전체 구성원들 사이에 고령자에 대한 개호부담을 분담하는 것에 의해 가족의 부담을 경감시키는 이른바 개호의 사회화를 그 주된 목적으로 하고 있다. 다시 말해서 개호보험제도는 고령화에 대한 사회의 주요 현안에 대응하는 제도를 확립하고 필요한 경우에 개호를 받을 필요가 있는 개호대상자들을 사회전체로서 보호하는 것을 목적으로 하고 있다. 나아가 고령사회의 진전과 더불어 발생하는 의료비 증가에 의한 의료보험제도의 재정적 부담을 경감하는 것도 그 목적 중의 하나라고 하겠다.

인간이면 누구나 건강하기를 바라지만, 노인이 되면 노화에 의한 질병 등으로 노쇠와 치매 등으로 간병·수발이 필요할 수도 있다. 자신과 배우자, 타지의 부모가 개호가 필요한 상황이라면 누군가의 도움이 없으면 무리가 따른다. 따라서 40세 이상이 되면 모두 보험료를 지불하도록 하는 한편, 간병·수발이 필요하게 된 경우에는 경제력·체력·부담이 가볍도록 지원하는 사회보험이 바로 '개호보험(介護保険)'이다.

개호보험의 가입은 만40세가 된 달부터이며 의료보험(건강보험·국민건강보험)에 가입되어 있는 40세 이상의 사람은 모든 피보험자(가입자)가 되기 때문에 별도의 절차는 필요 없다. 제1호 피보험자는 65세 이상으로서 질병 등의 원인에 관계없이 노쇠·치매 등으로 간호지원이 필요하다고 인정되는 경우 개호서비스를 이용할 수 있다. 제2호 피보험자는 40세부터 64세로서 말기암, 관절류마티스 등 노화에 의한 '16종류의 특정질병[16]'으로 개호가 필요하게 된 경우에 한하여 개호서비스를 이용할 수 있다.

만 65살 개호보험 제1호 피보험자가 되면, 의료보험증과는 별도로 1인당 1매의 개호보험피보험자증이 교부되며, 요개호 인정 신청 및 케어플랜 작성제출 등 각종 서비스를 받을 때 보험증이 필요하다. 40세부터 64세까지의 제2호 피보험자는 개호·요지원 인정을 받은 사람에게만 교부된다. 공적개호보험에서 받을 수 있는 서비스는 가정방문 재택서비스와 개호보험시설에 입소해 이용하는 시설서비스가 있다.

---

16) 특정질병 : ①초로기치매(알츠하이머 병, 뇌혈관성 치매, 야코프병 등) ②뇌혈관질환(뇌출혈, 뇌경색 등) ③근위축성 경화증 ④파킨슨병 관련 질환 ⑤척수소뇌 변성증 ⑥위축증 ⑦당뇨병의 합병증 ⑧폐색성 동맥 경화증 ⑨만성폐쇄성 폐질환 ⑩관절염 ⑪류마티스 관절염 ⑫인대골화증 ⑬척추협착증 ⑭골다공증에 의한 골절 ⑮조로증 ⑯말기 암 등이다.

참고문헌

국민연금공단(2008)『국민연금20년사』국민연금공단. pp.544-547.

정기룡(1998)「연금적립금의 복지사업 운용에 관한 한・일 비교연구」『한국사회복지학』35호. 한국사회복지학회. pp.345-374.

정기룡 역(1995)『年金福祉事業団三十年史』국민연금연구원. 3-150.

정기룡・이용하・장길훈(1998)『국민연금 기금운용의 개선방향』국민연금연구원. pp.13-36.

정기룡(1998)「연금적립금의 복지사업 운용에 관한 한・일 비교연구」『한국사회복지학』제35호 한국사회복지학회.

정기룡(2012)「일본 공적연금제도의 복지이념에 관한 연구」『일본언어문화』한국일본언어문화학회. 제23호.

조추용(2006)「일본의 연금개혁과 노후생활보장정책」『노인복지연구』32호. 한국노인복지학회. pp.31-68.

주은선(2011)「국민연금기금 지배구조개편 논쟁에 관한 연구」『한국사회복지학』63권1호. 한국사회복지학회. pp.343-367.

石畑良太郎・佐野稔編(1987)『現代の社会政策(新版)』有斐閣.

石畑良太郎・牧野富夫(2009)『よくわかる社会政策』ミネルヴァ書房.

有岡二郎(1989)『年金よどこへゆく』教育社. pp.41-65.

一円光弥(1992)「高齢者の所得保障」『高齢者社会政策』ミネルヴァ書房. pp.63-106.

小塩隆士(2005)『人口減少時代の社会保障改革』日本経済新聞社. pp.73-110.

厚生統計協会(2004)『保険と年金の動向』(財)厚生統計協会. pp.4-50.

厚生労働省大臣官房統計情報部『厚生統計要覧』厚生労働統計協会. pp.302-306.

厚生労働省年金局(1993)『厚生年金保険五十年史』法研. pp.683-774.

自由国民社編(2012)『あなたの年金が全てわかる』(株)自由国民社. p.13.

社會政策學會編(2008-2011)『社會政策』第1巻1号-第3巻1号. ミネルヴァ書房.

社會保障入門編集委員會(2009)『社會保障入門』中央法規.

高田一夫(2010)「21世紀の社会政策の方向」『社会政策』2-1号. 社会政策学会. pp.1-3.

高山憲之(1997)「公的年金の改革」『高齢化社会の生活保障システム』東京大学出版部. pp.119-136.

田近栄治(1996)『年金の経済分析』東洋経済新報社. pp.209-246.

玉木伸介(2004)『年金2008年問題』日本経済新聞社. pp.95-221.

武川正吾(1999)『社会政策のなかの現代-福祉国家と福祉社会』東京大学出版会.

土穴文人(1990)『社会政策制度史論』啓文社.

西沢和彦(2012)『年金制度はだれのものか』日本経済新聞出版社. pp.36-121.

福祉士養成講座編集委員会編(2007)『社会保障論』中央法規. p.115.

村上清(1997)『年金制度の危機』東洋経済新報社. pp.44-58.

盛山和夫(2007)『年金問題の正しい考え方』中公新書. pp.219-265.

日本内閣府(2012)『第7回高齢者の生活と意識に関する国際比較調査結果』 http://www8.cao.go.jp/kourei/ishiki/h22/kiso/gaiyo/index.html

福祉士養成講座編集委員會編(2007)『社會保障論』中央法規.

横山和彦・田多英範編(1991)『日本社会保障の歴史』学文社.

PART 2 현실적 사회문제와 대책방향

제6장

일본의 사회문제와 대책

1. 일본의 사회문제
2. 일본형 사회정책의 형성
3. 일본사회의 사회적 정책과제
4. 사회변화와 사회복지서비스

1. 일본의 사회문제

일본의 사회문제를 해결하려는 사회정책은 경제정책과 노동정책 그리고 생활정책 등과 관련된 문제를 대상으로 다양한 논의를 거치면서 변천하고 있다. 그 연구대상의 다양성은 실천학문으로서 일본 사회정책학회의 공통논제의 주제변화를 통해서도 엿볼 수 있다[1]. 이와 같은 배경에 입각하여 본서에서는 노동자에 대한 분석은 이미 상당부분 축적되어 왔으므로 여기에서는 일본의 인구 고령화와 관련된 사회문제를 사회정책론의 시각에서 조명해보고자 한다.

돌이켜 보면, 경제성장을 위한 노동력의 보전을 주요 목적으로 했던 일본의 사회정책[2]은 제2차 세계대전 이후 사회정책 본질논쟁을 거쳐 총합사회정책(總合社會政策, 편의상 '종합사회정책'으로 표현)으로 발전하였음을 알 수 있다. 또한 성장기에는 노동력의 보전과 재생산을 위한 '총자본론'을 둘러싸고 논쟁이 촉발되었으며, 성숙기에는 사회정책

1) 武川正吾(1999)『社会政策のなかの現代』東京大学出版会. p.289. 일본에서 사회문제를 대상으로 학술적으로 논하는 사회정책학회가 창립된 시기는 1897년으로서, 21세기 현재 100년 이상의 학회활동을 지속하고 있다. 사회과학 분야의 학회로서는 상당한 전통을 갖고 있으며, 이 기간 동안 사회정책학회의 공통논제의 예를 보면 16회는 '퇴직금' 31회는 '사회보장론' 71회는 '사회정책의 위기와 국민생활' 92회는 '21세기의 사회보장' 97회는 '고령사회와 사회정책' 106회는 '새로운 사회정책의 구상' 그리고 109회의 테마는 '少子化・家族・社会政策'으로 변해 온 것을 알 수 있다.

2) 사회정책이란 자본주의의 발전에 따라 발생하는 사회문제에 대한 국가정책 및 사회제도를 일컫는다. 산업화의 진전에 따른 기존의 사회정책의 형태는 다음 3가지 즉, ①산업혁명기의 여성・아동노동의 보호를 비롯한 공장법, ②노동자계급의 단결권을 인정한 노동입법, ③질병・재해・노령・실업 등 소득보장정책으로서 사회보험 등으로 형성되었는데, 시대적・지역적 차이에 따라 일련의 사회문제 해결을 위한 대책으로서 점차 영역이 확대되면서 발전・변화하고 있다.

논쟁을 거쳐 민주화와 산업화의 발전에 따라 노동경제학과 사회보장 및 사회복지 영역을 포함하는 '생활정책론'으로 발전하였고, 최근에는 보다 광범위한 사회문제 영역을 포함하여 인간생활의 종합적인 '생애 사회정책(Life Cycle Social Policy)'으로 기능하고 있음을 알 수 있다.

2. 일본형 사회정책의 형성

일본에서도 종합사회정책으로서의 견해가 나오게 된 배경은 영국의 'Social Policy'론의 영향[3)]이었다고 보는 견해도 있다. 그러한 주장에 의하면 영국의 Social Policy론이 일찍이 일본에도 소개되어 사회복지의 영역에서는 어느 정도 인식되고 있었다. 그러나 기존의 사회정책 학계에는 영국의 Social Policy론이 전혀 정착할 수 없었는데, 그 이유는 사회정책 본질논쟁에 기인한다.

즉, 영국에 있어서 Social Policy 논의는 베버리지(William Henry Beveridge)의 『사회보험 및 관련서비스』 이후, 사회보장론의 전개와 복지국가위기론의 논의에서 출발하여 발전한 데 반해, 일본에서는 독일의 영향을 받아 서유럽형의 사회정책론이 정체되었던 것이다. 왜냐하면 일본의 사회정책 본질논쟁에서는 노동시장과 노사관계 분야로 학계의 관심이 집중됨으로써 서유럽형의 Social Policy론이 주목을 받지 못했기 때문이다. 그 시기 일본에서는 서유럽형의 Social Policy론을 연구하는 학자들 사이에서도 이론적 합의를 이루지 못한 상태로 복지

3) 木村正身(1990)「労働条件と福祉条件ー社会問題の対応的認識のために」『香川大学経済学論叢』47巻 1975. 隅谷三喜男「戦後社会政策の到達点」『戦後社会政策の軌跡』啓文社. pp.13-14.

국가에 관한 연구방법으로서 사회학, 사회복지학, 사회행정학 등을 포함하는 학제적 접근방식이 취해지고 있었던 것으로 해석된다.

한편, 일본의 사회정책은 그 대상이 자본의 재생산에 필요한 노동력에 머물지 않고 보다 폭넓게 전 국민으로 확대되었을 때 종래의 이론으로서는 설명이 곤란해지자 사회정책론의 재구축을 시도하게 되었다. 이렇듯 사회보장 분야의 이론이 체계적으로 요구되면서 그 때까지 유지해 온 노동정책 중심의 사회정책론으로서는 생활대책을 포함하는 사회정책의 영역을 포괄하여 논할 수 없게 되었다.

그 이유로서 첫째, 사회정책의 대상이 노동자층의 틀을 넘어서 주부·고령자·자영업자 등 전 국민을 대상으로 하게 되었기 때문이다. 이른바 노동자 중심의 사회정책이론 틀로서는 새로운 사회문제를 설명할 수도 해결할 수도 없게 된 것이다.

둘째, 사회보장의 일환으로 실시되었던 공적부조와 공적복지서비스 분야에서도 동일한 문제가 나타났다. 원래 공적부조는 보험료 부담이 어려운 사람을 대상으로 하여 사회보험에 가입할 수 없는 빈곤층에게 소득보장을 보완하는 제도로서 실시되어 왔다.

그런데 빈곤수준이 점차 상승하게 되어 복지서비스의 내용이 충실해지자 어느 수준까지가 복지서비스인가? 하는 문제가 제기되었고, 그 대상자도 실제로는 빈곤과 직결되지 않는 상황에 이르기도 했다[4]. 바로 생활능력이 있는 일부 고령자들의 노인복지서비스가 그 전형적인 예라고 할 수 있다.

이와 같은 환경변화에 대해 오코우치(大河内一男)교수 자신 또한 사회정책의 진전으로서 범위와 대상이 확대된 사회보장을 어떻게 파

4) 隅谷三喜男(1993) 『社会保障の新しい理論を求めて』 東京大学出版会. pp. 16-17. 참조

악하여야할 것인지를 재고하기에 이르렀다. 따라서 일본사회는 사회보험과 공적부조, 소득재분배, 나아가 복지국가라고 하는 사회정책의 발전 형태로서 사회보장을 포함하는 종합사회정책론의 출현이 필요했던 것이다.

그로 인하여 "종합적인 복지의 이해와 사회정책의 시점은 단지 고용노동자를 주축으로 하여 라이프사이클의 시점에서 이해할 뿐만 아니라 보다 폭넓게 고용노동 이외의 입장에서 근로자 계층을 광범위한 사회정책의 대상으로 하는 것이 공정하며 또한 불가피하다"[5]고 주장하며, 오코우치교수 스스로 이론을 수정하였다.

이러한 견해의 변화는 종래의 이론에 포함하지 못했던 영역 가운데, 환경변화에 의해 사회정책의 확대가 필요해지자, 그 대책으로서 사회정책의 범위와 대상을 변화시킬 수밖에 없었을 것이다. 이러한 변화에 관한 새로운 사회정책의 이념을 "인간의 전 생애를 통한 라이프사이클의 관점에서 파악하고, 그에 따라 출생, 성장, 노쇠, 사망에 이르는 생애과정을 대상으로 하지 않으면 안 된다"[6]는 이론으로 발전시키게 되었다.

물론 '종합사회정책론'이라는 용어는 오코우치(大河内一男)의 개념을 규정하기 이전에도 이미 사용된 바가 있다. 독일의 사회정책론 즉, 노동자보호와 계급조정 논의에서 점차적으로 회사의 방침(Gesellschaftspolitik)으로 불리는 방향으로 전개되었는데, 이를 일본에서는 노동자 보호차원에서 각 계층·각 집단의 관계조정으로 받아들였고, 특히 히토츠바시대학(一橋大学)의 타이요지(大陽寺順一) 전 교

5) 大河内一男(1979)『社会保障入門』青林書院新社. p.107. 동일시각의 隅谷三喜男編(1993)『社会保障の新しい理論を求めて』東京大学出版会. p.19. 재인용.

6) 大河内一男(1968)『社会政策論-大河内著作集』2巻. 青林書院新社. p.245.

수가 이러한 개념을 종합정책론으로 번역하여 사용한 바 있다[7].

한편, 실질적인 의미로서 종합사회정책론이 새로운 용어로 거론되어 사용된 것은 사회정책학계가 아니라 학계의 외부로부터 등장하였다는 견해가 일반적이다. 1960년대까지 사회정책의 본질논쟁과 노동경제로 분화되었던 사회정책학계와는 별도로, 당시 경제기획청에서 1973년에 이르러 고도성장을 바탕으로 한「경제사회기본계획」을 책정하게 되었고, 의료보험과 연금제도를 중심으로 한 대대적인 제도개혁을 실행하였다.

이와 같은 환경변화 속에서 종합사회정책론이 발표된 것은 이론적 접근과는 별도로 OECD(경제협력개발기구)로부터의 요청에 의해 보고서를 제출하게 된 데에 기인한다. 그 때까지 통용되던 종래의 '사회정책=노동문제' 라는 협의의 틀에서 벗어나서 개개인의 생활문제까지 포괄하는 새로운 시각이 필요하다는 보고서 작성이 결국 종합사회정책론이라는 용어를 사용하는 계기가 되어 복지정책까지 포함하는 생활면의 종합사회정책론이 생성되었던 것이다.

3. 일본사회의 사회적 정책과제

1) 저출산과 육아대책

일본은 만혼화(晩婚化)와 저출산(少子化)에 의해, 고령화의 속도가 더욱 가속되어 세계에서 유례가 없는 빠른 속도로 고령사회로 진입하

---

7) 小山路男(1986)「ソーシャル・ポリシー論について」『社会政策の思想と歴史』千倉書房. pp.6-7. 참조.

였다. 출생률도 급격히 줄어 합계특수출생률[8]이 매우 낮은 수준이다. 이렇듯 출생률이 급격히 낮아지는 것은 향후 생산인구가 줄어들게 되어 인구고령화를 가속화시킬 뿐만 아니라 사회보장부담 측면에서도 후세대에게 국민부담률[9]이 늘어나는 요인이 될 것으로 보인다.

또한 산업사회의 발달에 의해 핵가족화와 여성의 사회진출이 두드러져 가족기능이 약화되는 동시에 양육기능이 저하되고 있다. 이러한 사회적 분위기 속에서 발표된 육아지원정책[10]의 내용을 보면, 출생률의 회복이라는 인구구조의 문제를 주로 취업여성에 대한 지원을 통해 해결하고자 하고 있다. 그 일련의 조치로서 후생노동성에서는 1990년대 이후 엔젤플랜, 신 엔젤플랜과 같은 대책을 지속적으로 시행하고 있는데, 이는 향후 공공측면의 사회적 부양을 더욱 확대시키는 계기가 될 것으로 보인다.

일본의 자녀양육 관련정책[11]으로는 보육을 실질적으로 지원하기

8) 합계특수출생률(Total Fertility Rate: TFR)은 15세부터 49세까지의 여성의 연령별 출생률을 합계한 수치로서 그 해의 연령별 출생률이 앞으로도 변하지 않는다고 가정하였을 경우, 1인의 여성이 일생동안 출산하는 평균 아동 수를 일컫는다(2002년 1.32명: 厚生労働省統計情報部『人口動態統計).

9) 국민부담률이란 국민이 낸 세금과 사회보장기여금을 합한 1년간의 총액이 국내총생산(GDP)에서 차지하는 비중을 말한다. 조세부담률은 한 나라의 국내총생산에 대한 조세총액의 비율을 말하며, 사회보장부담률은 공적연금, 의료보험, 고용보험기금, 산재보상보험기금, 장기요양보험 등 각종 사회보장기여금의 합계금액이 GDP에서 차지하는 비율을 가리킨다.

10) 신엔젤플랜과 같은 정책구상의 취지는 사회적 재생산을 이전에는 가족의 개인적 자유와 책임에 국한시켰으나 이제 저출산 문제가 사회문제로 대두됨에 따라 사회적 부양이라는 인식에 의한 것으로 파악된다. 이와 관련된 문제는 학계뿐만 아니라 각종 연구기관에서도 제기되었다. 이러한 위기상황은 급격히 변화하는 현재의 가족상을 재고하게 되었고, 자녀양육에 관한 사회적인 지원체계를 정부차원에서 재정비하기에 이르렀다.

11) 일본의 자녀양육정책의 전개과정은 제2차 세계대전 이후 초기에는 산업화의 영향으로 노동력이 필요하게 되었고, 여성의 사회참가에 따른 보육문제가 대

위하여 보육서비스를 제공하고 소득에 따라서 양육비의 일부를 분담하는 것이 주류를 이룬다. 구체적인 지원책으로는 보육원운영, 아동수당, 육아휴직이 중심적인 내용이다. 먼저, 보육원운영은 보육서비스를 제공하는 것으로써 아동복지 시설을 이용하는 현물서비스를 일컫는다. 가족의 양육기능 저하가 사회문제로 대두되면서 보육원운영은 그동안 가족(주로 모친)이 맡아왔던 자녀양육을 사회적 책임으로 인식하는 계기가 되었다.

또한 아동수당은 자녀양육의 경제적 부담을 경감시키기 위한 현금급부이기는 하지만, 아동을 양육하는 보호자의 노동에 대한 지원이 아니라 직접 아동을 지원 대상으로 하는 자녀양육 지원제도이다. 나아가 육아휴직은 육아휴업법에 근거하여 근로자가 보육을 위해 휴직을 청구하여 양육권을 보장받는 제도로서 육아의 남녀 공동책임을 규정하고 있다. 이러한 일본사회의 자녀양육 지원정책은 공적보장 측면에서 발아기, 성장기, 성숙기를 거쳐 왔는데 최근 큰 전환기[12]를 맞고 있다.

두되어 1947년「아동복지법」이 제정됨으로써 보육제도가 법제화되었다. 그 이후 일본사회의 자녀양육 지원정책을 시대별로 살펴보면, 1960년대 후반은 경제사회적 변화가 성장원인이 되었다고 할 수 있다. 이어서 1970년대에는 두 차례의 오일쇼크와 외환위기를 겪으면서 지원정책의 방향이 축소경향을 보였고, 1980년대에는 이미 확보된 보육원은 출산과 육아기의 여성 노동력율의 점진적 증가에 기여하는 성숙기를 맞게 되었다. 나아가 경제의 소프트화와 더불어 여성의 사회참가가 늘어나「남・여고용기회균등법(1986년)」이 발효되었으며, 거품경제 붕괴 후의 경기정체기에는 복지민영화의 환경에서 자녀양육 지원정책은 명목적인 지원과 확대제한이라는 모순적 양면성을 띠는 가운데,「육아휴업법(1991년)」이 성립되었다. 나아가 1995년에「고용보험법」이 개정되어 휴업하기 이전 임금의 25%를 육아휴업수당으로 지급 받을 수 있게 되었다. 그런데 문제는 이러한 대책이 강구되었음에도 불구하고 최근의 출생률이 그다지 회복되지 않고 있다는 점이다.

12) 이와 같은 일본의 자녀양육정책의 변화를 복지국가 유형론 측면에서 필자의 주관으로 변화과정을 구별할 것 같으면, 발아기와 성장기에는 서유럽형의 복

이러한 가운데 산업구조의 재편이 계속되어 서비스업, 정보・컴퓨터, 유통・금융 등의 3차 산업 분야에서 경제의 소프트화가 진전되어 여성과 고령자의 고용이 늘어나면서 주부와 고령층의 파트타임 취업이 대폭 증가하였다. 특히 결혼, 출산, 육아, 가사의 일을 맡게 되는 여성은 생애주기[13]에 따라 취업과 비 취업 사이를 이동하고 있다.

이는 고령자 노동력과 같이 노동시장의 유연한 주변 노동력으로 활용할 수도 있지만, 여성노동의 질적인 향상을 도모할 수 없는 부정적 측면도 있다. 나아가 1990년대에 머물지 않고 21세기에 접어든 현재에도 남녀 모두 만혼(晩婚)현상을 보이고 있으며, 출산율 저하가 급격히 진전되고 있어 인구구조의 고령화는 더욱 고조될 것으로 보인다. 따라서 기존의 자녀양육지원책만으로는 출생률의 저하를 저지할 수 없다는 인식과 더불어 후세대에 부담이 가중되는 문제를 방치할 수 없다는 판단에서 일본정부는 「신엔젤플랜(1999년)」에 이어 「소자화사회간담회(2002년3월)」를 구성하여 정부차원의 자녀양육과 교육문제에 대한 지원을 재고하게 되었다.

그와 동시에 후생노동성은 「소자화대책플러스원(2002)」을 발표[14]하여 다각적인 대책을 제시하였는데, 그 중심적 내용은 ①남성을 포함한 근무형태의 재검토, ②지역사회에서의 자녀양육지원, ③사회보장

지국가를 지향했던 반면, 성숙기에는 신보수주의형 복지국가의 성격을 띠었고, 최근의 전환기에는 자유주의적 복지국가의 형태를 보이고 있다.

13) 여성의 라이프사이클 측면의 M자형 취업형태가 출산과 육아로 일시적으로 일을 중단하였다가 일정기간 후에 파트타임으로 재취업하는 형태가 주류를 이루게 된 것이다. 이렇듯 일본사회에서는 가정과 일의 균형을 전제로 한 여성취업 유형이 정착되어 왔는데, 이는 자녀양육 지원정책의 효과도 있는 것으로 파악된다.

14) 鈴木りえこ(2003)「国の主導で育児の社会かを」『中央公論(1425号)』中央公論新社. p.158. 「소자화대책플러스원」의 주요내용 참조.

에 의한 차세대지원, ④젊은 세대의 자립지원 등이다. 이러한 대책은 자녀를 양육하는 삶이 가능한 사회와 자녀를 양육하고 싶고 젊은 층이 자립하여 자녀를 낳아 기를 수 있는 활기찬 사회를 지향하고자 하는 취지에 입각한다고 하겠다.

이러한 대책은 가족기능의 약화, 특히 여성의 사회진출에 따른 양육기능의 저하 등 여성의 모성역할 회피에 대해 논란이 되고 있는 가운데 나온 것이다. 발표된 일련의 육아지원정책의 내용을 보면, 출생률 회복이라는 인구구조의 문제를 취업 모자가정에 대한 지원을 통해 해결하고자 하는 것이다.

이와 같은 정책의 근저에는 사회적 재생산을 부모의 책임으로 간주하고, 특히 모친에게 자녀양육이라는 임무를 부과시키는 통제적 의도가 작용하고 있다. 과연 이러한 의도가 올바른 것인가? 사회적 현상인 출생률 저하에 대한 정책적 대응에 관한 논의에서 문제가 되는 것은 취업을 한 모친이 아니라 오히려 국가의 사회적 재생산 메커니즘에 문제의 소지가 크다고 하겠다. 따라서 변화된 오늘날의 가족제도를 직시하고, 자녀양육에 관한 사회적인 지원체계를 정비해야 한다는 소리가 관련단체 및 정부 심의기관 등에서 제기되고 있는 것이다.

이와 같이 일본 사회에서는 자녀양육의 공공적 측면에 관한 논의가 지속되어 왔으며, 이러한 논의를 통해 자녀양육을 지원하는 정책이 점차 체계화된 모델로 형성되고 있다고 하겠다.

2) 고령자 고용과 복지대책

일본의 노인복지는 1963년의 노인복지법을 계기로 크게 진전되기 시작했다. 노인복지법의 제정 이전에는 구빈사업 성격의 양로사업이 생활보호법에 편입되었던 양로사업으로 전개되어 왔다. 이 때문에 그

사업의 주요 대상은 여러 이유로 자립할 수 없는 생활 빈곤층의 노인이었으며, 그 대책의 중심은 생활보호를 위한 양로시설로의 수용보호가 특징이었다.

노인복지법의 등장은 경제의 고도성장에 의한 급격한 경제 · 사회의 변동 속에서 이전의 생활기반이 붕괴되어 시장경제의 경쟁에서 뒤쳐진 노인의 생활대책을 도모하려는 것이 계기가 되었다. 그와 더불어 1961년에는 공적연금, 의료보험제도의 정비가 이루어져, 이른바 전 국민연금 · 보험(国民皆年金 · 皆保険)시대를 맞이하게 되었다.

1960년대의 사회보장정책으로서는, 뒤쳐진 사회복지의 정비와 확충의 필요성을 새로 인식하게된 것이 그 이유였다. 그러한 배경 하에서 노인에 대한 종합적인 복지대책이 필요하게 되어 노인복지법을 제정하게 된 것이다. 노인복지법의 제정에는 여러 가지 의의가 있겠지만, 그에 의해 종래의 구빈적 양로사업에서 탈피하여 사업대상이 생활 빈곤 노인뿐만 아니라 일반 노인에까지 확대된 것은 주목할 만한 성과이다.

이 가운데 있어 원조가 필요한 노인시책으로는 양로시설인 양호노인홈 이외에도 간병 · 수발 등 복지욕구에 부응하는 새로운 형태의 노인홈(특별양호노인홈, 경비노인홈) 등 다양한 노인복지시설이 새롭게 설치되었다. 나아가 가정봉사원(home helper) 파견사업 등 재택노인복지대책에 관련되는 사업이 새로이 법제화되기도 하였다. 또한 일반노인을 대상으로 하는 건강진단이나 여유로운 노후생활을 지원하기 위한 노인클럽활동, 취로알선사업, 그 밖의 사회활동의 지원 사업이 추진되었다. 이와 같은 내용의 노인복지법이 10주년을 맞이한 1973년부터 노인복지의 확대와 발전을 이루게 된다.

그 배경으로서는 첫째, 일본인구의 고령화가 한층 진전되어(1970년

고령화율 7.1%) 고령화가 사회문제로 인식된 점, 둘째, 그와 관련하여 노인문제에 대한 대응이 국민적 과제로 수용된 점. 셋째, 고도성장에 의하여 비교적 재정적 여유가 있었던 점 등을 들 수가 있다. 이러한 배경에 입각하여 연금이 5만 엔 모델연금이 등장하였고, 이후 노인보건법에 흡수되었지만, 지방자치체에서 실시해 온 노인의료비의 공비부담제도가 노인복지법에 편입되는 등, 노인복지의 확충이 이루어졌다.

그러나 1974년경부터는 제1차 오일쇼크(1973년)의 영향으로 고도경제성장이 멈추어 재정이 악화됨으로써 1975년에는 적자채권을 발행하는 등, 재정적 제약으로 인해 노인복지의 확충은 그 후 1~2년경과 후 일단 멈추게 되었다. 그러나 고령화의 급진전에 따른 고령자 복지 욕구는 보다 다양화되어 노인복지의 새로운 대책이 마련되기에 이르렀다.

그 특징 중 첫 번째는 재택노인복지의 모색이다. 이 움직임은 커뮤니티 케어(community care)라고 불리는 것으로서 1970년 전후에 검토되었던 것이 이 시기에 구체적으로 추진되었다. 그리고 노인 홈 등의 시설케어와 함께 재택케어에 관한 시책이 병행 추진되었다. 두 번째로 재택복지의 확충과 관련하여, 홈・헬프(home help)사업이 확대되어 그때까지 저소득세대를 대상으로 해온 구빈성격의 선별적 서비스인 홈・헬퍼(home helper)의 파견이 소득과 관계없이 누구라도 필요에 따라 이용이 가능한 보편적서비스로 방향이 전환되었다. 세 번째로 복지 욕구의 확대와 다양화의 변화 속에서 복지시설 및 서비스 공급 또한 다원화되어 행정기관과 비영리단체인 사회복지법인뿐만 아니라, 유료 노인홈 같은 영리단체에 의한 서비스 공급이 등장하였다. 네 번째로 후기고령자가 늘어남에 따라 노인복지와 보건의료의 연대가 필요하였고, 재택케어와 관련하여 주택정책 나아가 고령자를 위한 취로와 교육 등의 새로운 형태의 서비스제공이 필요하게 되었다.

이와 같은 움직임과 관련하여 복지시책을 안정적으로 추진하기 위해 1985년부터는 노인복지를 포함한 사회복지제도에 관한 정부의 심의회가 이루어졌으며, 1990년에는 노인복지법을 비롯한 복지관계 8법이 개정되었다. 이 법률개정에 의하여 노인복지에 있어서는 특히 ①재택복지의 개호사업 등을 법제화 하여 복지서비스를 적극적 추진하며, ②특별양호노인홈으로의 입소 결정 등의 사무를 정・촌에 위임하며, ③재택복지와 시설복지를 종합적으로 추진하기 위해 시정촌(市町村) 및 도도부현(都道府県)에 노인보건복지계획의 책정을 의무화한 것 등이 그 주요 내용이다.

그리고 이 개정과 병행하여 21세기의 본격적 고령사회에 대응하기 위하여 '고령자보건복지 10개년전략'을 수립하여 재택복지서비스와 시설정비를 적극적으로 추진하였다. 또한 일본의 고령자 고용대책을 살펴볼 것 같으면, 1983년에 나온「제5차고용대책기본계획」과 1986년의「고연령자고용안정법」의 시행은 대표적인 일례라고 하겠다[15). 이른바 고령자고용안정법의 제정에 입각하여, 민간기업의 고령자고용

---

15) 1983년 제5차 고용대책기본계획이 책정되었다. 第5次雇用対策基本計画 : 1983~1988. 내용은「향후 예상되는 급속한 고령화, 산업구조의 전환 등을 적절히 대응하기 위해 노동력수급의 불일치를 도모하고 완전고용을 달성하여 활력 있는 경제사회 형성을 지향 한다」로 되어 있다. 이 계획에 의해 고 연령자의 고용대책으로 60세 정년의 일반화, 60대 전반층의 고용취업대책 그리고 고령자의 재취직 촉진 등이 실시되었다. 특히 정년연장의 입법화가 검토되어 1986년 第104回 통상국회에서「中高年齢者等の雇用の促進に関する特別措置法の一部改正」행해짐으로써 고령자 고용취업대책의 종합적인 정비가 이루어졌다. 그 내용은 고용연장의 추진, 재취직의 촉진, 정년퇴직 후의 일자리 확보 등 행정 주도적이기는 하지만 노사를 비롯하여 전 국민에게 명확한 목표와 전망을 제시하였다. 또한「高年齢者雇用安定法」이 1986년4월30일에 공포되어 동10월1일부터 전면적으로 시행되었다.

장려책으로서「고연령자다수고용보장금제도」를 1986년10월에 시행하기에 이르렀다. 나아가 1989년10월에는 노동성직업안정국 내에「장수사회고용비젼」연구회가 설치되었다. 이러한 연구회의 활동결과 1990년10월에는 '고령자 활약시대의 제언'이라는 부제의 최종보고서가 공포되기에 이르렀다.

그 후 고령자고용안정법은「고연령자지역고용개발사업」을 신규사업으로서 책정하는 등 부분적인 개정을 거쳐 65세까지 고용기회를 확보하기 위한「고령자직업안정대책기본방침」을 작성하기에 이르렀다. 이와 같이 이전의 보호적인 시책에 머물던 고령자 고용문제가 사회정책의 주요문제로 인식되면서 고령자고용에 적극적으로 대처해 나가게 되었다. 그와 더불어 여성과 장애자에 대해서도 1980년대에 들어서부터는 유사한 움직임이 나타났다.

1986년에는「남・여고용기회균등법」[16)]이 시행되어 여성의 사회참가가 한층 더 활발해졌으며, 1987년에는 신체장애자고용촉진법의 개정이 이루어져 장애자의 고용촉진이 활발해졌다. 그 후 1990년대의 거품경제 붕괴는 사회보장체제의 재구축을 필요로 하게 되었고, 소자・고령화, 핵가족화 등 가족구조의 변화, 그리고 사회구조의 변화는 국가책임의 사회보장을 사회연대와 개인책임으로 이동하게 만든 요인이

---

16) 土穴文人(1990)『社会政策制度史論』啓文社, pp.762-763. 제3항, 성차별시정과 모성보호문제-「男女雇用機会均等法」의 제정(1985년5월), 1960년 시점에서 2,370만 명이었던 고용 노동자 수는 1985년에는 4,313만 명으로 1.82배 증가하였다. 그 가운데 여성은 738만 명에서 2.1배인 1,548만 명으로 전체고용에서 차지하는 여성의 비율이 상대적으로 높아졌다. 문제는 고용형태로서의 남성 노동자와의 격차였다. UN의 국제 부인의 해 세계대회(1975年6月)를 계기로 ILO에서도 성차별 금지에 관한 조약・권고를 채택함에 따라 일본의 법체계가 정비되어 남녀평등 보장, 성차별 금지 등을 담은「남・여고용기회균등법(1986)」이 제정되었다.

되었다. 그 결과 사회보장제도심의회의 권고(1995)에서는 사회보장의 책임구조가 상당 부분 변하게 되었는데, 그것은 바로 개인의 자립과 자기책임을 강조하는 '사회복지기초구조개혁'[17]으로서 이른바 일본형 복지국가론을 뒷받침하는 내용이라고 하겠다.

특히 2000년대에 접어든 일본은 현재 고령화의 급속한 진전과 낮은 출생률, 고용구조의 변화에 의하여 연금제도개혁(2004년)을 비롯한 사회보장 개혁 등 다면적인 문제점이 제기되고 있다. 나아가 인구의 장기추계에 입각한 전망으로서 2050년에는 65세 이상인구가 37% 정도로 늘어날 것으로 예상됨에 따라 초고령사회에 대처하기 위한 노후생활에 관한 실험과 연구가 활발하게 행해지고 있다[18]. 이처럼 사회정책의 내용과 범위는 부단히 변화하고 있음을 알 수 있으며, 사회정책의 대상이 노동자정책에 머물지 않고 인간의 전 생애에 걸친 사회문제로 대두되었음을 알 수 있다.

이상 살펴본 바와 같이 산업사회 발전에 따른 사회문제의 해결을 위한 사회정책론은 결국 사회구조에 기반을 둔 뒤르케임(Emile Durkheim)

---

17) 高藤昭(1999)「社会保障・福祉における '措置から契約へ'論」『週刊社会保障』法研. 1995년의 사회보장제도심의회 권고의 주요 논점은 다음과 같다. ①사회보장 책임주체의 문제, ②사회보장의 재정문제, ③공・사 역할분담문제, ④사회보장과 소자・고령화문제, ⑤사회보장과 남녀평등, ⑥사회보장수급자의 자기결정권 확립문제, ⑦간병수발의 사회보험 제도화 문제, ⑧사회보장의 국제화 대응문제 등.

18) 内海洋一編(1992)『世界の社会政策』ミネルヴァ書房. 정기룡(2003)「고령사회의 노인문화」『일어일문학연구(43집)』 한국일어일문학회. pp.291-311등. 이와 같은 연구에서는 고령자 사회정책의 주요 내용으로서 ①고령자의 고용・노동정책, ②고령자의 소득보장, ③고령자의 의료정책, ④고령자의 주거문제, ⑤고령자교육・레저대책, ⑥ 노인복지계획 등을 주로 거론하고 있다. 또한 일본사회정책학회의 최근 학술대회에서는 고령화, 저출산, 가족 등을 테마로 한 문제를 주로 다루고 있다.

의 '유기적연대'[19]와 더불어 '경제와 사회의 균형' 을 내세운 사회학자 후쿠타케(福武直)의 주장처럼 평등주의와 자조 나아가 연대에 기초하여 사회보장은 물론이며 사회복지 전 분야로까지 보다 확대되어 변천해 나갈 것으로 전망된다.

4. 사회변화와 사회복지서비스

1) 노인복지서비스

향후의 인구 고령화에 따른 노인복지를 전망할 것 같으면, 새로이 규명해야 할 점이 많이 있을 것으로 보인다. 지금까지의 추이를 토대로 특히 유의해야 할 점으로서는 가정에 국한할 것이 아니라 사회적 서비스로서의 고령자 케어시스템(care system)의 구축이 시급한 문제라고 하겠다.

최근 일본의 고령화는 한층 빨라져, 65세 이상 인구가 21세기 초엽이면, 총인구의 1/4 수준을 넘어서게 되어 초고령사회에 진입한 상태가 된다. 인구의 고령화는 다양한 사회문제를 초래하는 것으로 지금가지 파악해 왔는데, 특히 80세 이상의 후기 고령자가 급격히 늘어나면 간병수발(要介護) 등 노인문제가 매우 심각할 것으로 보인다. 즉, 이전에는 고령자의 '케어'는 주로 가족개호를 기반으로(여성중심) 실시되어 왔으나 고령화의 진전과 더불어 가족기능이 변화하여 이제 '케어'의 사회화가 새롭게 요구되는 것이다.

---

19) 富永健一(1996)『社会学講義』中公新書. pp.279-281. Richard Osborne저/윤길순역『사회학』김영사, 2001. pp.48-51.

일본의 노인복지시책은 그동안 어떤 의미에서는 이러한 케어의 사회화라고 하는 새로운 변화를 모색하여 왔다. 시설복지 대신에 재택복지의 홈헬프 서비스를 비롯하여 각종 복지서비스가 지역단위로 보급·정착되어 온 것이다. 그리하여 현재, 이러한「케어」를 효율적으로 추진하는 관점에서, 케어·메니즈먼트(care management)를 비롯한 각종 새로운 지원방법이 개발되고 있다. 또한 서비스 공급과 제공을 위한 재택간병수발(在宅介護支援)센터 등의 새로운 조직도 생겨나고 있다.

나아가 케어를 담당하는 케어워커(careworker)의 역할이 중요시되어, 1987년에는 사회복지사가 국가자격제도로 정비되었다. 이와 같이 케어를 주축으로 하는 복지서비스의 확대는 일본의 노인복지를 비롯한 사회복지 전반에 큰 영향을 주고 있다. 그리고 이처럼 고령화가 진전되는 가운데 케어의 사회화는 보다 확대·발전될 것이 확실하다고 본다. 특히 주시할 점은 케어니드(care needs)의 일반화를 통한 사회복지의 사회서비스로의 전환이라고 하겠다.

사회서비스에 관해서는 여러 가지 방법이 있을 수 있다. 가령 국민 대다수의 생활보장에 필요한 서비스를 공급함에 있어서 국가가 어떠한 형태로든 관여할 필요가 있는 서비스가 있다고 가정하자. 즉, 고령화에 따른 케어욕구는 본인과 가족과는 차이가 있을지라도 누구에게나 발생 가능성이 있으므로 그에 필요한 서비스를 개인적으로 조달하기 어렵다고 할 때, 향후의 케어서비스는 특정계층, 특정집단에 지원하던 종래의 사회복지서비스 수준을 초월해 누구라도 혜택을 받을 수 있는 사회서비스로 확립되어 가야 한다는 것이다.

그를 위해서는 누구라도, 언제라도, 어디서라도 필요에 따라 적절한 서비스를 이용할 수 있는 케어·시스템의 구축이 필요한 것이다.

그런 의미에서 먼저「누구라도」라고 하는 것은, 종래의 선별주의적 사회복지로부터 탈피한 보편주의적 사회복지의 확립이라고 할 수 있으며 앞으로 이러한 방향으로 추진해 나갈 필요가 있다. 또한「언제라도」서비스를 이용할 수 있도록 하기 위하여, 복지사무소와 보건소 이외에도 재택간병지원센터를 비롯하여 데이서비스센터(day service center) 등 관련 장소에 관한 정보제공과 상담체제의 확립이 중요하다.

나아가「어디서라도」라는 관점은 시정촌(市・町・村)을 기초로 다양한 노인복지시설과 재택복지서비스의 정비와 복지네트워크(net-work)화를 의미한다. 그리고「적절한 서비스」란, 서비스 제공의 다원화를 추진하여 다양한「욕구」에 대한 여러 형태의 서비스메뉴(service menu)를 마련하는 동시에 서비스에 대한 평가시스템을 확립하는 것이라고 하겠다.

2) 21세기형 사회복지

21세기에 접어든 일본은 국제화, 정보화, 경제의 서비스화와 같은 산업사회의 변화와 더불어, 또 다른 한편에선 고령화의 진전에 따른 복지욕구의 보편화 등 사회전반에 걸친 변화를 맞이하고 있다. 인구고령화의 진전 속에서 케어문제에 초점을 맞추어 어떻게 지역주민이 케어문제를 남의 문제가 아니라 자신의 문제로 받아들이며, 어떻게 참가할 수 있을지가 향후 지역복지의 중요한 과제가 될 것이다. 특히 케어문제는 경제적 풍요만으로는 절대 해결될 수 없으며 누군가의 도움이 필요하다.

앞에서 살펴본 누구라도, 언제라도, 어디에서나 적절하고 필요한 서비스를 제공받을 수 있도록 하기 위해서는「공적서비스」만으로는 불충분하며, 지역주민이 참여하는 다양한 형태로 만들어 나갈 필요가 있다. 이렇듯 사회복지 관련제도의 개혁뿐만 아니라 지역주민이 상호 지원하는 연대구성이 필요한 것이다.

이러한 발상은 인간은 누구나 노후를 맞이하며, 나이가 들수록 심신기능의 기능이 감퇴한다는 인식에서 출발한다. 나아가 각 개인의 차이는 있겠지만, 허약・장애・질병 등에 의하여 노후의 와상상태를 거쳐 사망에 이르는 과정은 피할 수 없는 사실이기에 복지욕구의 보편화와 일반화를 논할 수 있는 것이다. 그러한 가운데 세계에서 가장 빠른 속도로 고령사회에 돌입한 일본에 있어서 전인구의 1/4 수준이 넘는 고령자가 존재하는 현실적인 사회복지서비스는 모든 국민의 문제로서 받아들일 수밖에 없다.

21세기의 일본은 성장형 산업사회로부터 벗어나 탈산업사회로서 안정된 성숙사회로 진행되고 있다. 그러한 변화 속에서 경제, 사회, 문화 등의 모든 면에 있어서 구조조정이 이루어지고 있는 것이다. 이와 관련하여 보다 구체적인 과제로서 저출산・고령화에 수반되는 사회문제에 대한 대응책으로 협조・공생의 가치관이 지금 필요한 시점이라고 하겠다.

이상 살펴본 바와 같이 21세기 초엽의 일본에서는 무엇보다 저출산・고령화에 의한 새로운 사회문제가 제기되고 있어, 바야흐로 사회정책의 전환기임을 암묵적으로 시사하고 있음을 알 수 있다. 따라서 필자는 사회정책의 전환기를 고령사회에 있어서 노동과 생활을 둘러싼 새로운 과제에 대해 사회정책의 범위설정 등 사회정책론의 재구축이 요청되는 시기인 동시에 복지국가론의 재검토 등 정부역할은 축소경향을 보이는 한편 시장기능과 지역사회를 활용하는 생활보장시스템 구축의 전환기로 파악하였다.

또한 현 시점의 일본사회의 특징을 '복지사회형성'과 '복지사회위기'가 동시에 진행되고 있다고 파악하여 그에 따른 과제와 대책을 살펴보았다. 이렇듯 최근의 사회정책 대상은 노동자문제뿐만 아니라 소자·고령사회문제로 진전되고 있어 소자·고령사회대책(少子·高齢社会対策)을 비롯한 '전 국민의 생활정책' 으로 파악해야 할 것이다. 왜냐하면 고령사회와 소자사회는 경기순환과 같은 일시적 현상이 아니라 공업화, 국제화 등과 같이 체제변동에 따라 변화할 수밖에 없는 사회전체의 구조조정이 필요하기 때문이다.

결론적으로 사회정책의 중심문제로 대두된 저출산·고령사회의 사회문제는 지금이라도 대처해나간다면 그 해결방법을 모색할 수 있을 것이다. 먼저, 출생률을 회복하여 인구구조가 일정수준으로 유지되기까지는 상당한 기간이 소요될 것이므로 우선 당면대책으로서 정부지원의 정책유인뿐만 아니라 지역사회와 직장환경 등을 포함하는 '복지서비스의 사회화'가 필요할 것이다. 그와 더불어 고령사회대책으로서는 가족기능의 재검토와 더불어 건강한 노인이 자립할 수 있는 기회제공, 그리고 복지서비스가 필요한 노인을 위한 복지서비스의 연대가 재구축되어야 할 것이다.

최근 사회문제의 해결방법으로서 사회보장에 관하여 경제학적 접근이 시도되고는 있지만, 소자·고령화처럼 인구구조의 변화에 의한 인간의 전 생애와 관련된 사회문제이므로 경제이론만으로는 해결할 수 없을 것이다. 따라서 노인문제, 여성문제 아동문제 등 가족제도와 관련된 문제는 경제학적 분석시각은 물론이며, 가정학, 사회복지학, 사회인류학 등 학제적인 연구가 추진되어야 일본형 복지사회의 효율적인 정책론이 도출될 것으로 보인다.

참고문헌

김태성 · 성경륭(1995)『복지국가론』나남출판.

송근원 · 김태성(1995)『사회복지정책론』나남출판.

전남진(1992)『사회정책학강론』서울대학교출판부.

安立清史(198)『市民福祉の社会学－高齢化・福祉改革・NPO－』ハーベスト社.

伊部英男・早川利男編(1992)『世界の社会政策』ミネルヴァ書房.

埋橋孝文(1997)『現代福祉国家の国際比較』有斐閣.

氏原正治郎(1989)『日本経済と雇用政策』東京大学出版会.

内海陽一編(1992)『世界の社会政策』ミネルヴァ書房.

大河内一男(1979)『社会保障入門』青林書院新社.

大河内一男(1968)大河内著作集 第2巻『社会政策論』清林書院新社.

木村正身(1975)「労働条件と福祉条件ー社会問題の対応的認識のために」『香川大学経済学論叢』47巻.

高藤昭(1999)「社会保障・福祉における“措置から契約へ”論」『週刊社会保障』法研.

厚生省大臣官房統計情報部編(各号)『厚生統計要覧』(財)厚生統計協会.

厚生労働省(各号)『厚生労働白書』ぎょうせい.

全国社会福祉協議会(2002)『社会保障年鑑』東洋経済新報社.

小林謙一(1990)『経済志林』第58巻第3·4合併号.法政大学経済学会.

小林謙一(1999)「産業社会・地域社会における高齢者の活躍」『労働かながわ』No.573. 神奈川県.

小林謙一編(1998)『社会政策』実務教育出版.

小山路男(1986) 「ソーシャル・ポリシー論について」『社会政策の思想と歴史』 千倉書房佐武弘章編(1991) 『高齢化社会政策の実験』新評論.

坂脇昭吉・阿部誠(2008)『現代日本の社会政策』ミネルヴァ書房.
末高信(1951)『社会保障年鑑』東洋経済.
末高信・安井信夫(1970)『現代の社会保障』成文社.
鈴木りえこ(2003)「国の主導で育児の社会かを」『中央公論(1425号)』中央公論新社.
隅谷三喜男(1990)「戦後社会政策の到達点」『戦後社会政策の軌跡』啓文社.
隅谷三喜男・稲上毅編(1993)『社会保障の新しい理論を求めて』東京大学出版会.
隅谷三喜男編(1993)『社会保障の新しい理論を求めて』東京大学出版会.
総務庁(1997)『高齢社会白書』大蔵省印刷局.
高田一夫(1994)「高齢者雇用はすすむか」『経済セミナー』No.475.
高田一夫(1981)「大河内理論の変貌とその意義」『千葉商大論叢』No. 34-7.
武川正吾(1999)『社会政策のなかの現代-福祉国家と福祉社会』東京大学出版会.
玉井金五(1997)『社会政策を学ぶ人に』世界思想社.
土穴文人(1990)『社会政策制度史論』啓文社.
武川正吾(1999)『社会政策のなかの現代-福祉国家と福祉社会』東京大学出版会.
鄭基龍(2000)「日本の高齢者社会政策に関する研究」『日本學報』제44집.
鄭基龍(2000)『転換期における高齢者対策に関する研究』一橋大学大学院博士論文.
土穴文人(1990)『社会政策制度史論』啓文社.
富永健一(1996)『社会学講義』中公新書.
内閣府編(2002)『高齢社会白書』財務省印刷局.
中川清(1995)「生活変動と社会政策像」『社会保障研究』Vol.31, No.1. 社会保障研究所.

제7장

일본의 생활보장시스템

1. 일본형 생활보장체계
2. 임금인상 수준과 노사관계의 동향
3. 일본의 생활보장시스템
4. 새로운 고령사회 대책(고령사회대책대강)

1. 일본형 생활보장체계

복지사회 이행의 일본적조건과 더불어 고령화가 급격히 진전되자 사회정책의 시각에서 노동정책과 사회보장정책과의 연대가 주장되기도 했으며 사회보장이론의 재구축이 제기되기에 이르렀다[1]. 이와 같은 변화는 영국을 비롯한 서유럽국가의 생활정책 중심적인 사회정책 모델까지는 확대되지 못했지만, 21세기에 접어든 현재 일본 내에서도 독자적으로 사회정책을 파악하려는 움직임이 시도되고 있다.

예를 들면 국제비교의 시각에 입각하여 최근에는 노동문제를 비롯해 개개인의 생활문제(노인문제, 여성문제, 외국인노동문제, 저출산문제, 핵가족문제 등)를 배경으로 사회정책 대상과 범위의 확대가 이루어지고 있으며 그와 관련한 이론의 재구축이 시도되는 등 상당한 변화가 나타나고 있는 것이다.

앞에서 논한 바와 같이 일본이 본격적인 복지국가로 진입한 것은 1970년대 초엽으로서 그 시기에는 경제위기 속에서 복지국가를 추진해야했다. 다른 선진국에 비해 30년 정도 늦었지만 일본은 일본형 복지사회 구축을 추진했다. 1990년대에 들어서부터는 여타 선진국과 마찬가지로 '지속가능한 복지국가' 건설이라는 과제를 안고 있다.

복지를 논하기에 앞서서 수요란, 어떤 주체가 자신의 어떠한 요구를 충족시키기 위해 특정한 객체를 요구하고 있는 상태를 가리킨다. 이에

---

1) 高梨昌(1996)「高齢者の雇用・就業政策」『社会保障研究』Vol.32. No.4. 社会保障研究所. pp.446-454. 玉井金五(1997)「社会政策研究の系譜と今日的課題」『社会政策を学ぶ人に』世界思想社. 馬場啓之助(1979)「福祉社会の日本的形態」『社会保障研究』Vol.12. No.3. 社会保障研究所. 隅谷三喜男編(1993)『社会保障の新しい理論を求めて』東京大学出版会. 등 참조.

대해 필요란, 어떤 주체에 있어 무언가 바람직한 상태를 가정한다고 할 때, 그 상태에 비추어 보았을 경우 특정 객체가 결여되어 있는 상태를 말한다. 경우에 따라서 수요와 필요는 일치하지만, 그것이 유효수요화하지 않아서 불충분한 경우가 생기는데 이런 유효수요화하지 않은 불균형을 충족시키고자 하는 것이 사회정책이다. 또한 필요에는 어떤 것을 바람직한 상태로 하느냐는 판단, 즉 가치판단을 전제로 하며, 이때의 가치판단을 위해서는 자율이 요구될 것이다. 필요에는 무엇을 판단하느냐?는 점과 누가 판단하느냐? 하는 문제이다.

무엇이 결여되어 있는지에 대한 정책적 판단은 정책결정자 혹은 전문가가 담당하게 될 것이다. 그러나 수요와 동일하게 필요에 관한 것은 당사자가 가장 잘 판단할 수도 있다. 개인의 행복추구가 보장된 상태가 복지사회라면, 복지국가는 이를 실현하기 위한 기구이다. 따라서 정부는 사회정책을 통해 이런 비시장적인 필요를 충족시키게 되었다. 이러한 경향에 따라 점점 비시장적 필요영역을 정부의 사회정책에 의존하게 되는데, 이런 영역은 무상노동(자원봉사)에 의해서도 충족된다. 즉, 현대사회는 시장, 가족, 기업, 정부 외에도 지역사회의 활동에 의해서도 개인의 욕구가 충족되기도 하며 그러한 봉사활동은 더욱 늘어날 것으로 보인다.

앞으로 일본의 사회정책 범위가 확대된다는 전제 하에 사회보장제도의 충실화는 당연히 뒤따르게 될 것이다. 사회보장이란, 사회적으로 위험과 불안이 없는 보장(security) 상태를 달성하는 것이라고 할 수 있다. 여기서 '사회적'이라는 의미는 위험·불안요인이 사회적이며 위험과 불안의 결과로 정상적인 사회생활이 지장을 받는다는 의미이다. 이런 상태를 제거해야 한다는 사회적 합의가 있다는 것과 위험·불안의 제거가 개인적인 것에만 국한되는 것이 아니라 사회적으로 행해진다고 하는 의미도 내포하고 있다. 사회보장은 국민의 복지전반을 추구한다는 것보다는 반복지상태가 되지 않게 지원한다는 취지를 가지고 있다. 하지만 점차 국민의 복지를 실현시키기 위해서는 필수불가결한 제도로서 인식되고 있다고 하겠다.

반면, 일본에서는 사회보장제도의 범위가 점점 늘어나는데 반해 그 주체는 중앙정부에서 지방정부로 책임이 점점 이전되고 있으며, 복지서비스의 경우 민영부문이 점점 확대되어가는 경향이다. 따라서 앞으로는 공공부문과 민영부문의 협력이 커지게 될 것으로 보인다. 또한 사회보장제도의 대상은 재외국민을 포함한 일본인 자국민과 일본에 거주하는 일정요건을 갖춘 외국인이 포함될 것으로 보인다.

일본 최초의 사회보험은 1922년 제정된 건강보험법으로서 실제로 시행된 것은 1927년이다. 건강보험법은 원래 노동자만을 대상으로 한 것으로 1940년에 직원건강보험이 제정되었고, 1943년에 건강보험법으로 통합되었다. 일반적인 사회보장 발전패턴은 산재보험 → 의료보험 → 연금보험의 순서이지만, 일본의 경우는 건강보험(의료보험)부터 시작된 것이 큰 특징이라 하겠다. 이것은 산재보험을 인정하지 않아 고용주의 책임을 면해주려는 것으로 이런 생각은 이후의 사회보장제도 속에서 형태는 바뀌어도 계속 존재하고 있다.

일반주민을 대상으로 한 국민건강보험이 성립된 것은 1938년의 대공황 속에서 농어촌 주민들의 의료보급을 위해서였다. 물론 도시의 경우 조합의 임의성립과 주민의 임의가입이 인정되었다. 이것이 1948년에 국민건강보험법이 조합의 임의설립과 강제가입으로 개정되었다. 하지만 피보험자수가 계속 감소하자 1958년 국민건강보험법이 개정되고 59년부터 실시되어 1961년4월까지 전국에 국민건강보험을 설립하여야 하는 강제설립 · 강제가입의 전 국민 보험체계가 성립되었다.

의료보험에 비해 연금보험의 성립은 늦었다. 연금지급을 포함한 최초의 사회보험은 1941년에 실시된 선원보험이고 연금으로 특화된 최초의 사회보험은 1941년에 공포된 노동자연금보험이다. 전쟁 중 노동자연금보험은 전비조달을 위해 전용되고 1944년 대상이 남자사무직원과 여자노동자로 확대되어 오늘날의 후생연금이 되었다. 패전 후 1954년 후생연금법이 개정되어 후생연금의 재건이 시도되었고, 1959년 국민연금법이 성립되어 1961년4월1일은 전 국민의 보험・연금이 갖추어진 의의 있는 날이라고 할 수 있다.

최근에는 연금재정의 악화로 인해 연금지급자격에 소득과 재산정도를 따져야 한다는 선별주의적 주장이 설득력을 얻고 있다. 또한 의료보험의 경우 선별주의는 의료비의 자기부담부분을 올려야 한다는 형태로 주장되어지고 있으며, 일본은 1997년 건강보험 중 피보험자의 자기부담 부분을 10～20% 인상하였다. 일반적으로 재정재건문제에 있어서 증세 없이 행정개혁을 선행해야 한다는 것이 정부 내의 합의였는데, 의료보험의 재정문제에 있어서는 사회보험료 증액이 먼저 이루어졌다.

최근 선진국의 「복지국가의 위기」 현상 속에서 일본에서도 이른바 「사회보장제도의 재검토」 가 지속적으로 추진되고 있다. 공적연금과 건강보험의 경우, 재정압박이 계속되면서 전 국민의 보험・연금을 저해하는 재정추이가 나타나고 있어서 개정이 수차 이루어졌으나 2013년의 사회보장개혁에서는 대폭적인 제도수정이 불가피할 것이다. 사회보장제도의 존속에 있어서 가장 중요한 것은 사회보장제도에 대한 국민의 신뢰라고 하겠다. 그와 더불어 현재 공공정책을 둘러싼 논의가 행정편의의 시스템통합에만 집중되어 있지만, 사회통합적인 측면 또한 간과하면 안 될 것이다.

2. 임금인상 수준과 노사관계의 동향

2011년의 춘계 노사교섭은 3월11일에 발생한 동일본대지진 직후의 냉혹한 환경 속에서 고용확보와 임금개선에 관한 논의와 함께 전개되었지만, 경기의 자율성은 약하고 고용정세가 여전히 냉엄한 환경에 있기 때문에 임금인상 결과는 많은 기업에 있어서 유지에 그치게 되었다. 2012년의 춘계노사교섭에서는 완전 실업률이 높은 수준에 있는 등 여전히 냉엄한 환경에 있지만, 모든 노동자의 대우개선 등에 대한 논의가 행하여졌다.

임금인상에 관한 협상 결과는 많은 기업에 있어서 현행임금 유지, 일시금에 대해서는 각 산업·기업에 있어서의 업적을 반영하게 되었다. 주요기업에 있어서 춘계 임금인상 상황의 추이는 임금인상률은 2002년 이후 1%대, 타결 액은 5천 엔대로 추이하고 있다. 2011년 민영 주요기업의 춘계 임금인상 노사교섭의 타결상황을 보면, 타결금액 5,555엔, 임금인상률 1.83%(전년 동 5,516엔, 1.82%)로서 여전히 어려운 고용정세를 반영하여 임금인상에 대해서 많은 기업이 현상유지에 그치는 등 타결액과 임금인상률은 전년과 비슷한 경향이었다. 최근 춘계 임금인상 상황(2011년)은 대부분의 산업에서 〈표 7-1〉과 같이 대략 1% 상승수준으로서 예년과 유사한 상승률을 보이고 있다.

2012년 춘계 노사교섭에서 노동자 측의 움직임을 보면, 일본노동조합총연합회는 모든 노동자의 대우개선을 시야에 넣어 격차시정, 인상의 구조를 진행시킴과 동시에 적정한 성과배분을 추구하는 투쟁을 강화하는 한편, 내수확대, 일본경제를 축소균형, 디플레이션으로부터 조기에 벗어나 지속가능한 성장을 지향하는 방침을 밝혔다. 경영자 측의

표 7-1 민영기업 춘계 임금인상 요구 · 타결현황

구 분 (2011년)	집합 기업수	평균 연령	현행 베이스	요구액	타결액	임금 인상률
(단위)	사	세	엔	엔	엔	%
건 설	23	37.9	322,399	7,521	6,528	2.02
식료품 · 담배	33	38.3	313,881	5,788	5,575	1.78
섬 유	11	37.4	292,857	2,669	5,509	1.88
종이 · 펄프	4	40.1	312,510	6,000	4,639	1.48
화 학	32	38.5	336,166	6,549	6,536	1.94
석 유	1	–	–	–	–	–
고 무 제 품	7	38.6	286,122	5,191	5,191	1.81
요 업	3	35.7	282,846	6,910	5,837	2.06
철 광	15	41.5	286,550	3,693	3,693	1.29
비 철 금 속	11	38.7	296,508	4,808	4,743	1.60
기 계	16	37.2	299,072	5,961	5,959	1.99
전 기 기 구	10	39.2	327,588	6,379	6,242	1.91
조 선	9	37.4	305,356	5,937	5,911	1.94
정 밀 기 구	5	39.6	329,534	6,153	6,071	1.84
자 동 차	57	37.3	308,119	6,339	6,144	1.99
그 외 제조	8	38.3	306,575	5,706	5,084	1.66
전력 · 가스	13	39.3	291,628	5,101	5,101	1.75
운 송	7	38.8	298,250	6,269	4,087	1.37
도매 · 소매	63	36.1	287,617	5,921	4,975	1.73
금융 · 보험	2	–	–	–	–	–
서 비 스	12	36.3	281,863	6,333	5,354	1.90
평 균	322	38.0	303,453	5,870	5,555	1.83

움직임으로서는 일본경제단체연합회가 「2012년판 경영노동정책위원회보고」에서 위기를 극복하고, 노·사 성장의 길을 개척하자는 기치를 내세워, 동일본대지진을 거치며 한층 냉혹한 경영환경 속에서 국내에서의 사업 활동을 유지해 나가기 위해 엔화 강세의 시정과 법인실효세율의 인하, 에너지·환경정책의 전환, 노동규칙의 재검토 등 국내 사업 환경의 조기개선을 도모할 필요가 있다는 생각을 나타냈다. 임금인상에 대해서는 많은 기업에서 정기승급 상응수준을 유지하고, 일시금에 대해서는 각 산업·기업에 있어서 업적을 반영하는 내용으로 정리되었다.

한편, 노동조합의 조직상황을 보면, 2011년6월30일 현재, 단일노동조합의 노동조합 수는 2만 6,052조합(전년 비 315조합감소), 노동조합원수는 996만1천명(전년 비 9만3천명감소)되어 노동조합원수는 1994년에 1,270만 명까지 증가한 후, 감소추세를 보이고 있다.

이러한 가운데 파트타임노동자의 조직상황을 보면, 2011년의 파트타임 노동자의 노동조합원수는 77만 6천명으로 전년에 비해 5만명(전년비 6.8%) 증가하였고, 전노동조합원 수에 차지하는 비율도 전년 7.3%에서 7.8%로 상승하고 있으며 추정 조직률 또한 상승경향을 띠고 있다. 또한 재해를 입은 동북 3현(이와테현, 미야기현, 후쿠시마현)을 제외한 2011년 파트타임노동자의 노동조합원수는 75만4천명, 추정조직률(고용자수 1,297만명)을 차지하는 노동조합원수의 비율은 5.8% 로 나타났다. 비정규노동자의 대우개선에 대해서는 향후 춘계노사교섭에 있어서 요구사항에도 포함될 수 있어서 처우개선활동이 강화될 것으로 보인다.

3. 일본의 생활보장시스템

여기에서는 일본의 생활보장대책을 분석함으로서 생활보장론의 시점을 명확히 설정하여, 자립과 연대가 가능한 생활보장시스템으로서 제언할 것을 목적으로 하고 있다. 생활보장시스템은 생활자라고 하는 주체가 맞이하는 다양한 리스크를 예측하여 생활보장자원의 효율적인 운용에 따라 생활의 유지를 할 수 있도록 만들어진 시스템이라고 하겠다. 이에 필자는 생활보장자원을 공적보장, 기업보장, 사적보장, 지역사회활동의 네 가지로 분류하여 분석하였다.

21세기를 맞이한 현재, 사회・경제의 기본적 동향은 복지국가 위기론에 따라 연금제도와 의료보험을 비롯한 사회보장제도의 개혁이 추진되고 있다. 나아가 공적보장을 넘는 부분의 충족에 있어서는 기업연금 등의 기업보장과 지적・자립의 사적보장에 지역사회활동까지 포함한 다원적 생활보장시스템이 이상형으로 그려지고 있다.

이러한 환경변화를 배경으로 이제부터 일본이 "자립, 상호협조, 민간의 활력"을 기본으로 한 복지국가를 지향하면서 이러한 생활보장시스템에 국민이 의존하지 않을 수 없다고 한다면 그 전제로서 국민이 자립할 수 있는 환경구축이 당연히 추진되어야 할 것이다. 다만 그 대책은 개인에 따라 생활환경이 다르기 때문에 일률적일 수는 없다. 따라서 몇 가지 형태의 선택치 제시와 자립 지원체제를 갖추어야 한다. 자립 지원체제에 입각해 생활하는 개인은 국가와 기업, 가족, 지역사회에 단순히 지원을 요구할 뿐만 아니라 자신의 경험을 살려서 노력하는 자립 지향적이므로 모든 조직이 연대하여 지원기능을 발휘해 나가야 할 것이다.

오늘날처럼 급변하는 상황 속에서 생활보장시스템의 변화를 분석하는 것은 쉽지 않지만, 사회적, 경제적, 문화적으로 큰 변화가 예상되는 시대이므로 사회정책적 시각에서 장래를 전망하는 것은 의미 있는 일이라고 할 수 있겠다. 장수국 일본에서 최근 생활보장에 대한 관심이 증대하고 있는 것은 이러한 배경에 의한 것으로 사회・경제적인 시점에서 상당수의 분석[2]이 행하여지고 있다.

하지만 현재까지는 대다수의 사람들이 공감하는 생활보장이론의 체계가 확립되었다고 단정할 수는 없는 실정이다. 물론 '일본형생활보장시스템'은 일본형 특수성[3]을 유지하면서 각 시대적 사회경제변동의 적응과 함께 변화해 왔는데 그러한 일본적 특질은 다음과 같다. 먼저, 일본정부는 '생활대국'을 전면에 내걸면서도 사실 성장을 우선시하여, 복지확충에는 소극적이었음을 부정할 수 없다. 또 전후 경제체제에 있어서 무엇보다 고용을 중시하여, 기업의 사회적 역할이 서구에 비해 컸던 점이 일본적 생활보장체계 형성에 반영되어 일본형 복지국가[4]를

---

2) 생활보장에 관한 주요 분석문헌은 金森久雄・伊部英男編(1992)『高齢化社会の経済学』東京大学出版会. 八代尚宏編(1997)『高齢化社会の生活保障システム』東京大学出版部.清家篤(1999)『生涯現役社会の条件』中公新書. 佐武弘章・荒木兵一郎・船曳宏保編(1991)『高齢化社会政策の実験』新評論. 田近栄治・金子能宏・林文子(1995)『年金の経済分析』東洋文庫. 등을 들 수 있다.

3) 馬場啓之助(1980)『福祉社会の日本型形態』東経選書. 1980. 일본사회가 근대화, 산업화되어도 서구사회와는 다른 비서구적인 특수성을 남기고 있다. 馬場啓之助는 이러한 비서구적 요소를 사회구성의 원리로서 중간집단주의 속에서 찾으려했다. 중간집단주의란 사회의 구성에 있어 국가와 개인 과 가정의 중간에 위치한 조직체, 예를 들면 기업조직에 역점을 둔 것을 가리킨다.

4) 埋橋孝文(1997)『現代福祉国家の国際比較』日本評論社. pp.160-164. 및 p.190. 우즈하시는 에스핑-엔더슨[Esping-Andersen:1990]의 유형화를 심층분석하여 그것을 토대로 제4의 새로운 일본모델을 구상하였다. 그 모델은 다름이 아니라 완전고용정책을 유형화의 한 특징으로서 채택한 것이다. 에스핑-엔더슨의 유형

구축해왔다는 시각도 있다.

이러한 시각을 배경으로 먼저, 생활보장을 기본으로 한 전후 일본의 생활보장대책의 질적 전환과정을 전후부흥기, 고도성장기, 안정성장기, 그리고 최근의 동향으로 나누어 기출 졸저에서 분석해보기도 했다[5]. 향후의 생활보장시스템의 재구축에 있어서는 공적보장, 기업보장, 사적보장, 나아가 지역사회활동까지 포함하는 다원적인 생활보장자원을 통합적인 시점으로 보아 개인생활자의 생활보장대책으로서 자립과 연대 가능한 시스템을 단순히 생활보장 자원을 분류하여 〈그림 7-1〉 생활보장시스템의 개념도처럼 구상해 보았다.

생활보장에 관한 제도적 장치는 여러 생활보장자원의 기능과 역할이 유기적으로 움직이는 시스템에 따라 구성된다고 할 수 있다. 생활보장시스템은 사회・경제구조의 환경변화에 대응하여 역사적으로 변화하는 것이다. 물론 현재의 생활보장시스템 또한 역사적인 내용의 결과로써 현재의 시스템이 불변한다고는 할 수 없다.

규정에 있어 「완전고용의 보장에 전면적인 관여」라는 속성을 분류기준으로 하면, 일본모델의 특징은 노동과 복지의 대체적관계가 강하다. 즉, 완전고용을 하나의 비교 축으로 일본형 복지국가 유형을 설정한 것이다. 거기에는 실업률이 낮은 것이 전제조건이 되므로 일본의 낮은 실업율의 근거를 찾으려하였다. 일본은 실업률이 낮기 때문에 「사회의 각종문제의 최소화」를 달성하여 결과적으로 사회보장지출이 절약되었다. 또 일을 희망하는 사람이 일을 할 수 있는 환경이 정비되어 중요한 역할을 수행했다는 것이다. 즉, 고용・노동시장의 양호한 행동이 사회보장=국가복지의 기능을 대체하는 관계가 되어 생활보장의 방법으로서 웰페어(welfare)보다 워크페어(workfare)를 선택하는 시스템이며 이러한 점이 일본모델의 특징이라고 주장하고 있다. 송호근(1993) 「한국의 복지정책 : 형식적 기업복지의 이론적 기반」『복지국가의 현재와 미래』 나남출판. p.333. 및 pp.360-363. 여기에서는 일본을 기업복지의 전형적인 국가로서 파악한 다음, 문화적시점에서 복지정책의 한・일 비교를 행하고 있다.

5) 정기룡(2006) 『일본의 사회문제와 대책』 제이엔씨, pp.11-187.

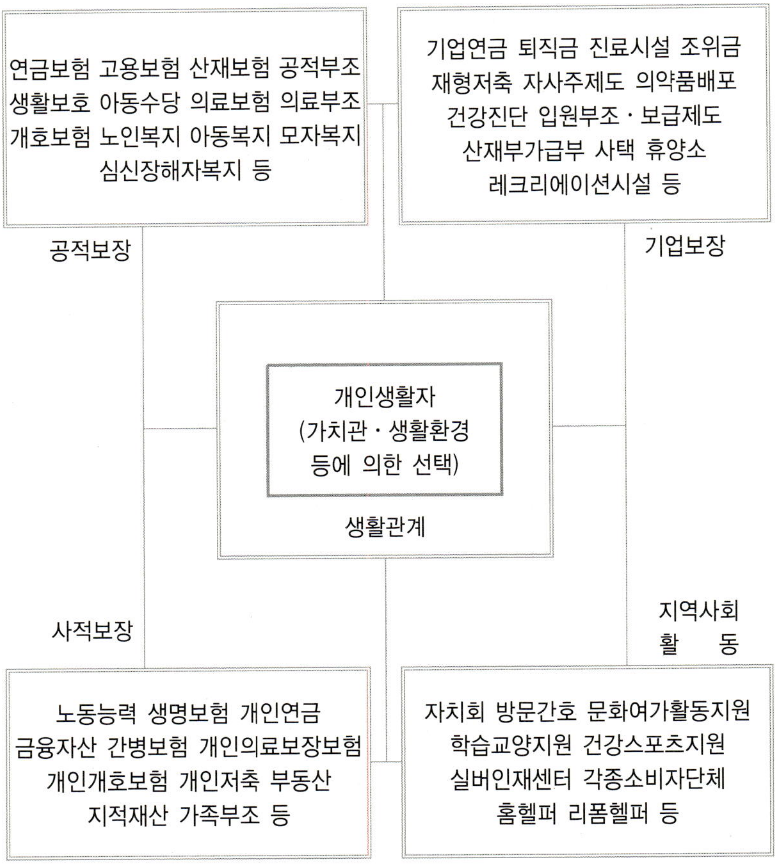

자료 : 노동후생성, 건강보험조합연합회 등의 공표자료에 입각하여 생활보장시스템을 개인생활자 중심으로 재구성함.

그림 7-1 생활보장시스템의 개념도

특히 사회보장론의 재구축이 요청되고 있는 작금(昨今), 미래에 대한 전망이 요청되는 것이다. 오늘날 일본이 직면하고 있는 저출산・고령사회의 시대적 정책과제 중의 하나는 저성장기의 생활보장제도의 구축이라고 하겠다. 따라서 여기에서는 생활보장 자원을 분석소재로 채택하여, 생활보장시스템 구축과 향후의 방향성을 살펴보고자 한다.

일본에서는 최근, 내수확대와 생활대국지향에 따라 생활의 질적 내용(quality of life)에 대한 관심이 고조되고 있는 반면, 거품경제 붕괴 후의 경제침체와 고령화의 급진전에 따른 불안의식도 높아지고 있다. 특히 현재의 생활수준을 유지하는 것이 가능할지 어떨지에 대해서 불안을 느끼는 사람이 적지 않다. 그 이유는 어느 정도 생활의 질의 개선을 위해 노력을 하더라도 적절한 생활보장수단을 소홀히 한 경우에는 미래의 생활보장을 기대할 수 없기 때문이다.

이러한 의미에서 생활보장시스템의 정비는 국민생활의 토대를 형성하는 주요 관심사이므로 생활보장자원의 기능과 역할을 명확히 분석할 필요가 있다. 그렇지만 공적보장의 급부수준은 고령화의 급진전 등에 의해 엄격히 제한되어 개인은 공적 보장제도를 기초로 하여 다양한 선택 속에서 어떤 생활보장 서비스를 받을 것인지 결정하지 않으면 안 된다. 또한 일본은 노동과 고용을 중시한 일관적인 정책결과, 완전고용지향소규모복지국가[6]의 측면을 띠고 있다. 즉, 일본형노사관행이

---

6) Therborn, G.,(1997) "Welfare State and Capitalist markets," *Acta Sociologica* 30. pp.237-254. Therborn은 사회복지정책의 확대정도와 노동시장과 완전고용에 대한 정책의 두 가지 측면에서 복지국가를 네 가지로 유형화하였다. 제1유형은 사회복지에 대한 개입이 강하고 완전고용정책을 강조하는 강력한 복지국가(strong interventionist welfare state)로서 스웨덴, 노르웨이, 오스트리아 등이 속한다. 제2유형의 사회복지정책은 노동시장정책이 약한 보상적복지국가(soft compensatory welfare state)로서 벨기에, 덴마크, 네덜란드 등이 속하며 프랑스, 독일, 이탈리아 등이 근접 모텔국가이다. 제3유형은 노동시장정책을 통해 완전고용정책을 강조하는데 사회복지확대에는 소극적인 완전고용지향소복지국가(Full employment-oriented small welfare state)로서 일본과 스위스가 포함된다. 제4유형은 노동정책도 다른 유형보다 약하고, 사회복지의 확대에는 소극적인 이른바 시장중심적복지국가(market-oriented welfare state)로서 미국, 영국, 캐나다, 호주, 뉴질랜드 등이 이 유형에 속한다. Therborn은 일본을 노동시장과 완전고용에 주력하는 제3의 완전고용지향소복지국가에 가장 가까운 나라라고 보았다.

사회복지를 대체한 고용안정형 '워크웨어 국가'[7]라는 시각도 있기에 노동자는 중간집단주의에 따른 기업보장에도 상당히 기대되어 왔다. 그러나 그 기업보장의 질적 내용은 일반적으로 공적보장에 비해 수준이 낮으며 그것을 획득하는 조건이 고용관계에 의존하지 않으면 안 된다는 점에서 보편적이라고 단정 지을 수는 없는 것이다. 따라서 기업보장은 생활보장시스템을 구성하는 하나의 요소로서 역할과 기능을 수행한다고 하겠다.

그렇다면, 고령자를 비롯한 개인생활자의 생활보장시스템은 공적보장, 기업보장, 사적보장, 지역사회활동 등 어느 측면을 보더라도 모두 어려운 여건에 처해 있어 앞으로의 생활보장 전망은 결코 밝지만은 않다. 그러나 생활보장자원을 구성하는 데 있어서 공적·협동적·사적보장의 어느 한 측면에 부담을 의존하는 것보다는 생활보장 공급원의 상호 보완적 작용으로 고령자의 생활보장 체계를 구축하는 방안을 현실적인 문제해결의 실마리로 파악하였다.

실제, 일본에서는 사회보장 구조조정이 실시되는 한편에서는 다양한 생활보장대책이 구축되고 있다. 그러나 이러한 환경변화는 종래의 사회보장제도를 변화시켜 이전과 같은 제도가 앞으로도 효율적으로 작용되기를 기대하기는 어려운 현실이다. 중 부담, 중 복지를 지향하는 일본의 사회보장제도는 앞으로 개혁을 거듭하면서 급부는 약화되거나 특수성을 분해시키며 일반화될 것으로 보인다. 결국, 향후의 생활보장시스템은 개인의 선택을 존중하는 생활보장자원의 상호보완적이며 선택적인 복지자원의 복합적인 실현이 추진되고 있는 것이다.

---

7) 「복지국가(Welfare state)」의 대치 혹은 반대개념으로서 「전쟁국가(Warfare State)」가 호전적 국가라는 의미가 아니듯 군수산업이 자본주의 경제사회 속에 내포된 국가체제의 산업임을 암시하는 것처럼, 워크페어(workfare)란 노동·고용 중시의 의미로서 웰페어(welfare)를 변용시킨 용어라고 하겠다.

이 점을 생활보장자원의 시점으로부터 보면, 복지국가위기론에 대응할 수 있는 방법으로서 생활보장자원을 복합적으로 작용시키는 방법으로서 복지다원주의(welfare pluralism), 혹은 복지혼합(welfare mix)의 효율적인 조정이 필요할 것으로 보인다. 왜냐하면 이러한 생활보장자원은 단일 형태가 아니라 다양한 형태로 생활보장을 공급할 수 있으며 각 개인은 생활보장자원을 선택적으로 획득할 가능성도 존재하기 때문이다.

4. 새로운 고령사회 대책(고령사회대책대강)

인구고령화와 관련하여 전후 베이비붐세대(1947-1949년 출생자)가 2012년에 65세의 고령자로 진입하는 동시에 인구고령화의 사회문제는 이미 이전의 고령사회대책으로서는 도저히 대처할 없는 상황변화에 이르렀다. 이에 일본정부는 2012년, 새로운 고령사회 대책을 강구하기에 이르렀다. 따라서 그 요지를 간추려 살펴보기로 하자.

일본정부는「고령사회대책대강」에 대해서(2012년9월7일 각의결정)에 따라 이전의 고령사회대책기본법(1995년 법률제129호)를 전격 발표하고, 동법 제6조의 규정에 따라 고령사회대책의 대강을 아래와 같이 정해 실천하도록 하고, 이에 의해 이전의「고령사회대책의 대강에 대해(2001년12월28일 각의 결정)」는 폐지한다고 내각부가 발표했다. 이하, 새로운 대강을 요약하면 다음과 같다.

1) 대강개발의 목적

일본은 전후의 경제성장에 따른 국민의 생활수준의 향상과 의료체제의 정비와 의료기술의 발전, 건강증진 등으로 평균수명이 연장되어 장수국의 선두주자가 되었다. 이는 일본경제・사회가 성공한 증거이자 자랑이며 차세대에 계승할 재산이라고 할 수 있다. 그러나 인구 감축에 따라 세계에 전례 없는 속도로 고령화가 진전되어 세계 최고수준의 고령화 비율을 기록해 어느 나라에서도 지금까지 경험한 적이 없는 초 고령사회를 맞이하고 있다. 또한 전후 출생한 인구규모가 베이비붐세대가 65세가 되기 시작한 지금, '인생 80년시대'를 대비하기 위한 노인대책을 이제 '인생 90년시대'를 전제로 한 구조로 전환시킬 필요가 있다.

이에 따라 활약 중인 자와 활약하려는 의욕이 있는 사람들의 긍지와 존엄성을 높이고 의욕과 능력이 있는 고령자에게는 사회의 지지층이 되도록 요청하는 동시에 지원이 필요할 때에는 주위의 지원으로 자립해 인간답게 살 수 있도록 존엄성 있는 초 고령사회를 실현시켜 나갈 필요가 있다. 또한 저출산・고령화에 따른 인구감소에 대응하기 위하여 안적자원이 재산인 일본으로서는 노인뿐만 아니라 젊은이와 여성의 취업향상 및 직업능력개발추진 등으로 국민 개개인의 의욕과 능력을 최대한 발휘할 수 있는 사회를 구축하는 것이 필요하다고 본다. 따라서 고령사회대책기본법 제6조의 규정에 따라 정부가 추진해야 할 기본적이고 종합적인 고령사회대책의 지침으로서 이 대강을 정한다.

2) 대강의 기본개념

고령사회대책은 법 제2조에 규정된 다음과 같은 사회를 구축하는 것을 기본이념으로 한다. ①국민이 평생취업 기타 다양한 사회활동에 참여할 기회가 보장되는 공정하고 활력 있는 사회, ②국민이 평생 동안 사회를 구성하는 중요한 일원으로서 존중받고 지역사회가 자립과 연대의 정신에 입각하여 형성되는 사회, ③국민이 평생 건강하고 충실한 생활을 영위 할 수 있는 풍요로운 사회, ④이러한 사회의 구축을 위해 다음과 같은 여섯 가지 기본개념에 근거하여 고령사회대책을 추진한다.

㉮ 노인 파악방법의 의식개혁

노인의 건강과 경제적 상황은 다양한데, 일률적으로 지원이 필요한 사람이라는 인식과 실태와의 괴리를 없애고, 고령자의 의욕과 능력활용을 저해하는 요인을 없애기 위해 고령자에 대한 국민의 의식개혁을 도모할 필요가 있다. 또한 1947년에서 1949년 출생자로서 사회에 큰 영향을 미칠 수 있는 세대로 간주되는 베이비붐세대가 2012년부터 65세가 되며, 2012년에서 2014년에 걸쳐 65세 이상인 인구가 매년 100만명씩 증가하는 등 고령층이 큰 비중을 차지하게 된다. 따라서 지금까지 형성되어 온 '노인상'에 상당한 변화가 예상되므로 의식개혁의 중요성이 더욱 높아지고 있다. 이에 고령자의 의욕과 능력을 최대한 살리기 위해서도 노인은 지원이 필요하다는 고정관념을 바꾸어, 의욕과 능력이 있는 65세 이상자일지라도 지지층이 될 수 있다는 국민 의식개혁을 도모한다.

㉯ 노후의 안심확보를 위한 사회보장제도의 확립

사회보장제도의 설계에 있어서는 국민의 자립을 지원하여 안심하고 생활할 수 있는 사회기반을 정비하는 사회보장의 원점으로 돌아가,

그 본원적 기능의 복원과 강화를 도모하기 위해 자조·공조(共助)·공조(公助)의 최적균형에 유의하고, 자립을 가족과 국민상호의 품앗이 방식을 통해 지원하기로 한다. 또한 격차의 확대 등에 대응하여 소득재분배 기능의 강화와 어린이·육아지원의 충실을 통해 전 세대에 걸친 안심확보를 도모하고, 사회보장기능의 충실과 혜택의 중점화, 제도운영 효율성을 동시에 실시하며 세금과 사회보험료를 납부하는 사람의 입장에서 부담증가를 억제한다. 이를 통해 국민 개개인의 안정감을 높여나가 지속가능한 사회보장제도의 구축을 도모한다. 따라서 나이와 성별에 관계없이 모든 사람이 사회보장의 지지자이자 사회보장의 수혜자임을 실감할 수 있는 제도를 확립한다.

㉰ 노인의 의욕과 능력 활용

고령기의 개별 노동자의 의욕·체력 등은 개인차가 있고, 가정상황 등도 다르기 때문에 고용 취업 형태 및 근로시간 등의 요구가 다양화되고 있다. 의욕과 능력이 있는 고령자가 활약할 수 있도록 연령에 관계없이 일할 수 있는 사회를 지향하기 위해 다양한 요구에 부응하는 유연한 근무형태가 가능한 환경정비를 도모한다. 또한 보람과 자기실현을 도모 할 수 있도록, 다양한 삶을 가능케 하는 새로운 활약창출 등 사회참여 기회의 확보를 추진함으로써 노인의 '일자리'와 '활약기회'를 만든다. 나아가 앞으로 고령자의 의욕과 능력을 최대한 발휘시키기 위해서는 고령자의 요구에 입각한 서비스와 상품개발을 통해 고령자의 소비를 활성화하고 수요측면에서 고령화의 수요에 대응하는 산업과 고용확대 지원을 도모한다.

㉱ 지역 역량강화와 안정적인 지역사회의 실현

지역과의 관계가 희박해지고 있는 가운데, 노인의 사회적 고립을 방지하기 위해서는 지역 사회의 재구축을 도모 할 필요가 있다. 또한 간병·수발 측면에서도 고령화가 진전되는 가운데 고령자만의 세대, 핵가족화 등의 가구 구조의 변화에 따라 가정 내에서 보호자의 부담이 증가하지 않도록 간병·수발하는 가족을 지원한다는 점에서 지역의 관계구축을 도모한다. 지역사회의 재구축에 있어서는 지연을 중심으로 한 지역에서의 연결과 향후 초 고령사회에서 노인의 활기찬 새로운 라이프스타일을 창조하기 위해 지연과 혈연에 얽매이지 않는 새로운 형태의 관계구축이 요청된다. 지역 주민들과의 관계 즉, 친구, 세대와 성별을 초월하여 대면에 의한 상호원조의 재구축을 위한 노력을 추진하여야 한다. 또한 지역사회의 노인과 그 가족의 고립화를 방지하기 위해서도 이른바 사회적으로 지원이 필요한 사람들에게 사회와의 관계를 유지하도록 하여야 한다. 또한 고령자가 안심하고 생활하기 위해서는 고령자 본인과 그 가족에게 필요한 때에 필요한 의료 및 간병수발을 받을 수 있는 환경정비를 갖추어 안정감을 조성하고 지역에서 존엄성을 갖고 생활할 수 있는 의료·개호체제의 구축이 필요하다.

㉻ 안전하고 안심할 수 있는 생활환경의 실현

고령자의 일상생활쇼핑, 병원통원 등 지역에서의 생활에 지장이 없도록 자애가 없는 환경을 정비가 가능하도록 추진한다. 아울러 육아세대가 살기 좋고, 고령자가 자립적으로 건강, 안전, 쾌적하게 생활 할 수 있도록, 의료 및 개호체계, 직장과 주거지가 근접한 집약적인 마을 형성, 고령자용 주택공급 촉진과 지역의 대중교통시스템의 정비 등에 힘을 기울인다. 또한 노인범죄, 소비자문제 등으로부터의 보호, 노인 안전을 확보하는 사회구조를 구축하기 위해 지역에서 고립되지 않도록 하기 위한 커뮤니케이션의 촉진이 중요할 것이다. 따라서 고령자가 쉽게 정보를 얻을 수 있도록 고령자도 이용 가능한 정보시스템을 개발하고 노인과의 소통의 장을 마련 할 필요가 있다.

㉶ 젊은 시절부터 '인생 90년시대'에 대비하며 세대 순환의 실현

고령기를 건강하게 보내기 위해서는 어릴 때부터 건강관리 즉, 건강증진을 위한 노력과 더불어 평생학습과 자기계발 노력 또한 중요하다. 그리고 남성, 여성 모두에게 업무시간을 비롯하여 육아와 간병, 자기계발, 지역활동 등의 생활시간의 다양하고 균형 잡힌 선택이 가능하도록 일과 생활의 조화(워크라이프 균형)를 도모한다. 또한 고령기의 경제적 자립이라는 관점에서, 취업 시기에 실물자산과 금융자산 등의 주식을 적절히 축적하여 은퇴 후 자산을 활용해 안심하고 생활할 수 있는 경제설계를 도모할 수 있는 구조를 강구한다.

그와 동시에 노인이 쌓아올린 자산을 차세대가 적절히 계승할 수 있도록 사회에 환류 하는 구조의 구축을 도모한다. 나아가 비정규직 노동자는 정규직 노동자에 비해 교육훈련의 기회가 적기 때문에 직업능력의 형성이 곤란하며, 고용이 불안정하고 상대적으로 저임금 등 자산 형성이 어렵기 때문에 비정규직 노동자에 대해서는 고용안정과 처우개선을 위해 사회전체가 노력해나가야 할 것이다.

참고문헌

정기룡(2006) 『일본의 사회문제와 대책』 제이엔씨, pp.11-187.

정기룡(2001) 「日本の生活保障対策に関する一考察」 『日本学報』 제47집. 한국일본학회.

稲上毅(1993) 「福祉国家・福祉社会・社会意識」 『社会保障の新しい理論を求めて』 東京大学出版会.

安立清史(1998) 『市民福祉の社会学－高齢化・福祉改革・NPO－』 ハーベスト.

荒木誠之(1986) 「高年齢者の生活保障と雇用確保」 『ジュリスト』 第864号. 有斐閣.

石畑良太郎・佐野稔編(1987) 『現代社会政策』 有斐閣双書.

浦辺史(1983) 「臨調路線の福祉切り捨て手法」 『福祉研究』 第48号. 日本福祉大学社会福祉学会.

江口栄一(1991) 「序章」 「結びに変えて」 『社会福祉と貧困』 法律文化社.

金子勇(2006) 『少子化する高齢社会』 日本放送出版協会、pp.47-69.

小塩隆士(2005) 『人口減少時代の社会保障改革』 社会日本経済新聞社、pp.11-35.

佐武弘章・荒木兵一郎・船曳宏保編(1991) 『高齢化社会政策の実験』 新評論、pp.126-146.

清家篤(1998) 『生涯現役社会の条件』 中公新書、pp.159-189.

健康保険組合連合会(各年) 『社会保障年鑑』 東洋経済新報社.

桜井厚・桜井陽子(1987) 『幻想する家族』 弘文堂.

佐武弘章・荒木兵一郎・船曳宏保編(1991) 『高齢化社会政策の実験』 新評論

清家篤(1998) 『生涯現役社会の条件』 中公新書.

田近栄治・金子能宏・林文子(1995) 『年金の経済分析』 東洋文庫.

土穴文人(1994)『社会政策制度史論』啓文社.
馬場啓之助(1977)「福祉社会の日本的形態」『季刊社会保障研究』Vol.12-3, 会保障研究所.
馬場啓之助(1977)「福祉社会移行の日本的条件」『季刊社会保障研究』第Vol.13-3, 社会保障研究所.
馬場啓之助(1982)『福祉社会の日本的形態』東洋経済新報社.
深谷昌弘(1983)「現代における福祉財政の課題」『現代の福祉政策と労働問題』啓文社.
深谷昌弘(1980)「経済発展と社会保障」『経済変動と社会保障』総合労働研究所.
布施晶子(1993)『結婚と家族』岩波書店.
宮沢健一(1995)「21世紀の社会保障の思考軸」『季刊社会保障』Vol.31-1. 社会保障研究所.
宮島洋(1992)「政府の役割」『高齢化社会の経済学』東京大学出版会
内閣府編(各年)『高齢社会白書』佐伯印刷.
藤田伍一(2004)「高齢化社会と社会保障」『日語日文学研究』第50輯. 韓国日語日文学会.
松谷明彦・藤正巖(2004)『人口減少社会の設計』中公新書.
松谷明彦(2004)『人口減少の経済の新しい公式』日本経済新聞社、pp. 201-244.
森久雄・伊部英男編(1992)『高齢化社会の経済学』東京大学出版会
樋口美雄(2004)『団塊世代の定年と日本経済』日本評論社
八代尚宏編(1997)『高齢化社会の生活保障システム』東京大学出版部.
山田昌弘(2007)『少子社会日本』岩波新書.
山田雄三(1977)『社会保障政策論』.
Therborn, G.,(1997) "Welfare State and Capitalist markets," Acta Sociologica 30.

제8장

고령사회의 라이프스타일

1. 노인문제에 관한 분석시각
2. 노년기의 여가활용과 사회참여
3. 고령자의 라이프스타일
4. 고령자대책 분석
5. 정책적 향후과제

1. 노인문제에 관한 분석시각

인구고령화에 의한 사회문제는 서유럽 복지선진국을 중심으로 이미 20세기 초엽부터 대두되었으며 제2차 세계대전 이후 고도성장을 이룩한 일본에서도 급격한 인구고령화로 인해 복지원년인 1970년부터 국가차원에서 고령사회 대책에 나서고 있다.

이렇듯 인구고령화의 사회문제는 어느 한 국가라든가 특정지역만의 문제가 아니라 산업사회의 발전단계에서 드러나는 현상 중의 하나로 인식되고 있다. 특히 세계의 장수국인 일본은 전후 베이비붐(団塊世代)[1]시대의 주역이 기업일선에서 은퇴하는 시기에 접어든 최근에 들어서 초 고령사회의 사회문제로서 재인식되고 있다.

이러한 인구구조의 변화로 인해 생산연령인구에 대한 고령자인구비율(노령인구지수)이 급격히 높아지면, 사회보장을 비롯하여 노인을 부양해야 할 후세대의 사회적 부담이 늘어나게 된다. 또한 인구고령화의 사회문제는 단순히 인구의 고령화만이 아니라 세대규모의 축소, 여성의 사회참여 확대, 노인에 대한 부양의식 변화, 가정의 간병수발 능력저하 등의 복합적 요인으로 인해 더욱 심화되고 있는 추세이다.

일본의 인구고령화 속도는 다른 서구 선진국에 비해 매우 빠르게 진전되었는데 65세 이상의 고령자인구가 1950년에는 총인구의 4.9%

---

1) 제2차 세계대전 이후의 베이비붐세대를 일본에서는 団塊世代(단카이세대)라고 하는데, 본고에서는 주로 베이비붐세대라고 표기하도록 한다. 또한 고령기를 문맥상 노년기로, 고령자를 노인 혹은 어르신 등으로 혼합하여 표기하기로 한다. 더불어 비교적 건강하고 활동적인 고령자를 일본에서는 生涯現役, 액티브시니어, 에이지레스세대, 隠居世代 등으로 표현하고 있다. 여기에서는 자연스런 표현과 이해의 편이성을 고려해 '활동적인 고령자'라는 표현을 사용하고자 한다.

이었으나, 1970년에는 7%, 그리고 1994년에 14%에 달해 고령사회에 돌입하였다. 나아가 베이비붐세대가 60세에 접어든 2007년에는 21.5%(약 2,744만 명)대를 넘어서 초 고령사회로 진입하였으며(総務省統計局 : 2011년1월20일), 2011년1월 현재에는 23.1%(약 2,946만 명)로 늘어났으며, 2020년경에는 전체 인구의 29.2%(약 3,590만 명), 2050년에는 무려 36.9%(약 3,764만 명)에 달할 것으로 전망(国立社会保障人口問題研究所 : 2010년12월)하고 있다.

또한 후생노동생의 '간이생명표'와 '완전생명표'에 의하면, 65세 시점의 평균여명이 1950년에는 남성이 11.5년, 여성이 13.9년에서 점차 늘어나 2000년에는 남성은 17.4년, 그리고 여성이 22.4년으로 신장되었으며, 이러한 추세는 당분간 지속될 것으로 보인다. 이처럼 인구고령화의 속도가 예상보다 빠르게 진행됨에 따라 심각한 사회문제가 되고 있다.

물론 인간이 건강하게 생활하며 오래도록 장수하는 것은 바람직한 일이다. 따라서 활력 있는 고령사회의 도래를 위해서는 노후를 안심하게 보낼 수 있는 생활보장대책은 물론이고, 그와 더불어 점차 다양화되고 있는 고령자의 욕구와 노후 여가활용에 관한 정확한 인식이 필요하며 그와 더불어 사회적 환경이 정비되어야 할 것이다.

여기에서는 이러한 문제인식에 근거하여 노인문제를 기존연구에서 엿보이는 사회보장 재원확보 혹은 노인복지서비스와 같은 사회복지방법론과는 달리 고령자의 노후여가활용을 고령층의 생활문화 변화 등과 결부시킨 시각에서 접근하고자 한다. 따라서 일본 고령자의 라이프스타일[2)]을 노후의 여가활용 측면에서 살펴볼 때, 고령사회에 있어서

2) 라이프스타일(生活様式) : 일본식표기인 ライフスタイル(lifestyle)은 생활양식・살아가는 방법을 의미하기도하며 또 인생관・가치관・습관 등을 포함하

생활환경의 변화가 고령자의 생활문화에도 영향을 미치게 되며, 노후의 여가활용 여하에 따라서 노인문제의 일정부분을 완화시킬 수도 있다는 시각에 입각해 논하고자 한다[3].

결국, 필자의 시각은 그동안 일본의 학계와 정계를 비롯한 사회정책 연구자의 '고령사회의 불안감조성' 혹은 '정치성이 짙은 정책제안'과는 달리, 인구고령화의 사회문제에 대한 현실적인 해결방법의 하나로서 노인문화의 형성과 더불어 고령자의 자발적 선택에 의한 노후 여가활용에 관한 고찰이라고 하겠다.

특히 우리보다 앞서 초 고령사회로 접어든 세계의 일본을 대상으로 한 노후의 여가활용(취로, 취미, 사회참가 등)에 관한 분석은 지금까지 경험하지 못했던 초 고령사회에 관한 시도이며 향후 한·일 비교를 위한 사전작업이기도 하다. 이러한 분석을 통하여, 고령자 각 개인이 처한 환경에서 자신에게 적합한 라이프스타일을 형성하는 동시에 노후의 여가를 단순히 남은 시간으로 보내는 것이 아니라 삶의 보람을 느낄 수 있도록 제안하고자 하는 것이 본 연구의 목적이라고 하겠다.

는 개인의 삶의 방법이라고 표현되기도 한다. 사전적 의미의 라이프스타일(生活様式)이란 사람이 사는 방식을 말한다. 이를테면 사회관계, 소비, 엔터테인먼트, 옷 입기 등을 들 수 있다. 또한 생활양식은 보통 개인의 특성, 가치, 또는 세계관을 반영하기도 하며 개인의 정체성과 조화가 되는 문화적 상징을 만들어내는 것을 뜻하기도 한다. 나아가 사람들의 생활양식·행동양식·사고방식과 같은 사회적·문화적·심리적 차이를 전체적인 형태로 표현한 말이기도 하며 최근에는 마케팅 분야에서 사용하기도 한다. 마케팅 분야에서 이러한 사고방식이 도입된 배경으로는 경제성장 지향·물질생활충실 지향에서 복지사회지향·정신생활충실지향으로 이행되는 과정에 나타나는 소비자 가치관의 변화를 들 수 있다.

3) 즉, 이전과는 달리 비교적 사회참여가 활발한 고령자(특히 베이비붐세대)의 행동과 의식변화가 새로운 노인문화를 형성하고, 그러한 문화형성이 노후의 여가를 더욱 보람 있게 활용하는 동시에 고령기의 삶의 질을 향상시킬 수도 있다는 가능성에 한정하여 논하고자 하는 것이다.

노인문제 연구와 관련해서 먼저, 노년사회학은 노년기를 각 개인에 내재하는 신체적 · 정신적 능력의 노화라는 관점보다는 외적인 여러 조건, 이를테면 사회제도나 사회적 지위 · 역할의 변동과 같은 사회학적 관점에서 파악하여 노년기와 관련된 구체적인 문제들을 해명하고 분석하려는 시각을 나타내고 있다[4].

사회적 지위와 역할 중에서 특히 가족적 지위와 역할에 착안한 노년기의 가족 주기적 이해와 생명체로서의 생물학적 노화를 중시하는 생명주기적 변화에 입각한 라이프스타일로부터의 접근 등이 노년사회학의 주요 견해이다. 또한 노인복지 측면에서는 노인의 심신 건강유지와 생활안정을 위한 생활보장 및 협의의 노인복지서비스를 지칭하기도 한다.

한편, 일본을 비롯한 고령사회로 진입한 각 선진국에서는 노인문제의 해결을 위한 연구와 정책적 대응이 활발히 전개되고 있다. 그와 동시에 사회복지의 새로운 제도형성과 더불어 노년층의 독특한 라이프스타일이 구축되어가고 있다. 특히 오타(太田空真)는 『隠居研究会通信』 Vol.05에서 고령자문화의 표현을 시니어(シニア), 실버(シルバー) 세대, 골든 에이지(ゴールデン・エージ), 생애현역, 은거(隠居) 등으로 거론[5]하고 있으며, 1989년에 설립된 日本福祉文化学会에서는 2001

---

4) 정기룡(2003)「고령사회 일본의 노인문화」『日語日文学研究』제43집. 韓国日語日文学会 p.300. 에서 살펴 본 선행연구에서는 Atchley, Robert C(1976)와 마키노(牧野拓司)는 퇴직사회학(1999)의 적응이론으로서 노년기 직업 활동 적응성에 관한 분석에 초점을 둔 이론으로서 사회활동이론(Activity theory)과 , 노년기 시점을 퇴직 이후에 두는 사회이탈이론(Disengagement Theory) 등으로 나누고 있다. 나아가 역할이론으로서는 노년기에 있어서 일정한 지위와 역할 상실에 분석의 초점을 맞춘 사회적 통합이론 · 역할출구론 등을 들 수 있다.

5) 정기룡. 같은 논문 p.302. 그 가운데 특히『高齢者と福祉文化(2001)』와『福祉文化と創造(2006)』에서는 노인을 중심으로 하여 복지현장에서 일어나는

년부터 고령자복지와 더불어 노후의 문화생활과 관련된 복지문화시리즈(5권)를 내놓기도 했다

이처럼 고령자도 엄연한 사회구성원이므로 사회적 활동과 욕구충족을 가능하게 함으로써 지역사회에서 사회적 역할을 수행함으로서 만족감과 인생영위의 보람을 향유할 수 있으며, 사회의 일원으로서 일정역할을 담당할 권리와 의무를 지니고 있다. 이와 같은 의미에서 노인생활은 경제적 측면, 육체적 측면, 정신적 측면 등 광범위한 측면을 내포하고 있다.

나아가 최근에는 고령자의 생활과 경험 등으로 내재된 자기존재의 가치 및 이념을 비롯하여 최근에는 생활문화, 복지문화, 베이비붐세대의 특성[6] 등으로 연구가 확대되고 있다. 그와 더불어 고령자들도 지역사회에서 일정한 사회적 역할을 수행함으로써의 만족감과 보람 및 인생영위의 의의를 가질 수 있으므로 사회일원으로서의 사회적 활동과 참여욕구가 늘어나는 추세이다.

이러한 변화에 따른 문제인식에 근거하여 실제로 변화하고 있는 고령기의 여가활용은 어떻게 나타나고 있는가? 물론 삶의 질과 개인적 여가는 상대적이고, 가치지향적인 개념이기 때문에 노인의 여가활동의 몇몇 조사결과만을 가지고 임의로 구분하거나 정의하기는 곤란하

노인들의 생활양식을 일종의 복지문화 활동으로 보고 있다. 이러한 논의는 복지연구자와 전문가 이외에도 노후의 여가와 간병과 수발 등 고령자의 일상생활 속에서 접하는 사람들에게 있어서 공감대가 점차 확대되어가고 있다.

6) 베이비붐의 특성에 관한 연구로는 鈴木征男(2004)「団塊世代の特性-そのライフスタイル」『団塊世代の定年と日本経済』日本評論社가 있는데, 세대구분과 고령자의 생활상에 관한 분석이 필자의 자의적인 주장으로서 설득력은 미약하다. 나아가 베이비붐세대의 소비와 관련해서는 松原隆一朗(2008)「団塊の世代が消費革命を先導した」『共同研究団塊の世代は何か』 講談社.에서 베이비붐세대의 소비확대를 논하고 있다.

다. 더욱이 국가와 지역 간에 있어서도 선호하는 여가활동과 여가프로그램이 다르게 나타나며 연령별로도 그리고 개인적인 체력차이로도 선호하는 여가유형이 다를 수 있다[7]. 또한 그와 관련한 여가문화의 형성에 관한 인식도 현재까지는 개념정립 단계이므로 각 연구자에 따라 견해가 다를 수 있다는 한계도 있다[8].

그러나 노인문제는 이제 정책적 차원의 대처에서 진일보하여 현재 진행 중이며 고령자의 라이프스타일과 노후의 여가활용도 일상생활 속에서 변화하면서 일정한 행동양식으로 형성되고 있음을 간과할 수 없다. 이렇듯 향후 고령자의 여가활용 여하에 따라서 고령자의 삶의 질을 변화시킬 수 있으며 일정한 새로운 형태의 공통된 생활양식은 노인문화의 구축측면에서 실사회에 영향을 미치게 될 것이다. 이러한

---

7) 현재 우리나라 노인복지법상 노인여가시설은 경로당, 노인교실, 노인휴양소, 노인복지회관 등이 있으며, 주로 비영리 목적으로 운영되고 있다. 그리고 가장 활발한 여가활동은 관광분야로서 환갑, 생일, 결혼기념일 등을 축하하는 의미에서 효도관광 상품(온천 및 휴양지의 관광)으로서 신장세를 유지하고 있다. 더불어 정보화, 세계화 및 노인의 의식구조 변화 등으로 인해 고령자의 학습 및 교육에 관한 여가활용 욕구가 다양화되고 있는 추세이다. 예를 들면, 노인대학이나 노인문화센터, 그리고 인터넷강의를 비롯하여 일부 대학의 평생교육원 등에서 실시하는 고령사회 관련 교육프로그램 등이 운영되고 있다.

8) 문화에 관한 연구자의 시각은 매우 다양한데, 주요견해를 살펴보면, *타일러 : 문화를 문명과 혼합된 것으로 봄, *베버 : 문화와 문명을 분리, *프랑크푸르트학파 : 상업문화 강조, 문화를 비극적 삶으로 묘사, *쥴저 : 문화를 예지에 기초한 감정세계로 표현해 행복한 삶으로 규정하고 있다. 한편, 일본문화 측면에서는 *야나기다 : 서민들의 삶을 토대로 새롭게 구축한 사외사(史外史)문화, *오에겐자브로 / 미시마유키오 : 시대적 아픔극복을 위한 생명문화, *나카무라家 : 가부키문화, *기타노타게시 : 일본인의 삶을 나타내는 영상문화 이외에도 그밖에 우키요에, 춘화, 만화, 오락문화 등 문화에 대한 견해는 매우 다양하다고 하겠다. 따라서 본고에서의 자기조직적인 힘, 자연의 힘, 창조적인 힘 등에 의해 생성, 발전, 사멸하는 '생성소멸시스템'으로도 볼 수 있다는 시각에서 여가문화에 대한 분석에 임하기로 한다.

연구방법론을 모두 포괄할 수는 없으므로 노인의 행동양식과 생활양식을 살펴보기 위해 ①생명주기적 변화를 근거로 한 라이프스타일과 ②노후의 여가활용을 중심으로 노년기분류에 관한 선행연구[9])를 응용하여 노년기의 여가활용에 관해 살펴보고자 한다.

2. 노년기의 여가활용과 사회참여

일본에서는 현재 노인문제에 대한 각계의 폭넓은 의견을 수렴하여 정책에도 반영하고 있으며 연구결과와 활동사례 등을 토대로 노인의 삶의 질을 제고할 수 있는 실천방안[10])을 내놓고 있다. 본고에서는 이러한 배경 하에서 특히 고령층의 여가를 문화적 차원에서 현실적인 사회문제를 해결하기 위한 방안의 하나로서 본고에서는 고령자를 둘러싼 사회 환경변화에 따라 〈표 8-1〉처럼 해결과제를 세 가지로 한정하여 대책방향을 모색해보았다.

먼저, 고령자 노년기의 분석시각 즉, 은퇴에 즈음하여 고령자의 여가에 관한 의미와 여가활용에 관해 살펴보기로 하자. 첫째, 노인의 일

---

9) 정기룡(2010)「일본의 고령사회와 베이비붐세대에 관한 문화적 분석」『日本研究』제52집. 韓国外国語大学校. 日本研究所. p.50. 일본인의 생애구분 중 노년기의 주요활동 〈그림-1〉참조.

10) 정기룡(2005)「전환기 일본의 사회정책에 관한 고찰」『日語日文学研究』제52집. 韓国日語日文学会. pp.274-296.에서 고용・노동, 소득보장, 의료, 주거, 교육・레저, 노인복지계획을 고령자 대책으로 들고 있으며, 日本内閣府(2007)『고령사회백서』(株)ぎょうせい. pp.152-171,에서는 ①취업・소득, ②건강・복지, ③학습・사회참가, ④생활환경, ⑤조사연구추진 등을 고령사회대책의 실천방안으로 내놓고 있다.

표 8-1 고령기 자유시간의 과제와 대책방향

구 분	과 제	고령기의 대책방향
1. 고령자 여가	* 고령기의 노인여가? * 자유 시간의 내용?	생산 활동에서 일단 은퇴한 고령기의 노인들에게 여가는 현역근로자와는 달리 진정한 여가시간이라기 보다는 자유시간이라고 해야 할 것이다. 즉, 고령자에게 있어서는 어쩌면 매일이 여가이므로 '자유로운 시간을 어떻게 보낼 것인가?' 하는 시각의 변화가 필요하다.
2. 고령자 노동력	* 고령자 노동력활용 * 고령층의 취로	일정수준의 경제성장을 가정할 경우, 저출산에 따른 노동력 부족을 대비하고 적극적으로 능력을 활용하고자 하는 고령자의 노동력 활용이 유용할 것이다. 또한 고용프로그램 및 학습프로그램 등 고령사회의 시대적 추세에 맞는 프로그램 제공이 필요하다.
3. 고령자 사회 참여	* 사회적 · 정서적 고독 * 취미활동 · 봉사활동	노년기의 사회적 고립과 정서적 고독은 심신기능의 저하를 초래하기도 한다. 따라서 사회적 고립이나 정서적 고독을 해소시키기 위한 방법을 모색하는 동시에 고령자의 보람된 삶을 영위하도록 취미활동과 교양학습 등 노인문화 형성을 위한 고령자의 사회참여 대책이 필요하다.

정기룡(2011)「일본의 고령자 라이프스타일에 관한 연구」『일본연구』47호, p.13.

상생활에서 여가를 어떻게 규정할 것인가? 둘째, 노인 노동력의 사회적 유효성을 어떻게 활용할 것인가? 셋째, 노인의 사회활동과 참여를 도모하기 위한 방법은 없는가? 하는 과제에 중점을 두기로 한다.

물론 고령자의 라이프스타일을 구축하기 위해서는 각 연구영역의 배경과 시각 등에 따라 연구결과가 서로 대치될 수도 있겠지만, 이곳에서는 기본적으로 고령자의 일반적인 ①고령자의 여가, ②고령자의 노동력 활용과 취로, ③고령자의 사회참여라고 하는 세 가지를 주요일상으로 파악하여 기본적인 라이프스타일을 구축하기 위한 노후의 여가활용을 살펴보기로 하자.

고령자의 여가에 관한 정의는 분분하지만, 그렇다고 이와 관련된 용어의 사용이 새로운 것은 아니다. 여가의 어원을 거슬러 살펴보면, 라틴어의 오팀(Otim : 아무 것도 하지 않는 소극적 행위)이라든지 그리스어의 스콜(Schole : 자기교양을 제고하는 적극적 행위)이라는 오래된 의미도 있다. 그리고 일본의 사전적 의미의 여가는 남은시간, 한가한 틈, 일하지 않는 시간 등으로 정의하고 있다. 그러나 이러한 시각은 임금근로자의 입장이거나 경제적인 견해로 볼 때 단지 남은시간으로 인식되기 십상이다[11].

그렇다면 고령기에 있어서 여가는 단지 남은시간일까? 절대 그렇지 않다. 즉, 인생의 새로운 기회로 삼아 자기실현이라든지 건강유지, 고독으로부터의 탈피, 사회참가 등에 적극적으로 나설 필요가 있는 것이다. 무엇보다 노후의 늘어난 시간을 자유롭게 자기가 원하는 것을 할 수 있는 의미의 '자유재량시간(discretionary time)'으로 활용할 수 있을 것이다. 물론 고령자의 '자유재량시간'은 앞으로 사용방식과 계획을 고령자 자신이 결정해야 한다. 왜냐하면 과거의 고령자들에게도 자유시간이 있기는 했지만, 주로 수동적인 태도로 일관하여 고령기의 여가를 단지 남는 시간으로 보냈기 때문이다.

그러나 삶에 대한 태도가 비교적 적극적인 현재와 미래의 '활동적인 고령자'세대에 있어서는 이전처럼 그냥 시간을 허비하기보다는 그 여가를 유용하게 활용하려는 태도가 늘어날 것이다.

따라서 '자유재량시간'에 의미를 부여하기 위해서는 시간을 활용하는 목적이 존재하여야 하며 고령자가 주체적으로 시간활용에 나서야 한다. 이렇게 고령자 자신이 주체가 되어 목적의식을 갖고 여가를 활용하게 된다면 그 결과로서 자신의 라이프스타일을 확립시킬 수 있을

---

11) 一番ケ瀬康子(1989)「余暇の意味」『老年學事典』p.326. ミネルヴァ書房. 참조.

것이다. 즉 일정한 라이프스타일을 구축하는 것은 노후의 풍부한 자유 시간을 어떻게 의미 있게 사용할 것인가? 하는 고령자 자신의 선택이며 '활동적인 고령자'에게 있어서는 노후생활의 보람된 계획이 될 것이다.

그럼에도 불구하고 아직까지 표준화되거나 고령자의 라이프스타일 유형이 정립되지 못한 것이 현실이다. 또한 '자유재량시간'을 잘 활용하여 인간관계를 유지하기 위해서는 다른 사람들과 공유할 수 있는 공통테마의 설정이라든지 네트워크 구축 등이 필요한데 이러한 지원체계는 초기단계에 있다고 하겠다. 고령자에게 건전하고 안락한 생활을 영위할 수 있도록 1963년에 제정된 노인복지법에 고령자의 여가활동에 관해 언급하고 있다[12]. 이러한 법적근거에 의해서 그동안 정부와 도도부현(都·道·府·県) 및 시정촌(市·町·村)에서 노인클럽에 대한 원조가 이루어져 왔다. 노인클럽을 비롯한 고령자활동은 초기에는 대부분 오락의 범주에 머물렀으나 점차 여가활동 영역이 확대되었고 지역사회활동에도 나서고 있으며, 그러한 여가활용으로서의 봉사활동이 지역사회 발전에도 공헌하게 될 것이라고 보고 있다[13].

최근에는 65세 이상의 고령자도 앞에서 살펴본 것처럼 고용연장, 재고용, 파트타임 등 현업에서 일하고 있는 사람도 있고, 직접 취로에

12) 일본의 老人福祉法 제13조에 의하면, 지방공공단체는 노인의 심신건강을 유지하기 위하여 교양강좌, 레크리에이션 외에도 노인이 자주적이며 적극적으로 참가할 수 있는 사업에 힘써야 하며, 노인클럽 및 노인복지 증진을 위한 목적을 위한 사업자에 대해서도 적당한 원조를 하지 않으면 안 된다는 취지의 내용을 담고 있다.

13) 一番ヶ瀬康子 前掲書. p.329-330. 고령자의 노후여가 활용을 위해, 요리교실을 열어 고독감을 해소하기도 하고, 지역사회의 청소미화, 봉사활동에 참여하도록 함으로써 복지사상을 계발하는 동시에 고령자 스스로가 사회참여를 통해 보람을 느끼도록 하려는 클럽활동이 이루어졌다.

나서지 않지만 지역사회의 봉사활동과 NPO 등에서 활약하는 등 고령자의 활동영역이 다양해졌다. 그와 동시에 고령자 스스로 고령자에 대한 인식변화를 보이고 있다. 기본적으로 은퇴와 연금수급 등 제도적으로 구분하는 기준으로서 65세를 일반적인 고령자로 인정하는 시각인데, 일본의 고령자 가운데 상당수는 이런 연령 기준보다 스스로를 훨씬 젊게 인식하고 있다[14]. 이러한 인식과 더불어 심리적인 나이뿐만이 아니라 고령자 자신의 신체적 건강에 대해서도 큰 문제가 없다고 생각하는 고령자 비율 또한 매우 높게 나타났다[15].

그리고 일본의 노인들은 정치, 종교, 학습, 사교, 취미, 스포츠, 자원봉사 등의 사회활동 참여율이 다른 나라에 비해 전반적으로 낮은 반면, 지역사회 활동과 더불어 노인클럽활동 및 게이트볼 등 취미와 건강유지 활동 참여가 활발한 편이다[16]. 이는 현역 활동기의 이른바 기업인재였던 고령자가 지역사회에 공헌하면서 보람을 느끼며, 여가를 만끽

14) 日本地域流通経済研究所(2005년)가 실시한 조사결과에서는 고령자기준(65세 이상)에 관한 고정관념과 다른 결과를 보이고 있다. 즉, 熊本市의 고령자들을 대상으로 한 설문조사에서 응답자들은 고령층에의 진입나이를 평균 73.4세로 응답했다. 사회가 인식하는 고령층의 진입연령 65세와는 무려 8년 이상의 차이가 있는 것이다. 이러한 설문결과를 일반화할 수는 없겠지만, 일본에서는 현재 사회에서 고령자로 인식하는 연령대에 속한 고령자일지라도 당사자는 심리적으로 실제 나이보다 훨씬 자신이 젊다고 생각하고 있음을 알 수 있다.

15) 日本内閣府의 조사에 따르면, 60대 후반의 80%, 나아가 80세 이상의 고령층 가운데 60% 이상이 자신의 건강에 특별한 문제가 없다고 응답했다. 일반적으로 고령자 계층은 체력이나 건강문제로 인해 모두 보호가 필요한 집단이라고 생각하고 쉬우나 간병・수발과 같은 복지서비스 원조가 모두 필요한 것은 아니라는 사실을 보여준다.

16) 日本内閣府 편『老人の生活と意識(2001, 2006)』의 국제 비교조사결과에서는, 65세 이상의 고령자 전체의 절반이상이 다양한 활동에 나서고 있음을 알 수 있으며, 각 그룹 활동의 참가내용 중 가장 활동이 활발한 것은 거주지부근의 지역자치회 활동으로 나타나고 있다.

하는 시기에 접어들었음을 반영한 결과라고 하겠다[17]. 또한 고령자 여가활용의 일환으로서 지역사회에 있어서의 그룹 활동이 최근 늘어나는 추세인데, 일본 내각부의 그룹 활동 참가의향에 관한 조사결과 〈그림 8-1〉을 보더라도 고령자가 지역사회에서 사회참여에 동참하고자 하는 의향이 점차 늘고 있음을 알 수 있다.

그리고 비교적 젊게 사고하는 고령자의 경우, 나이는 고령자에 해당하지만 중장년층 못지않은 건강상태와 심리적 태도를 가진 고령자 층에 대해서 아직 통일된 공식명칭은 없다. 일본에서는 이들을 액티브시니어 혹은 에이지레스세대[18] 라고도 표현하는데 이는 '활동적인 고령자'를 지칭하는 의미라고 하겠다.

노년기 중에서도 초로기의 활동적인 고령자의 주축은 1947년 이후에 출생한 베이비붐세대(2011년 현재 62세-64세의 団塊世代)이다. 퇴직시점에 이르기까지 아직도 상당수가 건강하게 사회일선에서 활약하고 있는 베이비붐세대의 생활문화는 이전의 고령자와는 다르다. 따라서 이들을 중심으로 한 비교적 건강한 전기고령자의 사회참여를 어떻게 만들어야 할 것인가? 고령자에 적합한 취미활동을 어떻게 지원해야 할 것인가? 하는 점이 향후 베이비붐세대의 노후설계에 있어서 고려할 점이라고 하겠다[19].

---

17) 宮崎勇(1987)『かけがえのない人生』岩波書店. pp.100-109.

18) 団塊世代를 본고에서는 단카이세대, 베이비붐세대로 표현하거나 고령기를 노년기로, 어르신을 노인 혹은 고령자 등으로 문맥에 따라 적절히 표기하였다. 더불어 비교적 건강하고 활동적인 고령자를 일본에서는 生涯現役, 액티브시니어, 에이지레스세대, 隠居世代 등으로 표현하고 있는데, 각주1)에서 부언한 것처럼 이해의 편이성 등을 고려해 '활동적인 고령자'라는 표현을 사용하였다.

19) 정기룡. 같은 논문 pp.40-42. 일본인은 조직 내에서 개인의 의사표명과 자주적 판단에 의한 의사결정에 소극적인 경향이 있다. 団塊世代 또한 그동안 치열한 경쟁 속에서 기업문화에 입각한 의사소통 방법론을 배우고 체험해 왔는데, 이

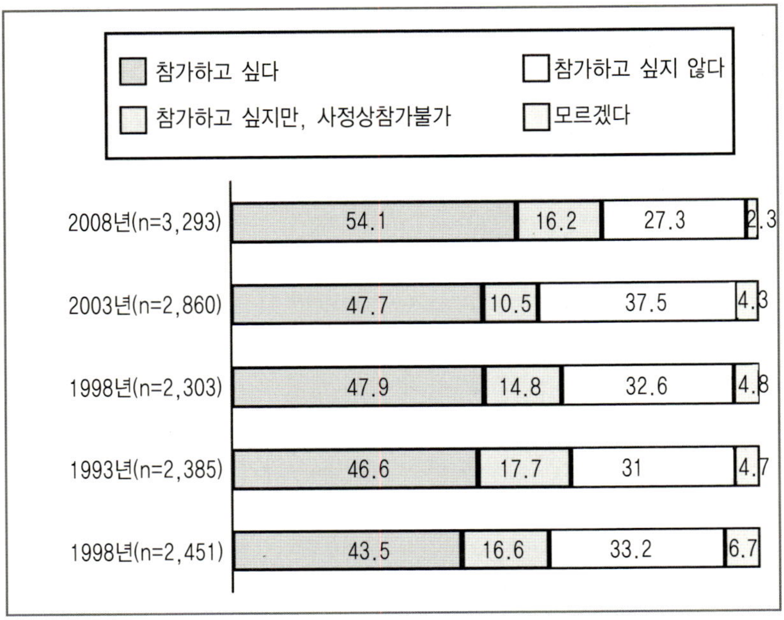

자료: 日本内閣府『高齢者の地域社会参加に関する意識調査』2008.

▌그림 8-1 ▌고령자의 그룹활동 참가의향

한편, 장수화의 부정적(와병상태) 측면인 후기고령자를 위한 간병·수발환경의 안정적 변화를 위해서는 개호보험제도(일본장기요양보험)의 효율적인 운영과 더불어 참여사회 구축 또한 필요할 것이다. 따라서 고령자의 건강상태와 자신의 능력에 따라 고령자 라이스타일을 구상할 수 있도록 경제적인 취업과 지역사회의 봉사활동을 통한 삶의

러한 과정에서 조직에 종속하려는 습관이 체화되기도 하였다. 따라서 어떤 사안을 결정할 때는 전례주의, 사전협의, 품의제도에 의한 의사결정에 익숙해진 団塊世代 퇴직자가 정년 후 자신의 의사결정 시에는 매우 혼란스러울 것이다. 따라서 정년 전후 시기에서는 기업전사로서의 행동보다는 개인의 건강과 환경적 측면을 고려한 취미활동과 사회참여에 있어서 자신의 의사결정이 가능한 환경이 조성되어야 할 것이다.

보람을 위한 환경구축과 더불어 후기고령자로서 요양이 필요한 시점에 이르러서는 보다 두터운 복지수혜가 제공되어야 할 것이다.

3. 고령자의 라이프스타일

1) 고령자의 여가

노인여가는 고령자가 독립된 인간으로서 기본적인 욕구충족은 물론 문화적 생활유지와 더불어 삶의 보람과도 큰 연관이 있는 것임에 틀림없다. 더불어 일본에서는 공동체를 중시한다거나 형식을 중시하는 한편, 외부의 문화를 자기 것으로 응용하여 자기만족에 심취하는 형태로 이어져 왔다. 그러한 일본문화의 전통을 유지하면서도 생활과 사회변화를 수용하면서 생업의 기반으로 활용해나가는 상업적 관심을 통해 생활문화는 의식적이든 무의식적이든 일상생활에 정착하면서 성장하고 변화·발전해나가는 것을 볼 수 있다.

그 과정을 요약하면, 〈그림 8-2〉와 같이 고령사회의 생활문화 변화가 고령자의 여가활용의 가능성을 내재하고 있다고 하겠다. 즉, 고령자의 생활양식은 사회 환경변화로 인해 생활형문화와 시스템형문화의 상호보완적 환경변화에 따라 고령자의 생활양식으로 형성되고, 향후 여명의 진전에 따른 여가활용은 더욱 확대될 것이기 때문에 이러한 생활상의 축적을 통해 고령사회에 걸맞은 라이프스타일을 형성할 수도 있을 것이다.

나아가 고령자를 둘러싼 사회 환경의 변화에 따른 생활문화가 형성되고, 이전과는 다른 새로운 유형의 고령자의 라이프사이클이 생성된다면, 결국 고령기의 여가활용 가능성은 더욱 높아질 것이다. 그와 동시에 활동적인 여가활용으로 인하여 건강한 사회를 지향함에 따라서 노쇠를 지연시키는 대체활동 효과에 의한 의료비 절감과 장기요양 대상자가 줄어들거나 와상상태의 기간이 줄어든다면 최종적으로는 간병수발에 수반되는 인력과 사회보장경비를 절감하는 효과 또한 기대된다.

어쨌든 일본은 노인문제와 관련된 과제해결을 위한 고령자대책이 최근에 이르기까지 사회적 연대의식에 입각하여 정부와 국민이 환경변화의 위기로 인식해 왔으며, 현재에도 그리고 가까운 장래에도 이러한 인식은 매우 유효할 것이다.

그러나 아직까지 고령자의 라이프스타일과 관련된 공통된 노인행동을 문화로서 구축하기까지는 시간이 필요할 것으로 보인다. 따라서 대다수 고령자의 보편적인 생활문화의 향상을 위한 환경정비와 더불어 고령자의 사회참여가 당당하고, 보람된 성과로 이어질 수 있는 환경을 조성하는 것이 고령자의 라이프스타일 구축을 위한 당면 과제일 것이다.

◆ 일본인의 생활문화

* 공동체형 문화 : 이심전심
* 형식지향적문화 : 모방문화
* 자기만족형문화 : 감성적/비합리적

→

전통문화가 활성화 요인
생활적관심 사회환경의 변화
상업적관심 등의 영향

↓

* **생활문화**(의식적 · 무의식적 일상생활 속에 정착 → 성장 → 발전)의 생성

↓

◎ 사회환경의 변화(인구의 고령화) → **고령자의 생활환경 변화**

↕

◆ 고령자의 여가와 라이프스타일

* 생활형문화 : 규범문화 / 정신문화
* 시스템문화 : 상업문화 / 물질문화
(정치 · 경제시스템 영향)

→

두 문화의 혼합된 형태(상호보완적 관계), 고령자의 여가에 관한 일정한 공통행위 양식

↓

* **고령자 여가문화** (문명적 생활환경 변화와 개선)의 생성

↓

◎ 사회환경의 변화(고령자 여가활용) → **고령자의 라이프스타일 구축**

그림 8-2 고령자의 여가문화와 라이프스타일의 구축과정

2) 새로운 라이프스타일 형성의 가능성

이전과는 다르게 비교적 젊게 사고하는 고령층의 생활양식의 변화에 즈음하여 일본정부에서는 최근 에이지레스(연령초월) 사회라는 캠페인을 내세워 고령사회의 노년기에 있어서 연령으로 고령자를 구분하거나 판단하지 않는 사회를 장려하고 있는 추세이다[20].

그 내용으로서 노령기의 연령을 초월한 활동 사례는 다음과 같다. 기본적으로 65세 이상의 고령자로서 과거에 쌓아온 지식과 경험을 살려 고령기의 생활에 있어서도 실사회에 그 능력을 활용・환원하거나 지역사회에 공헌하는 활동을 가리킨다. 즉, 고령자 스스로 능력과 시간을 활용하여 장시간 현역사회에서 이룩해 온 지위와 체면에 구속되지 않고 취로에 대한 가치관을 갖고 활동하는 모습, 지역사회의 인간관계를 기반으로 한 교류로서 이루어지는 공헌활동, 스스로의 노력과 건강한 체력을 유지하며 활약하는 모습, 나아가 지역사회에서 지역주민의 리더로서의 역할을 발휘하며 생활하는 모습 등을 들 수 있다.

그 밖에도 일본에서는 최근 『高齢者白書』와 内閣府 홈페이지 등을 통해서 고령자의 사회참가활동으로서 참여사례를 모집하여 홍보하기도 한다. 내용을 간략히 소개하면, 은퇴 이후에도 지속적으로 사회와의 관계를 갖고서 충실한 삶을 영위하는 고령자(65세 이상)로서 젊은 층에 대한 상담과 어드바이스, 자녀양육지원, 고령자의 간병수발, 취미, 교육, 문화, 복지, 보건, 건강, 스포츠, 생활환경개선, 지역행사, 생산적 활동과 취업 등의 성공사례를 수집하여 홍보에 임하고 있는

---

20) 일본내각부에서는 연령초월(エイジレスライフ: 연령에 구애받지 않고 스스로 책임과 능력을 토대로 활기찬 생활을 보내는 고령층의 의미)을 실천하는 고령자, 지역사회 참가활동을 적극적으로 실천하는 고령자그룹과 고령기의 활기찬 라이프스타일을 모집하여 홍보에 임하고 있다.

것이다. 이러한 실적은 노인생활의 경제적 측면, 육체적 측면, 정신적 측면 등을 내포하고 있기는 하지만, 아직은 초기단계로서 사례위주의 소개와 홍보에 그치고 있다.

한편, 산업계에서는 부분적으로나마 노인의 행동양식과 생활양식을 토대로 고령자의 라이프스타일에 걸맞은 사회시스템기술 또한 등장하고 있다. 고령사회에서 필요한 사회시스템기술은 이전의 환경기술과 마찬가지로 사회적으로 필요에 의해 실용화함에 따라 그러한 기술이 파급될 것으로 기대된다. 그렇다면 과연 21세기는 어떠한 기술입국이 요구될 것인가? 그 하나는 분명 고령사회에서 필요한 라이프사이클이 기업의 마케팅전략을 통해 새로운 수요가 창출되어 그에 따른 새로운 기술시장이 형성될 가능성이 크다고 하겠다[21].

예를 들면, 의료·복지 분야의 기술시장이 우선 필요할 것이다. 첨단기술이 인간과 사회서비스에 적용할 수 있도록 고도의 의료기기와 간병·수발기기와 재택 케어·원격의료시스템 분야에서 나타날 것이다[22]. 실제 '활동적인 고령자'의 라이프스타일에 관한 비즈니스로서

---

21) 라이프스타일에 대한 일반인들의 견해는, 소비자 행동을 결정하는 주체가 합리적인 경제계산을 근거로 하여 소비자로서 행동할 뿐만 아니라, 주체성을 가지고 자신의 생활방식을 설계하는 생활인의 의식을 갖게 되었다는 것을 전제로 성립한다. 마케팅전략을 만들어 내는 전제로서의 라이프스타일 분석에서는, 소비자를 일원적으로 취급하지 않고 생활주기마다 생활의 AIO(activity · interest · opinion) 분석이 필요하게 된다. 이러한 분석을 전제로 상품·서비스와 생활인의 의식구조가 결부되는 구체적인 마케팅전략을 세우게 된다.

22) 의료측면의 예를 들면, 과학자들과 의료 전문가들은 간병과 수발에 관한 인력난과 비교적 비용이 적게 드는 이유로 앞으로 노인개호분야에서 로봇이 다양한 역할을 수행할 것(특히 장기요양시설)으로 예측하고 있다. 현재 일본인구 1억2천7백만 명 중 약23% 이상이 노인인구로서 10년 이내에 인구4명당 1명이 65세 이상으로 고령자는 늘어날 것으로 전망된다. 이와는 대조적으로 간호사는 점차 줄어들고 있어 장기요양과 간병수발에 관련된 노동력을 보완하는 수단으로서 로봇의 활용이 기대되고 있다.

다양한 라이프스타일의 형태를 제시하고, 자신이 선택한 라이프스타일을 실천할 수 있도록 지원하는 프로그램[23]이 제공되고 있다. 고령자를 대상으로 한 평생학습도 단순히 취미, 어학 등 지식전달에 치중했던 과거와는 달리 테마 형 학습을 비롯하여 인간관계 형성을 지원하는 프로그램으로 진화하고 있다.

또한 건강관리와 건강식품, 스포츠, 건강기구, 대체의료 분야의 성장도 예상된다. 더불어 고령자와 여성의 일상생활을 지원하는 기술이라든지 원격교육, 택배 등 인터넷을 활용한 공간적 격리를 줄여주는 기술이 늘어나고 있는데 이러한 새로운 시장은 정보수집, 분석, 환경적응, 관리, 제어 등의 과정이 필요하다. 그와 관련하여 베이비붐세대는 이미 경제의 서비스화와 소프트화의 변화 속에서 이러한 사무자동화 환경을 경험했으므로 이전의 고령자와는 차별화된 효과가 기대되며 그와 더불어 새로운 라이프스타일이 구축될 수 있을 것이다[24].

그 밖에도 고령자의 일상생활의 변화에 따른 영향은 매우 광범위하게 나타날 것으로 예상되는데 예를 들어, 부동산시장의 경우 주거규모

23) 따라서 현재 일본에서는 라이프스타일을 제안해 주는 전문컨설팅도 시도되고 있다. 그 내용으로서는 라이프스타일에 관련된 의・식・주는 물론이고, 여행과 휴식 그리고 지적욕구에 관한 상품・서비스 등을 제공하고 있는 것이다. 예를 들면, 주택소개, 정원꾸미기, 농업기술 전수 및 부대상품의 제공 등의 서비스를 통해 고령자의 욕구를 만족시키는 것이다.

24) 고령사회경제의 서비스화와 소프트화의 예로서는 먼저, 취로측면에서 재택근무, 홈 오피스 화를 들 수 있으며, 금융・상업 측면에서는 홈뱅킹(home banking), 홈 트레이드(home trade, 재택거래), 홈 쇼핑(home shopping)과 택배운송 등이 활성화되고 있다. 또한 생활서비스 측면에서는 홈 케어(home care)와 재택학습 등도 변화・발전해나가고 있다. 이러한 환경변화에 근거하여 전후의 오피스자동화를 선도해 온 베이비붐세대(団塊世代)가 주도적으로 정보를 공개하고 참여가 촉진된다면 새로운 형태의 고령자 생활문화 관련 커뮤니티도 상당수 등장하게 될 것이다.

가 축소되는 경향이며 주거형태도 그동안 일본인이 선호했던 개인주택에서 고령자의 경우에는 점차 생활환경이 잘 갖추어진 도시맨션으로 이동하고 있으며 저축과 소비성향은 베이비붐세대를 중심으로 퇴직금저축은 늘지만, 가계저축률은 생활비의 소비로 인해서 전체적으로 저하되는 경향을 보이고 있다.

한편에선 일부 고령층의 고품격 소비증가도 늘어나는 추세이다. 즉, 연금소득과 재산소득, 금융소득 나아가 부동산 임대소득 등 비교적 경제력을 갖춘 고령자의 출현으로 인하여 고령층의 소비욕구가 표출되고 있는 것이다. 특히 고령층에 진입중인 베이비붐세대의 경우에는 점차 개인지향 혹은 개인취향이 강하게 나타나고 있어서 여가와 식생활을 중심으로 한 고령층의 새로운 수요창출이 기대되는 부분이기도 하다[25].

4. 고령자대책 분석

1) 고령자의 생활상황

일본의 노인문제는 고령인구의 증가뿐만 아니라 저출산, 세대규모의 축소, 부양의식의 변화, 가정의 간병수발 능력저하 등의 원인으로 인하여 더욱 심화되고 있는 추세이다. 따라서 본 장에서는 일본의 고

25) 고령자의 소비활동에 관한 분석으로서는 小方尚子(2006)「団塊退職・人口減少で変わる消費構造」『団塊退職で変る経済延びるビジネス』 東洋経済新報社. pp.84-86. 関沢英彦(2004)「団塊世代の引退と消費市場」『団塊世代の定年と日本経済』日本評論社. pp.253-273.을 들 수 있다.

령자 라이프스타일 변화에서 나타나고 노인문제를 살펴보고 그 해결을 위해 노년기의 지연과 노인문화의 형성을 통한 해결책을 모색해보고자 한다. 물론 고령자의 라이프스타일은 배경과 시각 등에 따라 연구결과가 서로 대치될 수도 있겠지만, 여기에서는 기본적으로 소득과 건강, 사회참가 활동 등을 살펴본 다음 수명연장에 따른 노후생활기의 변화를 전망해보기로 한다.

「가계의 금융자산에 관한 여론조사(2004~2006年)등」에 의하면, 노후의 생활에 대하여 약 80%의 세대가 걱정(「조금걱정이다」와 「상당히 걱정이다」의 합계)이라고 응답하고 있다. 노후가 걱정이 되는 이유는 「충분한 저축이 없다」 및 「연금 및 보험이 충분하지 않다」가 각각 약 70%정도로 나타났다[26]. 고령자 세대의 연간소득(2003년의 평균소득)은 290.9만 엔으로 전 세대 평균(579.7만 엔)의 약 절반정도이지만, 세대 인원수 1인당으로 보면 고령자 세대의 평균 세대 인원이 작아서 184.6만원으로 전 세대 평균(203.4만 엔)과 큰 차이는 보이지 않는다[27].

고령자 생활비의 주요 수입원의 추이를 보면, 「공적연금」이 1980년도에는 34.9%로 「노동수입」(31.3%)과 거의 비슷한 수준이었지만 「공적연금」의 비율은 꾸준히 상승하여 2005년도에는 70%를 넘고 있다

26) 조추용(2006) 「일본의 연금개혁과 노후생활보장정책」『노인복지연구』32호. 일본의 공적연금제도 개혁은 결국 연금보험료 상승, 연금급여 수준의 단계적 저하, 연금수급연령 상승 등이 주된 내용으로서 연금제도의 유지를 위해서는 필요한 조치이지만 개인의 연금생활 의존도가 점차 하락하는 추세로서 연금이 노후생활 유지에 충분하지 않은 것으로 나타나고 있다.

27) 「家計の金融資産に関する世論調査(2004~2006年):가계의 금융자산에 관한 여론조사 등)」에 따르면, 고령자세대의 소득원이 「공적연금 등」이 209.3만 엔(총 소득의 71.9%)으로 가장 많고, 이어서 「취로소득」 51.2만 엔(동 17.6%), 「재산소득」 15.8만 엔(동5.4%)으로 나타났다.

(73.9%). 한편「노동에 의한 수입」은 2005년에는 17.7%로 감소하였다. 또한 각국의 비교에 의하면, 일본은 독일과 같이「공적연금」이 차지하는 비율이 높고, 한국은「노동에 의한 수입」이 35.4%,「자녀 등으로부터의 원조」가 37.3%로 높은 것이 특징이다.

평생학습사회를 형성하기 위해서는 시간적 여유가 부족하고 학습이력이나 학습목적이 다양한 노동자가 학습활동에 쉽게 참가할 수 있는 조건을 정비할 필요가 있다. 이를 위해 노동자의 직업설계에 맞는 자발적인 직업능력 개발・향상을 촉진하기 위해 사업주가 강구할 조치에 관해 지침을 정하고, 유급교육훈련휴가제도 등의 보급촉진을 강구하고 있다. 또한 교육훈련지급금제도는 대학, 대학원등의 강좌를 지정대상에 추가하는 등 강좌지정을 중점화하고 이를 활용하여 고령층 노동자의 자발적인 능력개발을 지원하고 있다.

2) 건강 · 복지상황

'건강・복지'분야에 대해서는 고령사회대책대강에서 다음과 같은 방침을 밝히고 있다. 즉, 청년기부터 건강관리를 함으로서 고령기에 이르러서도 오래도록 건강을 유지하고, 건강이 상하더라도 가능한 회복에 힘쓰며 건강이 나빠져도 악화를 방지하여 일상생활을 유지하고, 활기차고 충실한 생활을 확보하여 장수를 누릴 수 있도록 평생건강관리를 종합적으로 추진한다.

고령자 수발에 대해서는 간병수발을 모든 국민이 지탱하는 구조로 창설된 개호(介護)보험제도를 착실하게 시행하고 그 정착을 도모한다. 또한 2000년도부터 시작된 '골드플랜 21'을 착실하게 실시하여 질 높은 수발 서비스 기반을 정비하고, 앞으로 급증할 것으로 예상되는 치매성

고령자의 지원대책 등을 추진한다.

또한 평생 건강관리를 추진하기 위해 2000년부터 9개 분야 70항목의 목표를 정한 '21세기의 국민건강육성운동(건강일본 21)'을 추진하여 왔으며, 2002년에는 '건강일본 21'을 핵심으로 하는 전 국민의 건강육성, 질병예방을 한층 더 추진하기 위해 「건강증진법」(2002년 법률 제103호)을 제정하고, 2003년5월1일부터 본격적으로 시행하기에 이르렀다 〈그림 8-3〉.

앞으로는 고령사회에서도 안심하고 양질의 의료를 받을 수 있도록 의료의 질을 유지하면서 노인의료비 증가를 적절하게 조절하고, 노인의료비를 세대 간, 의료보험제도 간에 공평하게 분담해 나가는 구조를 목표로 재편될 예정이다. 따라서 2008년에 시행된 고령자의료제도 또한 2013년의 사회보장개혁을 계기로 재구축될 예정이다.

그리고 활력 있는 고령사회 구축에는 저출산에 대한 대응이 중요하므로 육아를 지원하기 위한 시책을 종합적이고 계획적으로 추진한다. 또한 건강한 고령기를 보내기 위해서는 장년기부터 종합적인 건강관리가 중요하기 때문에 시정촌이 실시주체가 되어 40세 이상인 자를 대상으로 「노인보건법」(1982년 법률 제80호)에 기초하여 건강교육, 건강진단, 방문지도 등의 보건사업을 종합적으로 추진하고 있다.

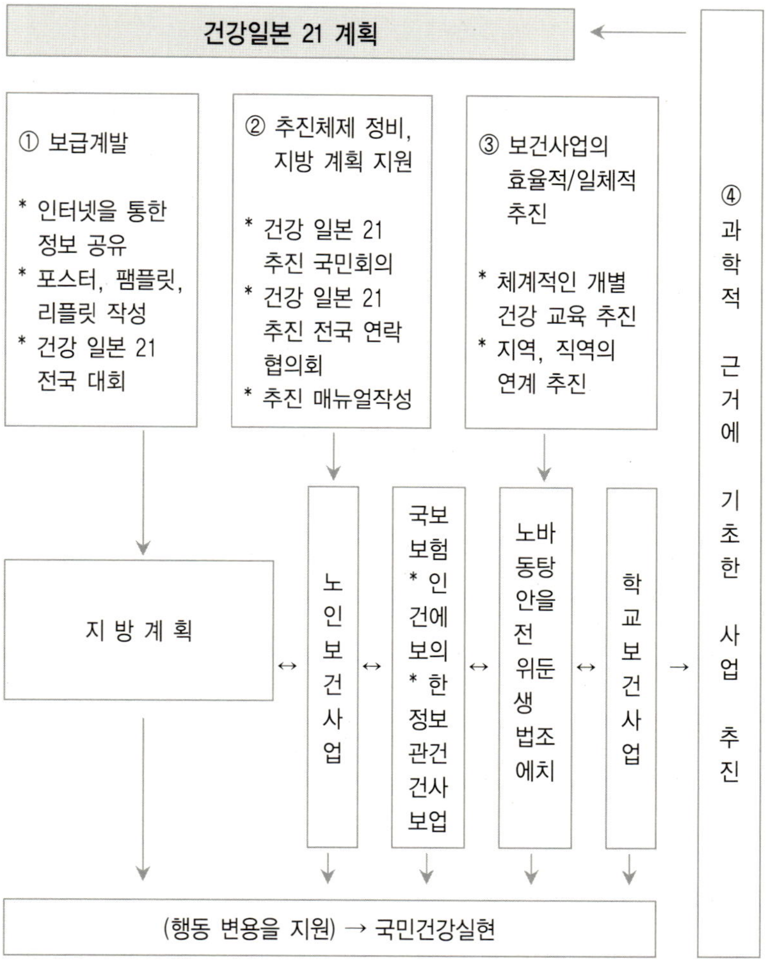

자료 : 후생노동성(2005)

그림 8-3 건강일본21 추진방안

3) 고령자의 학습기회 상황

평생학습의 요구가 높아짐에 따라 이에 대응하기 위해 대학에서는 사회인 특별선발 실시, 야간대학원 설치, 주・야 강좌실시, 과목 이수

생제도를 실시하고 이수형태의 탄력화를 도모하여 사회인 수용을 촉진하고 있다. 사회인 특별선발은 대학 등에 입학을 희망하는 사회인에 대하여 소논문, 면접 등을 실시하는 특별한 입학자 선발제도이며 2005년도에는 475개 대학(학부)에서 실시하였다[28].

또한 대학 등의 학술연구 · 교육성과를 직접 사회에 개방하고 대학 공개강좌를 실시하고 있다. 방송대학에서는 TV, 라디오 등 미디어를 활용하여 널리 사회인 등에게 대학교육의 기회를 제공하고 있다. 2004학년도 2학기의 대학 재학자 중 60세 이상의 학생수는 전체 89,389명 가운데 11,153명으로 학부는 12.5%, 대학원은 7,857명 중 973명으로 12.4%로 나타내는 등 고령자의 면학방법에도 다양한 형태를 나타내고 있다.

그리고 가정에서뿐만 아니라 방송수업을 시청하기 위한 학습자료와 문헌 등이 구비된 학습센터가 일본 전체의 도도부현(都 · 道 · 府 · 県)에 정비되어 있다(2005년도 50곳). 이렇듯 다양한 학습활동을 추진하기 위해서는 방송대학을 비롯한 각 학교가 가진 교육기능과 시설을 지역사회에 개방하고 지역주민의 학습 요구에 부응해나갈 필요도 있을 것이다.

28) 또한 야간교육만을 실시하는 야간대학원이 2005년도에 25개 대학에 설치되었다. 주야간 개강제는 주간/야간에 걸쳐 수업을 개강하여 학생이 생활여건에 따라 이수할 수 있는 제도로서 2005년도에는 62개 대학(학부), 277개 대학(대학원)에서 실시되었다. 과목이수제도는 한과목 또는 복수의 수업과목을 이수하는 사회인 등에 대하여 학점수여를 가능하게 하는 제도로서 2003년도에는 과목 이수제도를 설치한 대학이 659개 대학이 있었으며, 과목이수 학생은 무려 18,720명에 이른다.

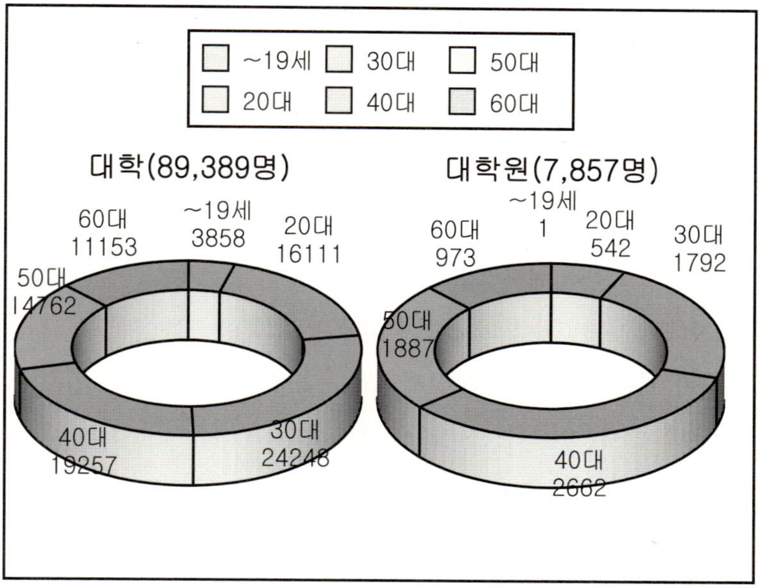

자료 : 일본 방송대학(2004년도 제2학기 현황)

그림 8-4 일본 방송대학의 재학생 분포도

이를 위해 학교시설 정비지침에 따라 보다 적극적인 활동을 촉구하고 학교를 개방하기 위한 시설정비에 대해 보조하고 있다. 또한 초·중학교의 여유교실은 「여유교실 활용지침」(1993년 문부성교육조성국장, 대신관방문교시설부장, 평생학습국장 통지)에 의거하여 학교시설의 본래 기능을 배려하면서 적극적으로 사회교육시설이나 스포츠·문화시설 등으로의 활용을 도모하고 지역주민의 학습활동에도 이바지하기 위해 지방자치단체를 통한 전용촉진 사례를 소개하고 있다.

그와 더불어 지역사회의 다양한 사회교육활동은 고령자의 삶의 보람을 고양시키고 각 세대가 고령자와의 교류나 고령자문제에 대한 학습을 통해 고령사회에 대한 이해를 심화시키는 역할을 하고 있다.

■ **표 8-2** ■ 학교시설 개방 상황 (%)

구 분	시 설 개 방	각 시설의 개방 상황				개방하고 있지 않다
		교사	체육관	운동장	수영장	
초등학교	97.4	42.7	93.8	87.7	43.1	2.6
중 학 교	94.6	27.5	89.1	70.9	8.4	5.4
고등학교	73.7	29.6	39.8	50.4	2.1	26.3
계	93.7	37.3	87.3	79.5	29.6	6.3

자료 : 문부과학성(2004년도 실적), 조사대상은 전국의 공립학교

주민회관을 비롯한 도서관, 박물관, 여성교육시설 등의 사회교육시설이나 교육위원회에서 폭넓은 연령층의 사람들을 대상으로 많은 학습기회를 제공하고 있다. 이 중에는 고령사회에 대한 이해를 촉진하는 프로그램과 직접 고령자를 대상으로 한 학급 · 강좌 등이 개설되어 있다.

■ **표 8-3** ■ 일본 고령자대상 학급 및 강좌 현황

구 분	2001년도	1998년도
학급, 강좌 수	45,501개 강좌	37,078개 강좌
교양 향상	25,215	23,272
체육, 레크리에이션	9,898	5,036
가정교육, 가정생활	2,845	2,193
직업지식, 기술향상	823	350
시민의식, 사회연대	4,334	4,289
기타	2,386	1,938

자료 : 문부과학성 「사회교육조사」(2002년도 및 1999년도)

나아가 사회교육시설이 중심이 되어 고령자문제 등의 지역과제를 종합적으로 파악하고 과제해결을 위한 기획입안, 사회교육사업을 지역·자치단체에서 제안을 받아 실시하고 있으며 전국적으로 보급하는 등 전국적인 활성화를 도모하고 있다. 또한 정보통신기술의 발전에 따라 IT활용을 통한 다양한 학습기회 제공이 기대되고 있으며 지역의 특색 있는 콘텐츠를 전국에 배포하여 지역에서의 학습교류 확대에 주력하고 있다.

4) 고령자의 사회참가 상황

지역의 문화활동을 증진시키기 위해 지역문화 리더나 지역의 얼굴이 되는 예술문화단체를 육성하고 심포지엄 등을 통해 교류하는 외에, 국민문화제 개최 등을 통한 문화 활동 참가기회 제공, 국립미술관·국립박물관 등의 소장 작품 순회전 등에 의해 예술 감상기회를 확대시킨다. 또한 공립문화회관 등에 예술문화정보를 제공하거나 시설직원 연수를 실시하는 등 문화시설운영 지원 등을 통한 문화 활동의 활성화와 정착화를 도모하고 있다. 고령자 자신이 사회에서의 역할을 찾고 보람을 가지고 적극적으로 사회에 참가할 수 있도록 각종 사회 환경의 조건정비에 노력하는 것이 중요하다고 하겠다. 이에 지역에서 사회참가활동을 종합적으로 실시하는 노인클럽을 조성하고 고령자 사회참가포럼[29] 등을 도모하고 있다.

29) 고령층의 풍부한 지식과 경험, 학습 성과를 활용한 사회참가활동을 지원한다는 관점에서 고령자의 사회참가활동 진흥방안에 대하여 국민 각 계층이 폭넓게 의견을 교환하는 전국 고령자 사회참가포럼을 개최(예: 2005년10월13일 돗토리현(鳥取県)에서 '평생학습을 통한 삶의 보람 창조와 사회참가'를 테마로 함)하기도 하였다.

이미 고령기를 맞이하였거나 향후 고령층에 속할 사람들이 참고하도록 나이에 상관없이 활기찬 생활을 실천하고 있는 고령자, 지역사회와 계속 관련을 맺으면서 적극적으로 사회참가활동을 하고 있는 고령자 그룹 등에 대한 활동 사례를 널리 소개하고 있다. 나아가 자원봉사활동에 대한 흥미와 관심은 매년 높아지고 있으며 2004년 6월에 자원봉사 활동자는 총 779만 4,000명, 자원봉사 그룹은 12만 3,000개에 달했으며 활동 내용도 고령자나 장애자에 대한 활동, 어린이의 건전육성에 관한 활동, 자연보호나 마을가꾸기에 대한 대응 등 매우 다양하게 분포되어 있다.

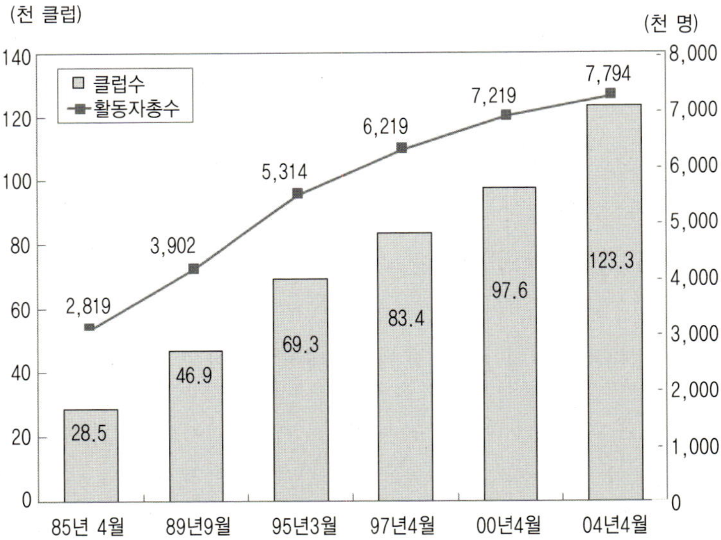

자료 : 전국사회복지협의회「자원봉사활동연보 2004년」

그림 8-5 자원봉사자 수의 추이

이렇듯 노인문제에 대한 각계의 폭넓은 의견을 수렴하여 정책에 반영하고 있으며 노인문제에 관한 학계, 의료기관, 사회복지기관, 노인단체, 전문그룹 등이 내놓은 연구결과와 활동사례 등을 토대로 노인의 삶의 질을 제고할 수 있는 실천방안이 추진되고 있다. 이러한 사회의 환경변화를 배경으로 노인의 여가활용을 향후 문화적 차원으로 승화시킨다면 이는 노인의 사회문제 해결방안의 하나로 활용될 것으로 예상된다.

그와 더불어 일본의 노인들은 정치, 종교, 학습, 사교, 취미, 스포츠, 자원봉사, 그룹 활동 등에 대한 사회활동의 참여율은 다른 선진국에 비해 전반적으로 낮은 편이나 지역 활동과 노인클럽활동 및 게이트볼 활동에의 참여가 비교적 활발한 편이다. 이는 이전의 현역 활동기에 기업인재였던 고령자가 이제는 여가를 만끽하는 시기에 접어들었음을 반영한 결과라고 하겠다.

5. 정책적 향후과제

일본에서는 현재 60세를 넘긴 베이비붐세대의 취로와 여가활동 나아가 사회참가가 현재 실사회에서 왕성하게 나타나고 있다. 그러한 '활동적인 고령자'의 확대는 사회보장측면에서도 긍정적 효과를 거두게 될 것이다. 즉, 장수와 더불어 고령화의 진전으로 인해 다양한 복지서비스 수요가 증가하는 한편 활동적인 고령자의 경우에는 취로를 통한 소득증가와 사회보험료 갹출에 공헌하는 동시에 의료비 절감이라는 긍정적 효과를 거둘 수 있기 때문이다. 또한 지역사회에서 늘어나고 있는 고령자의 사회참가는 지역사회 발전에 공헌하는 동시에 고령자 개인의 삶의 보람을 재인식하는 계기가 되고 있다. 따라서 활력 있는 고령사회 구축을 위한 정책 방향성을 요약하면 다음과 같다.

첫째, 고령자문제 가운데 고령자의 사회참여 활성화를 위해서는 지역사회 활성화의 역할이 크기 때문에 그에 관한 조사연구 및 현대적 과제에 관한 모델프로그램의 개발과 더불어 성공적인 사례를 수집해 그 성과를 전국적으로 보급하도록 한다.

둘째, 지역사회 네트워크를 활용하여 다양한 참여기회의 제공을 도모하거나 지역에서의 학습 · 교류기회 확대에 힘쓴다. 또한 지역문화 활동 진흥을 위해 특색 있는 문화 활동의 발굴과 심포지엄 등에 의한 교류와 홍보를 통해 사회참가 기회를 제공하여 고령자의 삶의 질을 향상시키도록 한다.

셋째, 이미 고령기를 맞이했거나 혹은 지금부터 맞이하는 사람들이 고령시기를 보내는데 참고가 되도록 연령을 불문하고 연령초월생활(ageless life)을 실천하고 있는 고령자, 지역사회와의 유대관계를 맺고 적극적으로 사회참가를 하고 있는 고령자단체 등의 사례를 홍보하도록 한다. 또한 전문직 고령층의 자발적인 협력을 통해 고령층의 경험전수 및 교육기회를 늘리도록 한다. 그와 더불어 시민의 사회공헌 활동을 촉진하기 위해 비영리집단의 활동제고 및 시민활동의 참가분야 공모 등을 통한 이벤트 실시도 효과가 클 것이다.

넷째, 앞으로는 여가생활이 노후생활에서 차지하는 의미가 더 커질 것이다. 따라서 욕구충족을 위한 다양한 프로그램의 개발과 지원이 필요하다고 본다. 지금까지는 정년이 곧 노인입성 연령(65세)으로 인식하는 경향이 있으나 정년 이후에도 보수가 수반되거나 그렇지 않더라도 일하는 보람을 널리 인식시킬 필요가 크다고 하겠다.

다섯째, 현 정년제도가 향후에는 조금 더 연장되어야 한다고 생각하는 노인이 늘어나고 있다. 따라서 정년퇴직 이후에도 재취업 내지는 파트타임 일자리 창출이 필요하다고 본다. 노인의 기초소득(연금개혁) 보장이 미약한 현 상황에서 노인에게 적합한 일자리 제공을 통해 부가 소득을 창출할 수 있는 지원정책이 필요하다. 앞으로 노인인구의 급격한 증가로 인한 고령사회의 사회적 부담을 줄이는 차원에서도 고령자 고용정책을 더욱 강화시켜 노인 취업을 활성화 시켜야 할 것이다.

따라서 점차 인구고령화가 급속히 진전되는 현대사회에서 고령자의 '참여하는 삶의 보람', '건강한 삶의 연장'은 개인과 사회에 공헌하며 새로운 성장분야를 창출하여 사회보장재정 개선에 긍정적 가능성을 두고 정책적 차원에서 대처해 나아갈 필요가 있다.

나아가 사회구성원이라면 누구라도 나이가 들면 모두 노인이 되기 마련이므로 고령자 자신은 물론이고, 가정, 학교, 지역사회, 기업 등 사회구성원인 전 국민 모두가 지혜를 모아 활력 있는 고령사회를 만들기 위한 복지사회에 능동적으로 참여하여야 할 것이다. 이렇듯 고령자를 둘러싸고 있는 환경변화는 은퇴 이후의 생활양식에 다양하게 영향을 미치고 있으며 이러한 생활양식의 변화는 고령자의 라이프스타일 형성에도 상당한 영향을 미치게 될 것이다. 특히 베이비붐세대를 중심으로 한 고령자는 이전과는 다르게 취로든 사회참여든 노후의 여가활용에 적극적으로 나서는 고령자가 늘어날 것이다.

반면, 고령층의 위협요인이 되는 빈곤, 질병, 고독과 같은 문제(경제력, 건강유지, 인간관계, 범죄 등)에 대해서는 사회정책의 지원체계로서 해결해 나가야 할 것이다. 나아가 황혼이혼, 재혼 그리고 노부부의 동거형태도 변화하게 될 것으로 보인다. 그와 더불어 '활동적인 고령자'의 라이프스타일 형성에 따라 어르신에 대한 가정(孝)과 지역사회(恭

敬)와의 유기적 관계를 통해 고령자에게는 사회적 역할을 부여하는 동시에 삶의 보람을 느끼게 하는 효과도 기대할 수 있다.

이렇듯 새로운 사회시스템을 구축하기 위해서는 다양한 가능성을 내포한 참가사회, 자립을 지향하는 개인과 기업과 사회가 연대하는 네트워크가 필요할 것이다. 이와 같은 사회를 한마디로 요약하면, 바로 '다원적 공생사회'라고 하겠다. 그것은 사회를 구성하는 각 요소가 상호협조와 의존관계를 가지면서 조화를 이루는 사회일 것이다.

참고문헌

김수영 · 모선희 · 원영희 · 최희경(2009) 『노년사회학』 학지사.

박재간(1995) 『고령화사회의 위기와 도전』 나남출판.

국민연금공단(2008) 『국민연금20년사』 국민연금공단. pp.544-547.

이용하 · 정기룡 · 장길훈외(1998) 『국민연금 기금운용의 개선방향』 국민연금연구원. pp.13-36.

정기룡(1998) 「연금적립금의 복지사업 운용에 관한 한 · 일 비교연구」 『한국사회복지학』 35호. 한국사회복지학회. pp.345-374.

정기룡역(1995) 『年金福祉事業団三十年史』 국민연금연구원. 3-150.

조추용(2006) 「일본의 연금개혁과 노후생활보장정책」 『노인복지연구』 32호. 한국노인복지학회. pp.31-68.

주은선(2011) 「국민연금기금 지배구조개편 논쟁에 관한 연구」 『한국사회복지학』 63권1호. 한국사회복지학회. pp.343-367.

정기룡(2002) 「日本の現役高齢者に関する研究」 『日語日文學研究』 韓國日語日文學會. 41집. pp.293-313.

정기룡(2003) 「고령사회 일본의 노인문화」 『日語日文學研究』 韓國日語日文學會. 43집. pp.291-311.

정기룡(2010) 「일본의 고령사회와 베이비붐세대에 관한 문화적 분석」 『일본연구』 韓國外國語大學 日本研究所.43호. pp.39-60.

정기룡(2011) 「일본의 고령자 라이프스타일에 관한 연구」 『일본연구』 47호. pp.7-28.

조추용(2006) 「일본의 연금개혁과 노후생활보장정책」 『노인복지연구』 32호.

一円光弥(1992) 「高齢者の所得保障」 『高齢者社会政策』 ミネルヴァ書房. pp.63-106.

一番ケ瀬康子編(2002) 『余暇と遊びの福祉文化』 明石書店.

一番ケ瀬康子(1989)「余暇の意味」『老年学事典』ミネルヴァ書房.
太田空真(1999)『ご隠居という生き方』飛鳥新社.
太田貞司(1997)『生活文化を支える介護』一橋出版.
小塩隆士(2005)『人口減少時代の社会保障改革』日本経済新聞社. pp.73-110.
小方尚子(2006)「団塊退職・人口減少で変わる消費構造」『団塊退職で変る経済延びるビジネス』東洋経済新報社.
(財)厚生統計協会(各号)『国民の福祉の動向』(財)厚生統計協会.
鈴木征男(2004)「団塊世代の特性-そのライフスタイル」『団塊世代の定年と日本経済』日本評論社.
関沢英彦(2004)「団塊世代の引退と消費市場」『団塊世代の定年と日本経済』日本評論社. pp.270-271.
厚生労働省大臣官房統計情報部(2010)「介護給付費実態調査月報」.
厚生労働省(各号)『国民生活基礎調査』中央法規.
厚生労働省(各号)『厚生労働白書』ぎょうせい.
厚生省大臣官房統計情報部編(各号.)『厚生統計要覧』(財)厚生統計協会.
厚生統計協会(各号)『国民の福祉の動向』(財)厚生統計協会.
清家篤(1995)『高齢化社会の労働市場』東洋経済新報社.
清家篤(1998)『生涯現役社会の条件』中公新書.
有岡二郎(1989)『年金よどこへゆく』教育社. pp.41-65.
厚生統計協会(2004)『保険と年金の動向』(財)厚生統計協会. pp.4-50.
厚生労働省大臣官房統計情報部『厚生統計要覧』厚生労働統計協会. pp.302-306.
厚生労働省年金局(1993)『厚生年金保険五十年史』法研. pp.683-774.
自由国民社編(2012)『あなたの年金が全てわから』(株)自由国民社. p.13.
高田一夫(2010)「21世紀の社会政策の方向」『社会政策』2-1号.社会政策学会. pp.1-3.
高山憲之(1997)「公的年金の改革」『高齢化社会の生活保障システム』

東京大学出版部. pp.119-136.
田近栄治(1996)『年金の経済分析』東洋経済新報社. pp.209-246.
玉木伸介(2004)『年金2008年問題』日本経済新聞社. pp.95-221.
西沢和彦(2012)『年金制度はだれのものか』日本経済新聞出版社. pp.36-121.
福祉士養成講座編集委員会編(2007)『社会保障論』中央法規. p.115.
村上清(1997)『年金制度の危機』東洋経済新報社. pp.44-58.
盛山和夫(2007)『年金問題の正しい考え方』中公新書. pp.219-265.
日本内閣府 : 第7回高齢者の生活と意識に関する国際比較調査結果.
内閣府編(2008)『高齢社会白書』財務省印刷局.
日本経済研究所編(2006)『「団塊」退職で変る経済延びるビジネス』東洋経済新報社.
樋口美雄(2004)『団塊世代の定年と日本経済』日本評論社.
増子勝義(2006)『福祉文化と創造』北樹出版.
御厨貴編(2008)『共同研究・団塊の世代は何か』講談社.
宮崎勇(1987)『かけがえのない人生』岩波書店.

제9장

사회보장개혁과 복지문화

1. 인구변화와 복지문화의 형성
2. 복지문화의 방향과 가능성
3. 일본형 복지사회
4. 사회보장 · 세제의 개혁

1. 인구변화와 복지문화의 형성

1) 인구의 고령화와 문제제기

현대 산업사회가 당면하고 있는 노인문제는 선진국뿐만 아니라 이제 전 세계적인 정책과제가 되고 있으며 이미 고령화사회(aging society)[1]로 돌입한 우리나라에서도 최근 노인문제에 대한 관심이 높아지고 있다. 물론 인간이 건강하게 생활하며 장수하는 것은 바람직한 일이다. 그러므로 활기찬 고령사회의 도래를 위해서는 노후 생활을 안심하고 보낼 수 있도록 생활보장 대책뿐만 아니라 점차 다양화되고 있는 복지수요에 대처할 수 있는 양질의 서비스 제공이 전제되어야 한다.

선진국에서 나타나고 있는 본격적인 고령사회의 도래에 따른 위기와 도전은 이미 2000년에 고령화사회로 진입한 한국에도 시사하는 바가 크다. 특히 장수국으로 알려진 일본은 동양권 국가로서는 유일하게 고령사회의 단계를 지나 본격적인 초고령사회로 진입하여 이미 국가 시책의 차원에서 노인문제가 크게 부각된 바 있다[2].

인구의 고령화는 세계적인 추세이기도 하지만, 일본의 고령화는 구미 각국은 물론이고 다음 〈표 9-1〉에서 보는 바와 같이 한・일 비교에

---

1) U. N.(1970) 『인구백서』 UN에서는 국가 혹은 특정지역에서 전체인구 가운데 65세 이상의 인구 비율이 7%인 경우에는 고령화사회로 지칭하고, 나아가 14% 이상인 경우에는 고령사회, 20%에 달하며 초고령사회로 분류하고 있다.

2) 일본의 노인복지대책은 1963년에 노인복지법(1963년 법률 제133호)이 제정됨에 따라 적극적으로 추진되게 되었다. 노인복지법이 제정되기 이전의 노인을 위한 시책은 후생연금보험법과 국민연금법의 노령연금 및 생활보호법상의 양로시설에의 수용보호밖에 없었지만, 노인복지법이 제정됨에 따라 노인복지를 향상시키기 위한 시책이 종합적이고 체계적으로 추진되었다.

서도 상당히 빠른 속도로 먼저 진전되어 세계에서 고령자의 비율이 가장 높아질 것으로 보인다. 이와 관련하여 일본 후생노동성의 발표에 따르면, 일본의 고령화는 급속하게 계속 상승하여 2020년경에는 일본 전국민의 약1/4이 65세 이상의 노령인구가 될 것으로 보여 지금까지 어느 나라에서도 유례가 없었던 높은 수준의 초고령사회가 될 것으로 예측된다.

표 9-1 한국과 일본의 인구고령화 추이와 속도 (%)

구 분	1980	1990	2000	2010	2020	2030	2040	2050
한 국	3.8	5.1	7.2	11.3	15.6	24.3	32.5	38.2
일 본	9.1	12	17.3	23.1	29.2	31.8	36.5	39.6

구분	도달연도 및 고령화율(%)			소요년수	
	고령화사회 (7%)	고령사회 (14%)	초고령사회 (20%)	7% → 14%	14% → 20%
한 국	2000년	2018년	2026년	18년	8년
일 본	1970년	1994년	2006년	24년	12년

자료 : 한국통계청『2010고령자통계』, 日本內閣府『2010年度高齢社会白書』참조

또한 1가구의 평균세대 인원은 1975년에 3.35명, 1985년에 3.22명, 1995년에는 2.91명 그리고 1997년에는 결국 2.79명으로까지 계속 감소하여 가족 구성원 수가 줄어들고 있다(『국민생활기초조사』, 『후생통계요람』 등). 이와 같은 변화는 노부모와 자녀의 동거율이 계속 저하되고 있음을 의미하는데 이는 가정에서 노인가족 부양기능이 점차 저하되고 있음을 간접적으로 나타내 주는 반면 고령자가 가정으로부터 일종의 독립 혹은 자유로워지고 있음을 보여주고 있다.

그에 따라 일본은 경제・사회 환경의 재구축에 있어 고령사회의 대책을 노인만의 문제로 한정하지 않고 전 국민적 과제로 인식하여 각종 사회제도의 개편을 착수하고 있으며, 그에 따라 선택적이고 개별적인 서비스 제공의 필요성을 인식하고 있다. 그러나 최근에는 노인문제를 비롯한 복지제도운영에 있어서 재원조달이 어려워짐에 따라 이른바 사회보장을 비롯한 복지개혁의 필요성을 주장하는 소리도 고조되고 있다.

이러한 상황에서 사회 전반적인 추세는 자립(自立)과 연대(連帶)를 내세운 복지서비스의 유지와 더불어 재택(在宅)복지의 활성화 및 개호(介護: 간병)보험[3] 등 다양한 생활보장자원을 복합적으로 활용하려 하고 있다. 또한 고령화의 급진전은 사회보험에도 영향을 미쳐 경제상황의 변화에 따라 연금재정의 안정을 도모하게 되었고, 그 일환으로 1999년에는 연금개혁이 일부 이루어졌으며, 2004년에는 보다 구체적인 연금제도의 개혁과 연금적립금 운용의 효율화방안 등이 제시되었다[4].

한편, 인구의 고령화는 노인들의 가치관에도 변화를 주게 되었다.

---

3) 일본에서는 고령화가 진전되면서 건강한 고령자가 늘어나는 반면 체력・신체기능의 저하에 따른 와병노인 및 치매환자 등 간병・수발이 필요한 노인 또한 늘어나고 있다. 요개호 상태의 노인이 있는 가족은 매우 어려운 환경에 처하게 되며 가족만으로 대처하기에는 많은 어려움이 있다. 그에 따라 2000년 4 월부터 간병・수발 등을 필요로 하는 노인을 대상으로 하여 사회보험 방식의 새로운 개호보험제도가 도입되었는데 2001년9월말 현재, 요개호・요지원이 인정된 사람이 무려 280만 명에 달하고 있다.

4) 2004년의 연금개정에서는 연금재정방식을 부과방식으로 하되, 향후 100년간 안정적 연금제도 유지를 목표로 ①장래의 보험요율의 인상계획과 그 상한을 명확하게 설정, ②모델연금을 명시하고 급부수준의 하한선 설정, ③적립금의 인출예정을 명문화, ④5년마다 실시했던 재정재계산을 폐지하고, 재정검증을 채용하는 등 대폭적인 수정이 이루어졌다.

즉, 고령자의 학력상승, 소득상승, 자기실현 욕구의 표출 등 고령자의 생활상이 변화하여 노인들의 의식이 다양화되는 한편, 고령층 집단의 공통된 행동양식과 노인을 중심으로 한 문화형성이 두드러지고 있다.

따라서 일본의 고령사회에 관한 논의는 고령자 개개인의 생활과 경험 등으로 내재된 자기존재의 가치 및 이념을 비롯하여 최근에는 생활문화, 복지문화 등으로 확대되어 그에 관련된 연구[5)]가 시도되고 있다. 이러한 고령사회로의 급격한 사회변화는 사회제도 변화의 속도 간, 그리고 사회 가치 간에 불일치를 초래하여 이와 관련된 개념과 제도형성에 충돌과 혼란을 초래할 수 있다.

이렇듯 고령사회와 관련된 문제는 대단히 광범위하므로 단순히 한두 영역에서 모든 문제를 해결하기는 어렵겠지만, 장수국 일본을 대상으로 노인문제에 관한 문헌고찰과 현지조사에 입각하여 이른바 '잃어버린 10년'이라고 일컬어지는 시기를 대상으로 고령자를 위한 복지서비스 개괄적인 구축현황과 노인들의 의식변화 및 생활보장을 위한 일본의 고령자대책을 살펴보았다.

2) 노인문제의 배경과 대책

서구 선진국은 20세기 초엽부터 고령화사회로 진입하여 고령화의 문제점이 대두되었고, 후발 공업국인 일본 또한 급격한 고령사회로의 진전에 부심하고 있다. 이렇듯 고령화사회의 문제는 세계 각국의 공통된 문제로 대두되고 있다. 이를 반영하듯 ILO에서는 1980년, 「고령노동자에 관한 권고(ILO권고 162호)」를 채택하여 나이가 듦에 따라 고

5) 一番ヶ瀬康子・河畠修編(2001)『高齢者と福祉文化』明石書店. 那須宗一監修(1989)『老年学事典』ミネルヴァ. 折茂肇編(1993)『新老年学』東京大学出版会. 등을 들 수 있다.

용・직업에 있어서 곤란함이 예견되는 모든 노동자를 대상으로 하여 고용기회, 처우의 균등촉진, 고령노동자의 적정한 조건하에서 지속적으로 고용보호조치를 강구할 것과 은퇴 준비 등에 대하여 정책적인 대응을 모색하도록 권고하였다.

그 후 유엔에서는 1982년8월 빈에서 세계고령자회의를 개최하고, 「1982년 국제고령자문제행동계획」을 채택하기에 이르렀다[6]. 이렇듯 고령사회의 포괄적인 정책대응은 국제적인 문제로 확대되었으며 전후 고도 경제성장을 이룩한 일본도 예외가 아니었다. 전후 일본의 출생률은 일시적으로 베이비붐(団塊世代)이 나타났으며, 그와 동시에 생산연령인구에 대한 고령자인구 비율(노령인구지수)도 급격히 높아져 노인을 부양할 세대의 경제적 부담이 늘어났다. 나아가 평균수명 및 고령자의 평균여명이 매년 연장됨에 따라 고령자의 부양기간을 연장시켜 고령자의 생활보장문제가 대두되게 되었다. 최근의 핵가족화 경향과 합계출생률의 저하, 노동력인구의 도시집중에 의해 고령자세대가 1990년대에는 1960년대에 비해 약 10배나 증가하였다.

이렇듯 일본의 사회문제는 인구의 고령화, 세대규모의 축소, 여성의 고용기회확대, 부양의식의 변화 등에 따른 가정의 개호 능력저하 등으로 그 복잡성이 더욱 심화되고 있다. 65세 이상의 고령자 인구가 1950년에는 총인구의 4.9%(약 416만명)였으나, 2002년에는 17%(약 2,204만명)대를 넘어 초 고령사회가 되었고, 2020년에는 25.2%(약 3,197만명), 나아가 2050년에는 무려 35.7%(3,586만명)로 늘어날 것으로 보고 있다[7].

---

6) U. N. WIENNA INTERNATIONAL OF ACTION ON AGING. 1983. 본 행동계획 권고는, 고령자와 관련하여 보건, 영양, 시설, 주택, 환경, 사회복지서비스, 소득, 고용, 교육 등 폭넓은 행정부문의 행동계획을 권고하고 있다.

7) 日本総務省의 「国勢調査」와 日本国立社会保障・人口問題研究所의 「日本

이처럼 인구의 고령화가 빠르게 진행됨에 따라 고령사회의 문제는 더욱 복잡하고 심각한 상태가 될 것으로 보인다. 따라서 일본에서는 고령화사회로 진입한 1970년대부터 고령자를 단순히 약자로서의 보호에 머무르지 않고, 어떤 방법으로 여유 있고 의미 있는 노후생활을 보낼 수 있을까? 하는 과제에 각계각층의 관심을 모으게 되었다. 그와 관련된 시도로서는 먼저, 중앙사회보장심의회(1970년11월25일)가 후생대신에게 보낸「노인문제에 관한 종합시책」이라는 답신에서 국민적 합의를 이루기 위해 연금, 의료, 취업, 주택, 복지서비스 등에 관한 광범위한 노인대책을 종합적으로 추진할 것을 제안하였으며 그 후에는 주로 노인홈에 관련된 제안들이 집중되었다[8].

한편, 1985년1월 사회보장제도심의회는 총리대신에게 노인대책, 특히 중개호(重介護)를 요하는 노인을 위한 대책을 중점과제로 하여 의료 및 복지서비스를 일체적으로 제공하는 이른바 중간시설의 제도화 등을 제안하는 '노인복지의 이상적인 형태'를 건의하였다.

나아가, 1991년3월에는 복지관계 심의회에서 시정촌(市・町・村)의 역할 중시, 공적 재택복지사업의 사회복지사업으로서의 인정, 다양한 복지서비스를 전개하기 위한 복지서비스 공급주체의 육성, 재택복지의 충실과 시설복지의 연대강화 등 새로운 사회복지제도에 대한 내용이 포함된「향후 사회복지의 이상형」을 제안한 경위가 있다.

일본의 사회 환경은 매우 빠르게 변화하고 있으며 국제화, 정보화와

の将来推計人口」(2002.1)에 의함.

8) 그 후에도 중앙사회보장심의회에서는 [노인홈의 이상형(1972)], [유료노인홈의 이상형에 관한 의견(1974)], [향후 노인홈의 이상형(1977)], [양호노인홈 및 특별양호노인홈 비용 징수기준의 개선방안(1979)], [재택 노인복지대책의 이상형(1981)], [특별노인홈 및 특별양호노인홈 비용징수 개선방안(1984)], [현행 노인홈의 이상형(1988)], [향후 노인복지의 이상형(1988)] 등을 각각 제안하였다.

더불어 고령화는 일본의 최대 관심사가 되고 있다. 그와 더불어 핵가족화(核家族化)와 소자화(少子化), 만혼화(晩婚化) 등에 의한 생활양식의 변화는 이제 산업화의 산물로 인식되기에 이르렀다. 특히 고령자의 노후 생활보장은 제2차 세계대전 전에는 주로 자녀의 부양에 의한 것이 암묵적인 관례였는데 핵가족화와 전후의 민법개정에 따라 일본인의 부양의식이 크게 변화되었다. 이처럼 가족 부양의식의 약화는 일본의 고령자가 일정수준의 소득능력이 있음을 반영한 결과[9]이기도 하지만 현역세대의 도시근로자가 겪는 주택난, 생활비의 증가 등에 의해 부모의 생활원조를 적극적으로 지원하지 못하고 있음을 의미한다.

또한 치매성노인은 특유의 정신증상과 문제행동이 있어 다른 개호노인과는 질적・양적으로 다른 간병・수발이 필요하고, 발병원인 및 발병메커니즘 등이 아직 밝혀지지 않은 부분이 많아 그에 대한 대책이 큰 과제로 대두되었다. 따라서 고령자를 둘러싼 사회 환경의 변화와 고령자들의 개별화된 다양한 복지수요를 고려할 것 같으면 이전에 근로자층을 주요대상으로 하여 사회정책체계를 정비해온 것처럼 앞으로는 고령자를 대상으로 하여 체계적인 고령자 사회정책을 구축할 필요성이 커지고 있다.

고령자는 각자의 환경에 따라 경제적・경험적으로 매우 다양한 생활방식을 갖고 있으므로 일률적으로 판단하기에는 무리가 있겠지만 무엇보다 신체적 노화[10] 측면만을 보더라는 이른바 새로운 사회적 약자집단임을 부정할 수는 없다. 최근 이와 같은 사회현상을 반영하여 「고령자사회정책」 혹은 「고령화사회정책」 이라는 용어가 사용되고 있

9) 日本総務庁長官官方老人対策室(内閣府政策統括官)編(1991) 『老人の生活と意識』中央法規. pp.210～212. (주요수입원 : 취업수입 23.8%, 공적연금 54.3% 등)

10) 長谷川利夫(1989) 「老化」『老年学事典』 ミネルヴァ書房. p.11. 참조

으며 노후의 생활에 관한 실험과 연구가 활발히 이루어지고 있다[11]. 이들 연구는 고령자를 사회정책의 주요 대상으로 파악하여 ①고령자의 고용・노동정책, ②고령자의 소득보장, ③고령자의 의료정책, ④고령자의 거주문제, ⑤고령자의 지원정책, ⑥고령자교육・레저대책, ⑦노인복지계획 등이 거론되고 있다.

이처럼 일본의 사회정책의 변화는 이미 21세기를 맞이한 현시점에서 상당히 변화하고 있음을 알 수 있다. 이제 사회정책의 대상이 노동자정책에 한정되지 않는다고 한다면 사회정책론은 사회보장론과 사회복지론을 비롯하여 관련 연구영역을 넓혀갈 필요가 있을 것이다. 이러한 환경변화를 염두에 두고 고령사회의 사회문제를 노인문화와 관련시켜 접근을 시도해보고자 한다.

3) 노인문화의 형성

인구의 고령화는 노인들의 가치관에도 변화를 주게 되었다. 즉, 고령자의 학력상승, 소득상승, 자기실현 욕구의 표출 등 고령자의 생활상이 변화하여 노인들의 의식이 다양화되면서 고령층 집단의 공통된 행동양식과 노인을 중심으로 한 공통양식으로서의 생활문화가 형성되고 있다. 그러한 영향으로 고령자 개개인의 생활과 경험 등으로 내재된 자기존재의 가치 및 이념을 비롯하여 최근에는 생활문화, 복지문화에 이르기까지 관심이 확대되어 그와 관련된 연구도 활발해지고 있다[12].

---

11) 内海洋一編(1992)『高齢者社会政策』ミネルヴァ書房. 佐武弘章編(1991)『高齢化社会政策の実験』新評論. 등이 고령사회 사회정책론의 문헌으로서 거론되고 있다.

12) 고령사회의 노인문화 관련 연구로서는 정기룡(2009)「일본의 고령사회와 베이

이러한 선행연구에서는 사회구조에 대칭되는 문화형성에 있어서 나타나는 연구자의 이념이 강조되거나 시설복지 현장의 환경개선을 하나의 문화로서 승화시키려는 의도로서 파악되기도 한다. 물론 이러한 사회 환경의 변화 속에서 이전의 고령자와는 달리 베이비붐세대(団塊世代)가 새로운 삶의 행태를 형성해 가는 것은 고령층의 새로운 도전을 의미하며, 거기에는 고령자의 유형에 따른 복지문화라든가 노인문화가 어떤 형태로든 구축되고 있음을 시사하고 있다[13]. 물론 고령자의 노인문화는 삶을 영위하는데 있어서 필요한 여러 생활자원(인적자원·물적자원·정보·기술 등)을 활용하여 일상의 생활에서 형성·축적해 나가는 연속과정이며, 그것이 조직화되는 과정이 역사적·사회적 생활상으로 표출된다고 하겠다.

문화이론에서는 문화를 가치와 신념체계뿐만 아니라 사회적 관계, 삶의 양식을 포함하는 것으로 보고 있다. 문화이론에서 중요시되는 기

비붐세대에 관한 문화적 분석『일본연구』한국외국어대학 일본연구소. 増子勝義(2006)『福祉文化の創造』北樹出版. 一番ヶ瀬康子・薗田碩哉(2002)『余暇と遊びの福祉文化』明石書店. 그리고 一番ヶ瀬康子・河畠修(2001)『高齢者と福祉文化』明石書店. 등을 들 수 있으며, 여기에서는 노인을 중심으로 하여 복지현장에서 일어나는 노인들의 생활양식을 일종의 복지문화로 보고 있다.

13) 사회복지의 문화적 발달과정의 이론분석으로서 박병현(2005)「복지국가의 문화적분석」『한국사회복지학』한국사회복지학회. pp.277-304.를 들 수 있다. 주요내용을 재인용하면, 사회복지차원에서의 문화이론(Culture Theory)으로서 대표적 인류학자인 메리더글러스(Mary Douglas)가 제창하고, 정치학자인 윌답스키(Aaron Wildavsky)가 정책결정 과정에 적용하면서 발전하였는데 문화란 반드시 동질적인 것이 아니며 하위문화가 생성될 수도 있다는 점을 지적하고 있다. 나아가 정기룡(2003)「고령사회 일본의 노인문화」『일어일문학연구』한국일어일문학회. pp.291-311.에서는 노인문화의 개념을 규정하고, 노인의 일상생활을 통해 일본의 고령자의 활동상 조사를 통해 전통형 문화에서 신조류형 문화로의 변화를 지적하였다.

본개념은 사람과 사람과의 관계, 즉, 사회적관계이며 특정한 사회적관계가 특정한 문화적 편향과 세계관 등을 형성한다고 본다. 여기에서 주목할 점은 정체성과 행위에 관한 구분이며, 그 분류를 통해 집단성의 강약과 규제의 정도를 가늠해 볼 수 있기에 일본의 베이비붐세대의 문화형성에 있어서도 여러 가지 문화가 혼재할 수 있을 것이다.

따라서 일본의 고령사회와 베이비붐세대에 관한 문화적 분석은 여러 측면에서 가능하겠지만, 본 연구에서는 사회적 지위와 역할 중에서도 노년기의 공통적 문화특성에 관한 이해와 더불어 생명주기적 변화를 근거로 하여 노년기의 라이프스타일에 관한 유형분류의 접근을 시도하고자 한다. 왜냐하면 실제 일어나는 사회적 현상을 구체적으로 논리화시키는 작업은 매우 복잡하며 다양한 학문영역을 섭렵하여 논하기에는 너무 광범위하여 논리도출 과정에 따라 그 결과가 다르게 나타날 수 있기 때문이다[14].

또한 고령자도 사회구성원이며 정년 후에도 사회적 활동과 욕구충족을 위해 가정뿐만 아니라 지역사회에서의 일정 역할을 수행함으로써 얻는 만족감과 삶의 보람, 나아가 인생 영위의 의의를 가질 수 있으며, 개인으로서나 사회의 일원으로서 떳떳한 역할을 담당할 수 있는 구성원이므로 그 구성원의 노후 라이프스타일을 살펴볼 필요가 있다고 본다.

---

14) 연구자의 학문영역에 따라 민속학, 가정학, 문화인류학, 노년사회학, 의학 등의 입장에서 각각의 논리가 형성될 수 있을 것이다. 그 외에도 문화인류학(미국), 사회인류학(영국), 민족학(독일・오스트리아 등)의 방법론으로서 문화진화론, 문화전파론, 문화사론, 문화영역론, 문화기능론, 문화구조론 등의 영역에서도 문화를 다루고 있어 역사적인 문화와 현재의 모든 문화가 그 연구대상이 되고 있는 것이 현실이다. 이와 같이 각 연구영역의 배경과 시각, 국가, 지역 등에 따라 노인문제를 달리 볼 수 있으며, 연구 분석방법이 상이하기 때문에 단적으로 논할 수 없는 것이 현실이다.

특히 2012년부터 전기고령층(65세 이상)에 속하게 된 베이비붐세대는 지금까지 일률적으로 노년기에 속했던 노인들과는 달리 보다 적극적인 문화풍토를 형성하게 될 것이다. 특히 일본에서는 최근 사회복지 측면에서 복지문화[15]가 발아하고 있는데, 향후 고령자의 공통된 생활양식의 견인차가 될 베이비붐세대의 생활양식과 문화적 측면에서의 특성에 관한 고찰이 필요할 것이다. 따라서 문화의 개념을 노인생활에 연장시켜보면, 노인문화란 고령자의 생활양식이기는 하지만 고령자의 다양성을 존중하면서 노인들의 행복을 위한 문화생활과 관련된 일정한 체계라고 하겠다.

일본은 공적(대외적)으로나 사적(대내적)으로나 계층구조(집단주의에 입각한 계층주의 문화)에 종속하여 자기가 속한 공동체에 강한 충성심을 공유하려는 내향성이 강한 사회로 알려져 왔다. 이러한 공동체의식은 베이비붐 세대에도 물론 통용된다고 하겠는데 기업조직 내에서의 조화와 화합, 긴밀한 상호이해, 신뢰감 공유 등의 면에서 큰 장점을 갖고 있었다. 전후 베이비붐세대는 성장과정에서도 태어날 때부터 이른바 「무리」의 성격이 강하게 드러났지만, 현역시대를 거쳐 퇴직시점에 이르러서는 어떤 변화를 시도해보는 것도 바람직할 것이다. 왜냐하면 이러한 집단적 약점은 공동체를 구성하던 개개인이 회사를 퇴직하여 개개의 생활로 접어들면 매우 허약한 수동형이 되어 일정형태의 무리를 떠나서는 원활히 행동할 수 없게 될 수도 있기 때문이다. 즉,

---

15) 増子勝義(2006)『福祉文化の創造』北樹出版. pp.12-16. 복지문화란 구성원에 의해 학습되며, 복지에 관한 암묵적 이해와 다수 특정집단의 다양성, 즉 문화상대주의적 관점에서 인식방법과 규칙이 존재한다고 보고 있다. 따라서 문화란 단적으로 생활양식이며 복지란 생활문제의 해결 혹은 생활문제로부터의 복귀기능을 의미하므로 환경적응을 위한 물질적・지적장치로서 인간의 물적, 심리적, 사회적 적응문제를 해결하는 것이 바로 생활양식으로서의 문화가 바로 복지문화라고 보았다.

퇴직 후의 개별행동과 광범위한 상호교류가 필요한 지역사회활동과 생활에 있어서 무리사회의 행동이론은 어쩌면 기업과는 전혀 다르게 작용하여 사회로부터 고립될 위기(외톨이, 고독사 등)를 초래할 수도 있는 것이다.

2. 복지문화의 방향과 가능성

노인문제에 대한 생활정책의 대응으로 복지욕구가 이루어지면 삶의 질이 높아지고 문화적 생활향상이 동시에 이루어질 수 있음을 노인문화의 시각에서 살펴보기로 하자. 미지의 세계인 고령사회에서도 활기차고 안심할 수 있는 사회를 구축할 수 있다면 삶의 질과 문화생활이 향상될 수 있을 것이다. 물론 삶의 질은 상대적이고 가치 지향적인 개념이기 때문에 일률적으로 정의하기는 곤란하다고 본다.

또한 그에 관련된 문화형성도 아직은 주관적인 개념이기에 연구자에 따라 견해가 다르게 나타날 수 있다. 그러나 장수국 일본 내각부의 조사에서도 나타났듯이 일반적으로 고령층의 주요 관심사는 「건강」, 「경제력」, 「가족관계」, 「인간관계」에 관한 내용이 중심적이었다. 이러한 경향은 이미 선진국을 중심으로 하여 고령자를 둘러싼 공통된 행동양식으로서 구축되고 있으며 일상생활 속에 노인문화가 새롭게 형성되고 있음을 의미한다.

노인은 그동안 존경의 대상이었으나 최근에는 공업화 · 산업화 · 핵가족화에 따라 이제 경노사상은 외형적인 형식만 남게 되었고, 노인에 대해 사회적으로 생산 능력이 떨어지고 의존성이 높은 존재로 여기는 시각이 늘고 있는 것이 현실이다. 사회문제로 대두된 노인문제는 정책적 차원의 대처에서 진일보하여 시민들의 일상생활 속에서 노인문화로 형성되고 있으며 나아가 보다 광범위한 복지문화의 생성에 큰 영향을 미치게 될 것으로 보인다.

고령사회가 도래하여도 건강하게 삶의 보람을 느끼며 안심하고 노후생활을 보낼 수 있는 장수복지사회를 만들기 위해서는 먼저, 비교적 건강한 전기고령자의 활동적인 사회참가 기회를 제공하고 그를 위한 제도적 정비 및 환경조성이 필요하다. 다음으로 거동이 불편한 후기고령자의 고령자보건・복지 분야에 관한 서비스를 종합적으로 정비하는 동시에 간병・수발에 관한 사회전반의 이해와 원조기술의 개선 등에 따른 복지문화의 내용을 충실히 구축해나가야 할 것이다[16].

먼저, 일본에서 이루어지고 있는 고령자의 문화 활동에는 종래의 '전통형'에서 점차 진전・확대되어 '신조류형'으로 창조・생성되고 있으며, 시대적 변화에 따라 점차 유지・발전되고 있다고 하겠다. 따라서 고령자의 여가활동은 고정적인 것이 아니라 현역시기에 즐겼던 여가활동의 연장선상에서 자체적으로 새로이 생성되기도 하며, 시대의 유행과 사회의 환경변화에 따라서 여가활동 또한 일상생활 속에서 변화하고 있음을 알 수 있다.

---

16) 鄭基龍(2000)『転換期における日本の高齢者対策に関する研究』一橋大学博士学位論文. pp.21-41.

표 9-2 노인여가 활동유형(전통형+신조류형+신창조형)

분 류	여가활동 내용(예)
종래의 전통형 → 진전 · 확대	텔레비전, 걷기, 다도, 단가, 시, 그림, 서도, 도예, 온천여행, 바둑, 일본장기, 수예, 요리, 파칭코오락, 선술집모임 등
	유지 ↓ 발전
현행 신조류형 → 창조 · 생성	컴퓨터활용, 인터넷, 동호회참가, 가라오케, 골프, 교육·봉사활동, 사진, 스포츠클럽, 볼링, 사이클링, 댄스, 수영, 아웃도어활동, 해외여행 등 취미와 학습 병행으로 확대 중

자료 : 정기룡(2003)「고령사회 일본의 노인문화」『일어일문학연구』제43집 한국일어일문학회 p.306 〈표-4〉를 수정

물론 새롭게 생성되는 여가활동은 시간적·경제적 여유가 있는 계층에서 주로 만들어지지만, 점차 확산되어 대중화되는 경향이 있다. 즉, 여가에서도 모방이 없으면 개선과 창조가 이루어지기 어렵고, 창조 없이는 그 후의 모방도 존재하지 않는다. 따라서 여가활동에 있어서도 대중화 과정을 통해 모방과 창조가 서로 대립과 순환이 반복된다고 하겠다. 따라서 현대에는 고령자에게도 전통형 형태의 문화 활동뿐만 아니라 보다 활동적인 사회성여가의 발아를 엿볼 수 있다[17]. 이렇듯 노인의 행동양식에 대한 긍정적인 평가가 이루어지는 동시에 고령기란 사회 구성원이라면 모두가 거치게 될 삶의 단계로 인식하여 고령자를 위한 복지문화에 대해 관심을 갖게 된다면, 사회적 삶의 질은 더욱 향상될 것이다.

한편, 현대의 고령자들은 소속욕구라든지 자아실현욕구에 입각해 문화적 자극과 관련된 새로운 비즈니스 기회도 전망해 볼 수 있겠다.

---

17) 河畠修(2001)「高齢世代の動向と福祉文化」『高齢者と福祉文化』明石書店. p.23. 여기에서 사회성여가란 자유 시간을 사회적 자원으로 파악하여 여가를 통해 사회적 과제를 해결하고, 사회적 가치의 실현에 공헌하는 것을 의미함.

경제사회의 활력을 유지하고 고령자의 건강유지 · 증진과 관련한 다양한 수요에 대응하는 서비스로서 질병, 수발예방, 건강증진을 비롯한 건강서비스 관련 사업으로서의 실버비지니스는 21세기의 성장산업으로 주목받고 있다. 다음 의 · 식 · 주 전반에 걸친 실버비즈니스 분야는 〈표 9-3〉에서 보는 바와 같이 매우 광범위하게 늘어나고 있음을 알 수 있다. 실제로 최근 고령자의 소비성향이 늘어나고 있다.

고령자의 경우, 미래 위험에 대비하기 위한 저축성향이 두드러진다는 견해도 있으나, 「질병과 재해에 대한 준비」와 「노후생활자금」 그 자체가 결국, 고령자의 최종 소비와 관련되므로 향후 고령자를 대상으로 한 실버비즈니스가 인구고령화에 비례해 늘어날 것이라는 예상에는 이견이 없을 것이다. 최근에는 그 시장규모가 2015년을 전후로 약 100조 엔 수준으로 확대될 것이라는 예측도 있다[18].

또한 인구고령화가 급속히 진전되는 현대사회에서 새로운 시장의 가능성으로서 향후의 상품은 지금까지의 문제를 해결하는 '불만해결형'보다는 잠재적인 수요를 환기하는 '수요창출형' 상품과 서비스가 필요할 것이다. 왜냐하면, 고령자를 대상으로 한 수요의 다양성과 노인여가 관련 비즈니스에 대한 새로운 수요가 창출되는 기회가 될 수도 있기 때문이다.

---

18) 足利銀行融資本部産業グループ(2003.2)『シルバービジネスの動向』p.2. 동 보고서의 요약에 따르면, 실버비즈니스란 「고령자생활」을 대상으로 한 비즈니스 전반을 가리키는 것으로서 지속적으로 영역이 확대되고 있다. 2015년 전후에는 100조 엔 시장으로 성장할 것이라는 시산을 내놓고 있어서 21세기 신 성장산업으로 주목받고 있다.

표 9-3 실버 비즈니스의 분류

분 류	관련 사업의 예
의료・생활・일상용품 시장	기저귀관련, 요양의료관련, 시니어웨어패션, 생활용품관련 유통・통신판매・택배 등
식(食) 시장	요양식, 기능식품, 건강식품, 영양보조식품, 성인병예방식품, 식사・식재택배통신판매, 병원급식, 외식실버메뉴
노인홈・주택・주거 시장	국내 : 건강실버타운(입소형, 분양형, 임대형), 병약실버타운(입소형, 분양형, 임대형), 해외 : 장기체재
배리어프리 상품(barrier free)	휠체어, 보행기구, 운전보조장치, 홈엘리베이터, 보청기 등
건강관리・의료・간병수발 시장	건강관리상담, 예방유지, 질병예방의료, 재택의료, 시니어의료, 방문간호, 요양시스템, 요양보조로보트, 요양관련 약품
안전・안심 시장	긴급・구급지원 서비스, 안심・안전운전, 안전설비
삶의 보람・문화 시장	교양오락용품, 서적, 실버세대교육, 자격강좌, 취미활용, 실버레스토랑, 퇴직준비교육
여가・레저 시장	국내외 실버투어, 검진투어, 유람선투어, 호텔, 등산, 취미, 오락
고용・노동 시장	의료・요양인재고용, 실버인재활용, 중고령층 인재소개, 파견, 창업지원, 기능훈련
정보・소프트・서비스 시장	인터넷, 통신위성활용정보제공, 잡지, 거택요양강좌, 교육・강좌비지니스
재테크・금융・보험 시장	고령자금융상품, 재산관리, 노후자금운용컨설팅, 종신보험, 의료보험, 유언관련
장의관련 시장	장례관련운영, 장의용품, 묘석, 상제관련교육, 화장장관련
사회시스템 시장	간병요양숍, 고령자지원주택, 고령자전용거주토지,

* (株)日本ビジネス開発(2011)『少子化・高齢化ビジネス白書』재구성

나아가 사회시스템이나 사회제도면에서의 대응뿐만 아니라 고령자가 어떻게 삶의 보람을 만끽하며 사회에 참여할 수 있을까? 하는 소프트웨어 제공의 관점도 필요할 것이다. 따라서 고령자에 적합한 디자인 구상이랄지 고령자의 사회활동을 확대시키기 위한 시스템구축 등의 문제는 이제 필요의 단계에서 이미 개선의 단계에 접어들었다고 하겠다.

3. 일본형 복지사회

국민소득을 분배 측면에서 보면, 노동의 투하, 자본의 투입, 임금과 토지 등을 제공함에 따라 생산기여에 따라 배분되어진다. 그와 같이 1차적으로 배분된 소득은 사회보장과 증여 등에 따라 재분배되는 경우가 나타난다. 사회보장은 그러한 소득재분배기능에 따라 국민의 빈곤방지와 구빈형태로 수행되는 국가적인 미니멈을 보장하는 기능을 갖고 있다.

소득재분배의 질과 크기는 사회보장의 각 제도에 따라 다르고 또한 정책의 실제운영에 따라서도 매우 다른 양상을 보인다. 사회보험의 경우에는 보험료의 갹출을 기초로 하고 있기 때문에 취업자 또는 취업시부터 질병자, 실업자, 고령자로의 소득이전이 일어난다. 즉, 시간적 또는 세대 간 재분배가 이루어지는 것이다. 공적부조의 경우에는 조세가 재원이 되어 납세자로부터 빈곤한 자에게로 소득이전이 발생한다.

베버리지(William Henry Beveridge)도 기본적인 니즈는 사회보험으로 해결하며 특별한 사태에 대해서는 공적부조를 통해 국가적 미니멈을 보장해야한다고 주장한 것으로 유명하다. 그는 이에 추가하여 기본적인 니즈를 넘어선 것에 대해서는 임의보험(민영보험)으로 처리해야 하는 것도 그 계획 속에서 해석되고 있다. 이런 점에서 민영보험은 사회보험을 보완하게 된다.

사회보험은 [각출]=[저축]을 강제함으로써 실업, 질병, 고령 등의 보험사고에 대해 사회적인 생활보장을 모색한다. 그에 비해 민영보험은 개개인의 임의적인 가입에 따라 그의 보험사고를 보장하려고 하는 것이다. 양자는 같은 보험기술을 이용하고 있지만 보험수지상의 원칙을 달리하는 것에 주의할 필요가 있다. 즉, 민영보험의 경우에는 개개인에 관해서 급부, 반대급부 균등의 원칙을 중시하여, 보험회사의 이윤획득을 목적으로 운영하는 것에 비해, 사회보험의 경우에는 총체로서 수지상당의 원칙이 유지되면 된다는 것이다.

사회보험이 제대로 준비되지 않은 경우, 임의보험제도의 발달이 나타난다. 그것은 일본이 이전에 공적연금보험의 미성숙단계랄지 건강보험의 미비, 임의의 입원보험과 개인연금 등의 전개과정을 보면 알 수 있다. 그러나 사회보험이 발달하더라도 개별적인 민간보험의 필요성 측면에서 그 존재의식이 없어지지 않는 것은 서구선진국의 예로부터 알 수 있다.

사회적으로 공인된 국민의 최저한도의 생활수준을 국가가 보장한다는 사상으로 웹 부처에 의해 처음으로 제창되었다. 웹 부처는 19세기말에 있어 현저하게 고양한 자주적인 노동조합운동이 공정임금의 설정과 노동시간 등 조합원의 노동조건개선에 크게 이바지한다고 강조했는데 그와 함께 조직노동자이외의 일반국민의 노동, 생활조건을 개선하기 위해서는 국가의 규제 즉 사회정책입법에 따른 [국가적 미니멈]=[국민적 최저한의 보장]이 필요하다는 사상을 처음으로 제창한 것이다.

이런 미니멈사상은 최저임금의 규제와 실업자의 생활보장을 시작으로 사회보험의 급부수준에 구체화되어 갔다. 또한 노동자계급은 생존권을 구체적으로 보장하는 것으로 받아들였다. 그 후 베버리지가 그의 사회보장 계획 속에서 사회보장은 국민생활의 미니멈을 보장하는 것이라는 규정을 상징화한 것처럼 오늘날의 사회보장의 기능을 특징적으로 나타내는 개념으로서 널리 인정되고 있다. 다만 현실의 미니멈 수준은 궁극적으로는 한나라의 경제의 생산력 수준을 전제로 하여, 노동조합의 단체 교섭력에 따른 노동생활의 조건 설정과 그를 규제하는 공공정책에 의해 규제되고 있다고 하겠다.

국가적 미니멈이 국가수준의 국민 최저한의 생활보장수준을 의미하고 구체적으로는 사회보장정책과 최저임금제도가 그에 관련하는 것에 비해, 시민의 미니멈은 시민으로서의 최저한의 생활기준을 의미하고, 국가적 미니멈을 넘어서는 것이라고 생각하게 되었다. 시민의 미니멈은 단순히 소득보장에 한정되는 것이 아니라 지역사회의 생활의 질을 추구하는 것으로부터 사회보장, 사회자본, 보건 등 보다 넓은 사회적인 제도의 정비를 지향하고 지자체와 주민운동의 규범적 기준이 된다.

이러한 시민의 미니멈은 1970년 전후 무렵부터 활발해졌는데, 도시형생활의 정착, 도시문제의 격화, 중산층의 증대와 그 지역생활의 정책 등을 배경으로 하고 있다. 최근에는 혁신지자체에서 뿐만 아니라 농촌지역을 포함한 여러 지역사회에서 지자체의 정책 책정·계획화에 있어서 실질적인 미니멈 달성 행동에 나서고 있다.

일본의 경우, 서유럽 국가처럼 고부담·고복지라고는 할 수 없지만, 경제성장도 비교적 견실했기에 사회정책의 모순이 그 정도까지 깊어

지지는 않았던 것이다. 하지만 향후에는 이미 몇 차례 실시한 것과 같은 연금개혁처럼 사회보험의 제도개혁과 더불어 고령자와 핸디캡을 가진 사람들의 사회참가, 노멀라이제이션(normalization)의 불충분한 점 등을 해소하는 사회복지의 체계화를 추진하면서도 수익자부담과 봉사활동 등으로 확대될 것으로 보인다.

이런 과정에서 국고보조가 줄어드는 반면, 행정의 역할로서 종래의 '지도 · 규제 · 보호'로부터 '방향조정 · 보완'으로 전환해 갈 것으로 보인다. 이러한 노선전환에 대해 일부에서는 복지국가의 포기 혹은 파탄으로 평가하기도 한다. 그러나 모든 복지욕구를 공공정책에 의존하는 것에는 한계가 있다. 앞으로 사회보장의 안정적인 유지를 위해서는 복지국가로서의 체제뿐만 아니라 민간의 자립 · 상호원조를 기초로 하는 '일본형 복지사회'의 실체에 대한 끊임없는 질문이 이어질 것이다. 최근에 이르기까지 일본의 '복지국가론'을 대신하여 '복지사회론'이 활발히 논의되는 것은 이러한 사회정책의 변천과정의 배경과 무관하지 않다고 보인다.

일반적으로 충분한 자산을 소유하지 않은 노동자는 실업, 병원, 장해, 질병, 노령에 기인하는 소득의 상실과 중단에 의해, 빈곤에 빠지는 등 생활상의 곤란한 상황에 직면하게 된다. 사회보험은 이러한 빈곤의 원인들에 대수법칙을 기초로 하는 보험기술을 이용하여, 소득이 있는 시기에 보험료를 갹출해 기금을 만들어 보험사고가 발생한 경우, 기금으로부터 급부를 권리로서 받도록 하는 보험제도를 만들어 그 원인에 대처하려는 것이다. 더욱이 이러한 보험제도를 국가의 책임에 두고 실시하여, 갹출을 국민의 의무로 한 점에 사회보험이라고 하는 이유가 있다. 즉, 강제적인 소득의 재분배에 의해 노동자와 그 가족의 빈곤을 예방하는 목적으로 하고 있지만, 노동자의 집단적인 자조조성제도의 성격을 가지고 있는 것에 주목해야 할 것이다.

한편, 의료발달로 일본인의 수명은 최근 점차 늘어나고 있지만, 그와 동시에 요 개호 기간도 함께 늘어나고 있어서 간병·수발에 무려 10년 가까이 소요되는 경우가 늘고 있다. 후기고령자를 중심으로 체력 및 신체기능의 저하에 따라 아프거나, 노쇠 및 치매 등으로 간호가 필요한 인력 또한 증가하고 있다. 일단 요 개호 상태가 되면, 의료비용 및 치료비용뿐만 아니라 가족과 보호자에 여러 가지 영향을 미치게 된다. 따라서 개호가 필요해지면 보다 충실한 간호서비스를 손쉽게 받을 수 있도록 하는 지원이 이루어져야한다. 왜냐하면 노인건강 대책과 개호대책은 노인들만을 위한 지원대책이 아니라 앞으로 국민모두가 고령기를 맞이하게 되기 때문에 향후 건강지원대책은 전 국민의 적극적인 건강 실현의 관점에 따라, 고령자의 요구를 충분히 고려해 대처해야 할 것이다.

노인을 비롯한 전 국민의 평생 건강증진을 위해 젊은 시절의 생활습관의 재검토를 할 필요도 있겠다. 일본도 이제는 건강유지와 질병예방 차원의 '1차 예방'을 추진하는 것이 중요하다는 점을 자각했다. 따라서 일본정부에서는 앞에서 살펴본 것처럼 구체적인 목표를 제시하고, '1세기의 국민건강 증진운동(2010년)'을 추진해 건강증진을 지원하는 환경정비를 도모하고 있다[19]. 이러한 건강증진대책을 추진해 나가기 위해 조사연구 및 홍보를 추진하고, 건강증진과 관련된 관련기관 및 민

19) 즉, 건강증진 및 질병예방을 국민적 합의에 근거해 그 법적기반으로 ①건강증진을 종합적으로 추진하기 위해 국가가 종합목표와 기본정책 방향을 제시하고, ②지역실정에 맞는 건강증진을 추진하기 위해 지방자치단체에서 건강증진계획을 수립하여 ③직장, 지역, 학교 등의 건강검진을 통해 생애에 걸쳐 스스로의 건강증진에 활용하도록 지침을 정하는 것 등을 내용으로 하는 '건강증진법(법률제103호)'을 시행(2003)하고 있다.

간단체 등이 상호협력 할 필요가 있을 것이다. 또한, 정부뿐만 아니라 지방자치단체의 건강증진에 있어서 지역사정에 맞는 구체적인 계획이 수립되어야 한다. 또한 지역사회와 기업의 건강관리서비스에서 효율성을 높이기 위한 협력 사업을 추진해야 할 것이다.

한편, 고령기의 간호 및 의료부담 등에 의한 사회보장의 구조개혁 주장이 고조되는 상황에 의해 고령자가 노후생활에 불안을 느끼고 있다. 사회보장은 광범위하게 이루어지고 있지만, 노인들이 친근하게 느끼는 제도로는 연금제도, 의료보험, 개호보험의 세 가지라고 하겠는데, 특히 의료보험, 개호보험은 고령자의 건강과 밀접한 관계가 있기 때문에 의료관련 구조개혁에 부담을 느끼는 것이다. 따라서 가능한 한 젊었을 때부터 생활습관을 재검토하여 개인위생에 철저히 대처하며 질병을 예방하는 '1차 예방'을 통해 의료부담을 절감 해 나가야 할 것이다. 나아가 사회보장을 개혁하더라도 중복혜택 시정 및 비용절감, 기능분담의 재검토 등 공정하고 효율적인 제도운용을 통해 노후의 기본적인 생활보장이 확보되도록 지원하여야 할 것이다

4. 사회보장 · 세제의 개혁

1) 사회보장 · 세제의 일체적 개혁 대강(2012.2.17. 각의 결정)

일본의 사회보장제도는 전후 경제성장에 힘입어 급속하게 정비가 진행되어, 1960년대에는 전 국민의 보험 · 연금이 적용되는 현행 사회보장제도의 기본 틀을 갖추어 선진국에 비해 손색없는 제도를 구비하

고 있다. 의료분야에서는 환자가 보험증 한 장으로 자유롭게 의료기관에서 진료 할 수 있는 의료서비스를 제공하고, 공적연금은 노후생활의 중심 소득원으로서 평균수명이 세계 최장을 실현하는 등 일본의 사회보장제도는 세계에 긍지를 지닐만한 국민의 공유재산으로서 '상호지원사회'의 기반이 되고 있다.

그러나 전 국민의 보험 · 연금제도가 달성 된 이후 반세기가 경과해 저출산 · 고령화 등 인구구조 구성의 변화, 비정규 노동자의 증가 등 고용기반의 변화, 가족형태 및 지역기반의 변화 등 사회보장제도를 지원하는 사회경제 정세에 큰 변화가 발생해 안전망에 구멍이 생겨 빈곤 · 격차확대 등 새로운 사회적과제에 대한 대응이 요구되고 있다.

향후 또한 고령자 수는 2040년까지 계속 증가해 독신생활 고령자도 증가해 간다. 2020년에는 고령화율이 30%에 달할 것으로 예상되는 등 일본의 고령화수준은 세계에서 제일 높은 수준이다. 반세기 전만해도 65세 이상 노인 1명을 약 9명의 현역세대가 지원하는 '헹가래형사회'였으나 최근에는 3명이 1명을 보살피는 '기마형사회'가 되었고, 이대로 간다면 2050년 경에는 국민의 40%가 노인인구가 되어 노인 1명을 1.2명의 현역세대가 지원하는 '목마형사회'가 도래할 것으로 전망된다.

사회보장제도는 현재에도 전체적인 혜택의 균형을 이루기 위한 부담을 확보할 수 없고, 그 기능을 유지하는 제도의 지속 가능성을 확보하기 위한 개혁이 요구되고 있는 실정이다. 향후 인구구조의 변화로 고령화가 더욱 진전되더라도 연금, 의료, 개호를 비롯한 사회보장제도를 지속가능할 수 있도록 유지하기 위해서는, 혜택은 노인세대 중심인데 부담은 현역세대 중심인 현재의 사회보장제도를 재검토해야 할 것이다. 따라서 급부와 부담 양면에서 인구구성의 변화에 대응하는 세대간 · 세대내의 공정성이 확보된 제도로의 개혁이 필요하다고 본다.

앞으로 혜택측면에서는 어린이·육아지원 등을 중심으로 미래에 대한 투자라는 성격을 강하게 띠어 전 세대 대응형제도로 가면서 부담측면에서는 나이를 불문하고, 부담능력에 따른 부담을 요구해나가는 등 제도를 지지하는 기반강화가 필요하다고 하겠다. 이러한 노력을 통해 세대간·세대내에서의 공평성을 실현하도록 하며 현재의 주요 부담자일지라도 고령자가 되면 주요 수혜자가 된다. 따라서 현역세대와 앞으로 태어날 미래 세대를 위해 국민의 공유재산인 사회보장제도를 확고하게 유지하고 이어나가야 한다.

이번 개혁은 이러한 상황변화를 근거로 국민의 자립을 지원해 안심하고 생활할 수 있는 사회기반을 정비한다는 사회보장의 원점으로 돌아가 사회보장의 기능강화를 보장하는 동시에 사회보장 전체의 지속가능성을 확보하기 위한 것으로서 전 세대를 통한 국민생활의 안심을 확보하는 '세대대응형' 사회보장제도의 구축을 목표로 하는 것이다. 또한 사회보장, 육아, 의료, 개호 등의 많은 지방자치단체를 통해 국민에게 제공하고, 지방자치단체의 역할도 매우 크기 때문에 국가와 지방이 혼연일체가 되어 안정적으로 실시해나가는 것이 중요하므로 이번 개혁은 국가·지방 쌍방이 협력하여 추진해 나가야 한다. 아울러 사회보장 혜택과 부담의 공정성, 명확성을 확보하기 위한 인프라로서 사회보장세금번호제도의 조기도입을 도모해 나가야 한다.

한편, 사회보장을 지원하는 재정을 살펴보면, 일본의 재정은 세수가 세출의 절반조차 조달치 못해 국가 및 지방의 장기채무 잔고가 2012년 말 현재 GDP 대비 무려 196%에 달할 것으로 전망됨으로써 매우 어려운 상황에 처해 있다. 이런 상황을 방치하면 국채시장에서 일본의 신인도를 잃어 금리가 크게 상승해 재정위기에 빠질 사태가 예상된다.

실제로 이러한 재정위기가 발생한 유럽국가에서는 국내외에 보유한 국채가 신용을 잃은 결과, 정부가 차입을 지속 할 수 없었다. 연금·의료 등 사회보장 분야의 혜택 삭감 조치가 취해질 사태도 우려된다. 유럽의 채무문제를 계기로 세계적으로 재정위험에 대한 시장의 우려가 높아지고 있어 재정건전화는 현재 사회보장기능을 유지하기 위해서도 즉시 임해야 할 과제가 되고 있다.

또한 일본은 이제 국가의 일반 세출에서 차지하는 사회보장관계비의 비율이 50%를 넘고 있어, 세수가 세출의 절반조차 조달치 못하는 현상에 비추어 보면, 사회보장관계비의 상당부분을 미래세대의 부담으로 미루고 있는 것이다. 이 외에도 매년 1조엔 규모의 사회보장의 자연증가가 불가피해 현세대가 누리는 사회보장 혜택에 대한 부담을 확보하지 않은 채 그 부담을 미래 세대에게 계속 연기한다면, 사회보장의 지속 가능성 확보 관점에서도 재정건전화의 관점에서도 곤란할 수밖에 없다.

국민 모두가 삶의 다양한 단계에서 수혜자가 될 수 있는 사회보장제도를 지원하는 경비는 국민 전체가 모두 협력해야 한다. 세대에 걸쳐 폭 넓은 국민이 부담하는 소비세의 세율을 인상하고, 세대 내에서 부담 능력에 따라 사회보장 부담을 나누는 방식으로 세대 간 공정성을 확보하면서 사회보장의 급부수준에 적합한 부담을 국민 모두가 분담해 나가야한다. 그와 동시에 이번 개혁에 담겨있는 사회보장의 안정대책은 연금에 대한 국고의 1/2을 영구부담 하며, 소비세율 인상을 통해 안정적으로 재원확보를 할 것을 전제로 사회보장 기능강화와 안정화를 위해 재원확보를 지속해 나간다는 것이다. 즉, 사회보장과 세금의 일체개혁은 사회보장의 기능강화·기능유지를 위한 안정적인 재원확보와 재정건전화의 동시 달성을 목표로 하는 것이다.

그 가운데 사회보장의 안정적 재원확보와 재정건전화를 도모함에 따라 '재정운영전략(2010년6월22일 각의결정)'에서 정하고 있는 내용 즉, 2015년의 단계에서 재정건전화의 달성을 지향하기 위해 사회보장의 안정적 재원확보와 재정건전화의 동시 달성을 위한 첫걸음을 내딛게 된다. 재정건전화에 대한 길은 멀다. 앞으로 더욱 고령화가 진전되고 사회보장비가 증가하는 가운데, 사회보장제도의 지속 가능성을 확보하는 동시에 2020년까지 기초 재정수지를 흑자화 하는 등 재정건전화 목표를 달성하기 위해서는 더욱 노력해야할 것이다.

사회보장은 수요·공급 측면에서 경제성장에 기여하는 기능을 갖고 있다. 이번 개혁은 사회보장의 안정적 재원을 확보해 안정적인 사회보장제도를 확립해나가려는 것은 미래에 대한 불안을 줄이고 소비와 경제활동을 확대하는 것을 가능케 하는 새로운 성장기반이 된다. 또한 현재에도 의료·복지산업에 약700만 명의 고용을 창출하였고, 향후 고령화가 더욱 진전되는 가운데 사회보장분야의 안정된 재원확보를 통해 젊은 세대를 포함한 고용이 더욱 확대 될 것으로 전망된다.

또한 사회보장분야의 잠재수요를 표면화시키는 것으로서 새로운 일자리가 생긴다. 의료·개호(介護)·육아분야의 고용창출, 라이프스타일의 혁신, 민영기업을 포함한 다양한 사업주체의 신규참가 촉진 등으로 경제성장과의 선순환을 실현하도록 한다.

「사회보장과 세금의 일체개혁 대강」은 '사회보장과 세금일체 개혁 성안(2011년6월 30일 정부·여당 사회보장개혁검토본부 결정)'에 나타난 기본개념과 구체적인 개혁내용에 따라 정부·여당에서 적극적으로 논의를 진행해 그 내용을 구체화 한 것이다. 본 대강을 토대로 각 야당 측에 사회보장과 세금의 일체개혁에 대한 협의를 제안하여 여·야 협의를 거쳐 법안화하도록 한다.

2) 사회보장의 과제와 지향방향

오늘날 일본사회와 사회보장제도는 인구구조 구성의 큰 변화, 고용구조의 변화, 가족형태 및 지역기반의 변화, 빈곤·격차문제, 세대 간의 불공평, 고독·고립의 확대 등의 문제에 직면하고 있으며, 이러한 문제에 대응하기 위해 연금·의료·개호·육아 등의 사회보장제도의 지속 가능성 확보 및 기능강화가 요구된다.

또한 차세대 일본을 짊어질 젊은 층의 고용환경이 매우 어려운 실정이다. 젊은 세대가 어떻게 꿈을 갖고 살아 갈 수 있을까? 하는 점은 일본사회의 미래의 밝기를 비추는 거울로서 조속한 취업지원책과 비정규직대책이 필요하다. 부존자원이 없는 일본의 최대의 자원은 '인재'로서 사회보장 등의 정책 대응을 통해 국민 개개인의 개성과 능력을 최대한 발휘할 수 있는 사회를 구축해나가야 한다.

사회보장개혁에서 지향해야 할 사회는 제도가 출산·육아를 포함한 삶과 일하는 방법에 중립적 선택을 할 수 있는 사회, 고용 등을 통해 참여가 보장되고 모두가 안식처가 있는 공생사회, '두터운 중산층'이 지탱하는 큰 격차가 없는 사회, 아이들이 가족과 사회의 좋은 환경에서 건강하게 성장할 수 있는 사회, 지원이 필요한 사람의 입장에서 종합적인 지원체제의 구축을 통해 지역 존엄성을 갖고 살 수 있는 의료·개호체제가 실현되는 사회이다.

이번 사회보장개혁은 고령화가 더욱 진행된 사회에서도 일본이 세계에 자랑하는 전 국민의료보험·전 국민연금을 견지하며 수익감각으로 납득할 수 있는 사회보장을 실현하는 동시에 세대 간 공평성의 견지에서 사회보장제도를 '전세대대응형'으로 전환함으로써 취학전 단계부터 학령기, 젊은층, 고령기에 이르기까지 일관된 지원 실현을 목표로 하는 것이다. 이를 통해 세대를 불문하고 개개인이 능력을 발휘해 적극적으로 사회와 사회보장을 지탱하는 구조에 참해함으로써 도움이 필요한 사람에게 필요한 서비스 혜택을 제대로 지원하는 사회보장제도를 구축하려는 것이다. 그래서 현역세대는 물론이고, 미래세대에게도 지속가능한 사회보장제도를 계승하며, 사회보장제도 개혁 추진에 전력으로 힘써 사회보장의 기능강화를 도모하자는 것이다.

표 9-4 사회보장개혁의 배경

1. 비정규 고용의 증가 등 고용기반의 변화		2. 가족형태와 지역의 변화
3. 인구 고령화, 현역세대의 감소		4. 고령화에 따른 사회보장 비용의 급속한 증대
* 고령자급부가 상대적으로 많고 현역세대 생활위험 대응 미비 * 빈곤문제와 격차확대 대응 불충분 * 사회보장비용 적자국채로 마련되어, 부담을 장래세대로 미룸	→	사회경제의 변화에 대응한 사회보장의 기능강화가 요구된다.
↓		↓
현역세대도 포함한 모든 사람이, 보다 수익을 실감 할 수 있는 사회보장제도의 재구축		

또한 사회보장제도개혁의 포인트는 ①공조·연대를 기초로 한 국민 개개인의 자립을 지원, ②기능충실과 철저한 급부의 중점화·효율화를 동시에 실시, ③세대 간 뿐만 아니라 세대 내에서의 공평을 중시, ④특히 어린이·젊은이, 의료·개호서비스, 연금, 빈곤·격차대책을

우선적으로 개혁, ⑤소비세수의 충당을「연금・의료・개호・육아」의 4분야로 확대(사회보장 4대 경비, 소비세율을 2014년4월부터 8%로 인상하고, 2015년10월부터는 10%로 단계적 인상), ⑥취로 촉진에 의해 사회보장제도를 유지하는 기반강화를 추구한다는 것이다.

나아가 사회보장제도개혁의 방향성으로서는 미래에 대한 투자(육아지원)의 충실을 비롯해 의료・개호서비스보장 강화와 사회보험제도의 안전망 기능강화, 빈곤・격차대책 강화(중층적 안전망 구축), 다양한 고용형태를 지원하는 사회보장제도구축, 전원 참가형 사회의 구축을 위해 고령자고용 및 파트타임 노동법제 검토, 소비세율 인상을 통한 사회보장제도의 안정적인 재원확보 등을 추구하려 하고 있다.

참고문헌

김옥암 역・오오부치히로시 저(2004)『저출산시대의 일본경제』청목출판사.

최성재(1997)「미국의 노인복지에 있어서의 사회복지와 실버산업의 역할」『한국노년학』25호, 한국노년학회.

최신덕・김모란 역(1998)『노년사회학 : SOCIOLOGY of AGING, Diana K. Harris 저』하나의학사.

박병현(2005)「복지국가의 문화적분석」『한국사회복지학』한국사회복지학회. pp.277-304.

정기룡(2003)「고령사회 일본의 노인문화」『日語日文學硏究』韓國日語日文學會. 43집. pp.291-311.

정기룡(2010)「일본의 고령사회와 베이비붐세대에 관한 문화적 분석」『일본연구』韓國外國語大學 日本硏究所. 43호. pp.39-60.

정진웅(2006)『노년의 문화인류학』한울아카데미.

一番ケ瀬康子・河畠修編(2001)『高齢者と福祉文化』明石書店.

一番ケ瀬康子編(2002)『余暇と遊びの福祉文化』明石書店.

一番ケ瀬康子(1989)「余暇の意味」『老年学事典』ミネルヴァ書房.

太田空真(1999)『ご隠居という生き方』飛鳥新社.

太田貞司(1997)『生活文化を支える介護』一橋出版.

折茂肇編(1993)『新老年学』東京大学出版会.

河畠修(2001)「高齢世代の動向と福祉文化」『高齢者と福祉文化』明石書店.

厚生労働省大臣官房統計情報部(2010)「介護給付費実態調査月報」.

厚生労働省(各号)『国民生活基礎調査』中央法規.

厚生労働省(各号)『厚生労働白書』ぎょうせい.

厚生省大臣官房統計情報部編(各号)『厚生統計要覧』(財)厚生統計協会.

厚生統計協会(各号)『国民の福祉の動向』(財)厚生統計協会.

佐武弘章編(1991)『高齢化社会政策の実験』新評論.
(財)厚生統計協会(各号)『国民の福祉の動向』(財)厚生統計協会.
関沢英彦(2004)「団塊世代の引退と消費市場」『団塊世代の定年と日本経済』日本評論社. pp.270-271.
清家篤(1995)『高齢化社会の労働市場』東洋経済新報社.
清家篤(1998)『生涯現役社会の条件』中公新書.
鄭基龍(2000)『転換期における日本の高齢者対策に関する研究』一橋大学博士学位論文.
寺出浩司(2008)『生活文化論への招待』弘文堂.
内閣府編(2008)『高齢社会白書』財務省印刷局.
日本経済研究所編(2006)『「団塊」退職で変る経済延びるビジネス』東洋経済新報社.
那須宗一監修(1989)『老年学事典』ミネルヴァ書房.
長谷川利夫(1989)「老化」『老年学事典』ミネルヴァ書房.
樋口美雄(2004)『団塊世代の定年と日本経済』日本評論社.
福武直・青井和夫編(1985)『高齢社会の構造と課題』東京大学出版部.
牧野拓司訳(1979)『退職の社会学』東洋経済新報社.
増子勝義(2006)『福祉文化と創造』北樹出版.
御厨貴編(2008)『共同研究・団塊の世代は何か』講談社.
宮崎勇(1987)『かけがえのない人生』岩波書店.
総務省統計局政策統括官, 内閣府政策統括官, 厚生労働省政策統括官
社会保障・税一体改革大綱 (平成24年2月17日閣議決定)
http://www.mhlw.go.jp/seisakunitsuite/bunya/hokabunya/shakaihoshou/kaikaku.html

제10장

저출산 · 고령사회의 사회정책

1. 저출산 · 고령사회의 문제제기

가령(加齡)이란 시간의 경과와 함께 생체에 일어나는 진행적인 변화를 뜻하며, 이 변화는 생체의 모든 부분, 곧 세포조직과 장기(臟器) 등에서 볼 수 있다. 개체의 가령과정은 성장기 · 성숙기 · 퇴축기(退縮期)로 크게 나눌 수 있다. 따라서 가령이라 하면 이 3기를 모두 포함하는 것이지만, 그 중에서도 특히 제3기인 퇴축기에 일어나는 노화에 대한 연구가 중심이 되는 분야를 노년학이라 한다.

이는 1944~45년 미국에서 노년학협회가 창설되었을 때부터 거론된 학문으로, 의학의 발달 · 공중위생의 개선 · 영양자원의 개발 등에 의하여 평균수명이 대폭 연장되어 고령층 인구가 증가함에 따라, 특히 선진국에서 현저하게 발달하였다. 미국의 노년학자 쇼크(N. Shock)는 학문으로서 노년학의 연구대상으로서 ①고령자의 증가에 따른 사회 · 경제학적 각종 문제, ②노화에 관한 심리학적 고찰, ③노화의 생리학적 및 병리학적 각종 문제, ④생물계 전반에서의 노화 등을 들었다.

한편, 21세기의 일본에서는 출산율 저하와 초 고령화 사회에 대한 불안의 목소리가 높아지고 있다. 이런 가운데 저출산 · 고령사회 대책을 기초로 사회 보장을 비롯한 경제 · 사회시스템의 구조개혁이 주장되고 있다. 그것은 국가의 역할 축소와 시장의 활용을 기초로 한 것으로, 지금까지의 생활보장시스템의 큰 전환기임을 시사하고 있다. 자민당의 코이즈미 내각의 임기 기간에 우정 민영화를 비롯한 구조 조정이 본격적으로 이루어졌지만, 그것은 '연금재정의 건전화'와 '후기 고령자 의료제도'등의 사회보장제도에 영향을 미쳤다. 이러한 기조는 2009년 총선 결과에 따라 자민당에서 민주당으로 정권이 바뀌어도 계속되었다.

그러한 환경 변화에 따라 일본이 직면하고 있는 과제는 바로 저출산과 고령화라는 지금까지 경험한 적이 없는 새로운 사회에 대한 대응일 것이다. 저출산 · 고령화는 경제 · 사회 발전의 예기치 않은 결과로 나타나지만, 그 현상이 계속 진전되면 인구 구조의 변화뿐만 아니라 경제 · 사회 시스템에까지 영향을 미치게 된다. 그런 의미에서 〈표 10-1〉과 같이 일본의 인구구성비에서 나타나고 있는 저출산 · 고령화 추세는 일본 사회에 큰 영향을 미치고 있는 것은 확실하다[1].

표 10-1 일본인구와 연령별구성비 단위 : 만명(%)

구 분		총수	남	여
인구수	총인구	12,751	6,213	6,538
	고령자 인구 (65세 이상)	2,901	1,240	1,661
	65-74세 인구 (전기고령자)	1,530	720	809
	75세 이상 인구 (후기고령자)	1,371	520	852
	생산년령 인구 (15-64세)	8,149	4,101	4,048
	년소 인구 (0-14세)	1,701	872	829
구성비	총인구	100.0	100.0	100.0
	고령자인구 (고령화율)	22.7	20.0	25.4
	65-74세 인구	12.0	11.6	12.4
	75세 이상 인구	10.8	8.4	13.0
	생산년령 인구	63.9	66.0	61.9
	연소 인구	13.3	14.0	12.7

자료 : 일본총무성 「추계인구」(2009년10월1일, 현재)

1) 정기룡(2012) 「日本の少子・高齢社会における社会政策」『日本研究』 제51호. 한국외국어대학교 일본연구소. pp.161-182.

저출산·고령사회는 적어도 인구구성의 변화에 대응하고, 연금, 의료, 개호(介護) 등의 사회보장제도의 재구축이 불가피하다. 또한 공적 연금은 후생연금의 보수비례부분은 민영화해서 좋은 것이 아니냐는 의견도 나오고 있다. 또한 의료보험도 이른바 혼합의료의 범위를 확대하고 환자의 요구에 맞는 서비스를 제공하는 편이 낫다는 의견도 있다.

간병·수발은 이미 민영화가 진행되고 있어 모두 국가의 제도와 공적 규제를 축소하여 개인의 자유를 우선시하여 확대시키겠다는 발상의 전환이 진행되고 있다고 할 수 있다. 이러한 사회보장을 비롯한 일본의 개혁방향은 신자유주의의 흐름에 따른 것이라 하겠다. 또한, 최근 사회복지 영역은 이용자가 생활방식을 선택하고 그것을 실현할 수 있는 서비스제공이 중요하다고 한다. 이처럼 공공서비스의 축소와 확충의 상반된 이념이 나오고 있는 것처럼 보인다. 그러나 개인의 '선택'이라는 관점에서 볼 때, 과연 제도적 지원으로 '자립'이 가능한 것일까? 여기에서는 이러한 문제에 대해 논하고자 한다.

먼저 최근의 생활보장시스템에 대한 관심증대는 이러한 배경에 의한 것이며 저출산·고령화에 대한 정책적·사회적·경제적 관점에서의 분석도 상당히 진행되고 있다. 그럼에도 불구하고 아직까지 공감할 수 있는 생활보장체계가 확립되었다고 할 수는 없다.

최근에는 저출산·고령사회의 생활보장에 대한 논의가 활발하며 국가차원의 대책이 구축되고 있지만, 사회보장과 정책대응도 시대의 환경변화를 반영하는 산물인 이상 문제점이 드러나면 개혁이 불가피하다. 그래서 정확한 현황분석이 뒷받침 된 문제인식과 통찰력을 기반으로 사회정책이 구축되어야 한다. 따라서 여기에서는 저출산·고령사회에서 사회보장과 저출산·고령사회대책의 필요성을 다음과 같이 정리 해두기로 하자.

첫째, 사회보장의 안정적인 운용의 필요성이다. 물론 인구구성의 변화는 사회보장재원의 문제를 노출시켰다. 최근 국민소득의 약 25%에 달하고 있는 사회보장비용의 급증에 대한 사회보장제도의 개혁이 주장되고 있는 반면, 생활보장을 요구하는 저소득 가정에 대한 지원이 필요하다는 상반된 관점이 공존하고 있다. 제도적으로 정해진 보장제도의 혜택에서 어떤 생활보장서비스를 조합해 갈 것인지는 다양한 선택지가 있지만, 사회보장지출이 증가하면 한편에선 저출산 · 고령사회의 재원확보가 어렵게 된다. 이처럼 인구구성의 변화가 가져온 결과, 신자유주의적 개혁이 진행되고 있는 환경에 놓여 있었다고는 하지만 사회보장제도는 향후에도 안정적으로 유지해야만 할 것이다.

둘째는 저출산 · 고령사회대책의 효율적인 운용의 필요성이다. 이것은 사회보장자원의 상황이 어려워지고 있는 환경에서 각 개인이 어떻게 생활을 영위해갈 것인가에 대한 지원체계이다. 실제로 각 개인이 처한 경제상황은 여러 형태이고, 자립과 연대의 이념에 따라 사회참여의 기회를 제공하는 한편, 생활능력을 잃은 가정에 대한 특별한 배려 또한 필요하다. 앞으로도 일본이 복지사회를 지향하고 저출산 · 고령사회의 생활보장시스템에 국민이 의존 할 수밖에 없다고 한다면, 그 전제로서 저출산 · 고령사회의 다양성을 고려해 각 개인이 자립할 수 있는 저출산 · 고령사회대책을 효율적으로 제시하고 운영해야 할 것이다.

2. 저출산의 환경 변화

1) 저출산 현상과 문제점

인구구성 변화 속에서도 일본의 합계출산율은 1971년 2.16, 2005년에는 1.25로서 사상 최저치를 기록했으나 2008년에는 1.37(2007년 1.34) 수준으로 약간 회복했다. 이정도의 저출산 추세라면 앞으로 인구감소는 지속적으로 진행되어 21세기 중반의 총인구는 1억 명을 밑돌게 될 것이다. 제2차 세계대전 이후 출생수의 감소에 의해 연소인구(0-14세)의 감소세가 이어져 1997년에는 노인인구(65세 이상)보다 적게 출산해, 2008년 출생아 수는 109만1,156명(2007년 108만9,818명)이었다.

일본총무성의 「인구추계(2009년10월1일 현재 추계인구)」에 따르면, 무엇보다 인구구성이 급격히 변하고 있어 젊은층 인구 1,701만1천명(전체인구에서 차지하는 비율은 13.3%)에 비해 노년인구는 2,900만5,000명(22.7%) 수준이다. 또한, 「2009년 인구동태통계의 연간추계」에 따르면, 2009년 출생아 수는 106만9,000명(전년대비 약 22,000명 감소), 사망자 수는 114만4,000명(전년대비 약 2,000명 증가), 자연 증감 수는 마이너스 7만5,000명으로 파악하고 있다.

일본은 앞으로 인구의 고령화가 더욱 진전되는 소위 본격적인 저출산 · 고령사회가 되는 것이다. 출생율 감소의 배경에는 부모세대의 축소와 자녀를 낳아서 양육하는 방법의 변화가 한 요인이 되었다고 하겠다. 자녀출산이 이전과 다른 큰 요인은 먼저 만혼화와 미혼화라고 하겠다. 그 외에도 1990년대부터 결혼 후 출생속도의 저하도 들 수 있다. 또한 저출산배경에는 결혼 시기의 변화도 작용하였다. 특히 만혼화는

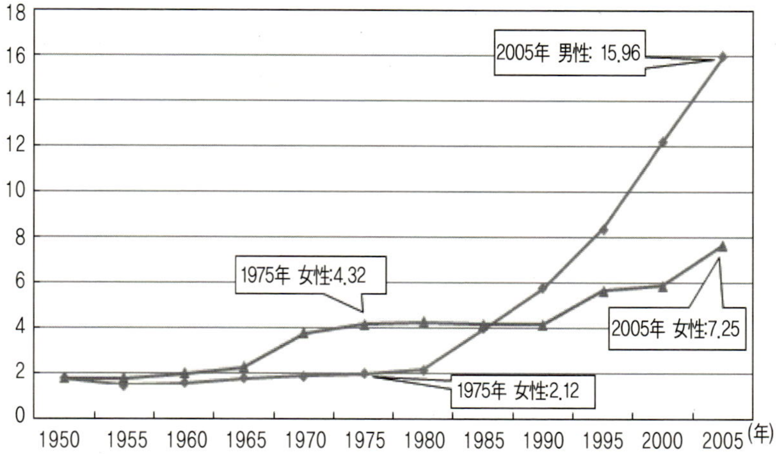

자료 : 일본국립사회보장 · 인구문제연구소『인구통계자료집』2010.

그림 10-1 일본인의 생애 미혼률 추이 (%)

1970년대 중반의 저출산 과정의 초기부터 출산율 저하의 주요 원인이 되고 있다.

만혼화는 젊은 연령층에서 결혼한 사람의 비율을 낮추고 그런 연유에서 출산이 저하된다. 그 때문에 여성의 20대 출산율이 상당히 떨어졌다. 또한 최근에는 만혼화가 이른바 비결혼화(평생 결혼하지 않는 사람의 증가)와 연관이 있다고 볼 수 있기 때문에 젊은 연령층에서 결혼 · 출산의 기회를 잃게 된다.

2005년 총무성의 인구조사에 따르면, 25-39세의 미혼 비율은 남녀 모두 계속 늘어나고 있는데, 남성은 25-29세에서 71.4%, 30-34세에서 47.1%, 35-39세 30.0%, 여성은 25-29세에서 59.0%, 30-34세에서 32.0 %, 35-39세에서 18.4 %로 조사되었다. 또한 생애미혼율을 30년 전과 비교하면, 남자는 2.12%(1975년)에서 15.96%(2005년), 여성은 4.32% (1975년)에서 7.25%(2005년)에 상승하고 있다. 이러한 환경 아래에서

출산율 회복은 절대 기대할 수 없는 것이 현실이며, 저출산에 제동을 거는 일련의 조치가 시급히 필요해 보인다.

2) 저출산 대책 동향

저출산의 진전은 결국 고령화율을 높여 저출산·고령사회를 초래하게 된다. 그 결과 연금, 의료, 복지, 개호 등의 사회보장분야에서 현역세대의 부담이 증가하고, 생산·소비 측면에서 경제·사회의 활력이 저해할 위험을 초래하게 된다.

일본의 저출산 요인을 감안하면, 그 배경에는 먼저 경제·사회의 성장과정에서 어느 나라에서도 일어날 수 있는 개인의 다양한 삶의 표현이라는 공통점이 엿보인다. 한편, 가정이나 기업 활동의 고질적인 남녀의 역할분담 하에서 전후 물적 윤택함을 누려온 일본사회의 상황과 깊이 관련되어 있는 점도 무시할 수 없다. 예를 들어, 일본에서는 산업화로 여성의 사회진출이 활발해졌지만, 최근에 이르기까지 남성은 일을 중시하고, 집안일과 육아는 여성이 담당하는 것이 당연하다는 남녀의 역할분담 의식이 뿌리 깊게 남아 있었다.

결혼과 육아가 여성을 중심으로 개인의 자유를 제한하는 반면, 세탁이나 편의점 등 생활 관련 서비스산업이 발달하여 비교적 남성도 독신생활이 가능하게 잘 갖추어져있다. 그리고 여성도 사회활동을 통해 소득을 얻을 수 있게 됨에 따라 다양한 개인욕구가 분출하여 만혼화와 미혼화가 늘어나게 된 것으로 보인다. 빈부격차로 인한 육아와 교육비용의 증가는 결혼과 육아에 대한 부담감과 불안감을 높이는 요인으로 작용하게 된 것으로 보인다.

나아가 산업화의 과정에서 높아진 안전욕구, 또는 새로운 독립적인 가정생활을 영위하는 데에 대한 막연한 불안감 등으로 젊은이들이 경제적으로도 정신적으로도 조기에 자립 할 수 없는 점도 저출산화의 원인이 되고 있다. 또한 독신의 자유를 만끽할 수 있는 환경과 풍토에 둘러싸여 만혼화와 미혼화가 됨으로써 물리적으로도 아이를 낳는 기회가 줄게 되어 합계출산율을 저하시키는 원인이 되고 있다.

한편, 아동수당제도에 관해서는 연공서열형 임금제도에 가족수당도 있고 근속연수가 늘어남에 따라 임금 · 수당이 증가하므로 아동 수당은 필요 없다는 의견이 있었다. 그러나 아동수당의 목적은 아동 양육자의 가정에서 생활안정과 차세대 아동의 건전한 육성과 자질 향상을 도모하기 위해 운영되고 있으며, 각 소득보장, 아동복지, 노동 확보의 의미도 포함하는 것이다.

그 필요 여부 및 금액수준의 결정 등에 대한 논의를 거쳐 2006년4월부터 아동수당 지급대상 연령이 초등학교 졸업 전까지의 아동을 부양하는 부친 또는 모친으로 확대됐다. 첫째아이 5,000엔, 둘째아이 5,000엔, 셋째아이 이후 10,000엔씩, 전년의 소득이 일정 이하의 사람에 한정된다(소득제한). 샐러리맨 등의 특례로서 소득이 아동수당의 한도를 초과하더라도 특례혜택 한도 미만의 후생연금 · 공제조합의 가입조건으로 특례혜택을 받을 수 있다.

그러나 그동안 저출산대책으로 일본정부와 자치단체의 다양한 계획수립과 대책이 강구되고는 있지만, 출산율의 현저한 회복 등의 성과는 아직 나타나지 않는 것이 현실이다. 따라서 이제는 저출산대책에서 사회적 육아지원으로 시점을 확장하여 육아에 임하는 부모와 아이들에게 당사자의 시선에서 어린이와 청소년의 성장, 그리고 육아를 지원한다는 생각으로 보통 사람들의 희망을 실현시킬 수 있는 교육환경, 취업환경, 생활환경을 사회적 차원에서 정비해 나가도록 환경을 정비해나가는 것이 보다 사용자의 입장에서 필요하며, 운용성과 측면에서도 바람직할 것으로 보인다.

3. 인구고령화의 환경 변화

1) 고령화의 현상과 문제점

일본의 총인구는 12,510만 명(2009년10월1일)에서 65세 이상 노인인구는 사상 최대 2,901만 명(2008년 2,822만 명)이 되었다. 65세 이상을 남녀별로 보면 남성은 1,240만 명, 여성은 1,661만 명으로 총인구에서 차지하는 65세 이상인구의 비율(고령화율)은 22.7%(2008년 22.1%), 65-74세 인구(전기노인)는 1,530만 명, 전체인구에서 차지하는 비율은 12.0%, 75세 이상 인구(후기고령자)는 1,371만 명, 전체 인구에서 차지하는 비율은 10.8%이다 .

65세 이상 노인 인구를 남녀별로 보면 남성은 1,131만 명, 여성은 1,529만 명으로 성비(여자인구 100명당 남자인구)는 73.9였다. 또한 노인인구 중 전기노인(65-74세) 인구는 1,444만 명(남성 678만 명, 여성 766만 명 성비 88.4)으로 총 인구에서 차지하는 비율은 11.3%, 후기 고령자(75세 이상) 인구는 1,217만 명(남성 453만 명, 여성 763만 명 성비 59.4)에서 총 인구에서 차지하는 비율은 9.5%이다. 65세 이상 노인인구는 1950년에는 총 인구의 5%에 미달했지만, 1970년에 7%를 넘어 1994년에는 14%를 넘어 섰다. 앞으로도 평균수명은 연장될 것으로 예상되며, 세계 최고수준의 초고령사회가 되고 있다.

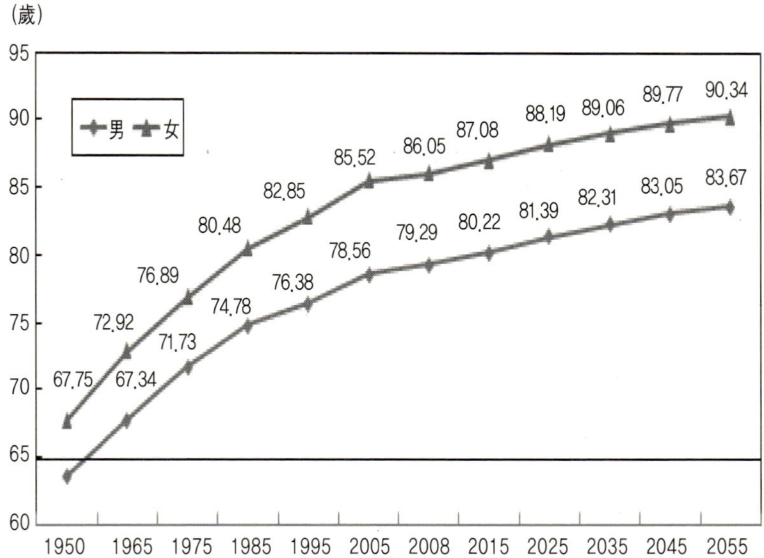

자료 : 2008년까지는 후생노동성, 2015년 이후는 일본국립사회보장 · 인구문제 연구소『인구장래추계인구』의 중위추계에 의해 작성.

그림 10-2 일본인의 평균수명 추이 (%)

노인인구가 이른바 베이비붐세대(1947-1949년에 태어난 사람) 65세에 도달한 2012년에는 3,000만 명을 넘어서고 있으며, 2018년에는 3,500만 명에 이를 것으로 전망하고 있다. 이후에도 노인인구는 계속 늘어나 2042년에 3,863만 명으로 정점을 찍은 후 감소경향으로 돌아설 것으로 추정되고 있다. 그에 따라 고령화 비율도 앞으로 계속 상승해 2055년에는 40.5%에 달해 국민의 2.5명 중 1명이 65세 이상 노인이 되는 초고령사회가 도래할 것으로 예상된다.

일반적으로 고령기란 본격적인 직업생활로부터 은퇴를 준비하는 노후를 의미한다고 할 수 있다. 하지만 그러한 고령기가 언제부터 시작되는지는 노인 개인의 사정에 따라 다르다. 노인 개인의 자립을 목표로 고령 사회에서 아직도 건강하게 일하고 싶다는 노인도 있고, 그렇지 않은 노인들도 존재하며 이렇듯 고령자 개인이 처한 상황은 매우 다르다. 그 때, 노화에 의한 단순한 노인의 연령 구분은 큰 의미가 없다. 오히려 경제 환경 및 사회참여 의욕, 심신의 건강상태에 따른 개인 차이를 봐야 할 것이다.

현대사회에서 노인문제가 발생하는 원인은 우선 노인인구의 급격한 증가라 할 수 있다. 노년인구의 증가원인으로는 무엇보다 소득향상에 따른 의식주 등 생활개선, 의료기술 발달 나아가 보건위생의 개선에 따른 평균수명의 연장, 저출산에 따른 연소인구의 저하 등으로 인해 [고 출생-고 사망]에서 [저 출생-저 사망]으로의 인구구조의 전환이 이루어지고 있기 때문에 노인인구의 증가는 결국 다음과 같은 사회문제로 대두되었다.

첫째, 노인빈곤의 문제로서 생활보장, 건강의 문제로서 의료서비스 문제, 삶의 질 향상의 문제로서 여러 형태의 사회복지서비스 문제 등에 관련된 대책마련이 요구되고 있다. 그뿐만 아니라 가족형태의 변화, 고용 및 퇴직제도의 변화 등 일본사회의 경제적 측면에 이르기까지 영향을 미치고 있다. 한편, 노인인구의 증가에 따른 사회문제에 현재의 사회복지시스템이 제대로 대응하지 못하고 있다.

둘째, 산업화 및 도시화로 인한 가족형태의 변화이다. 이는 전통적인 대가족제도에서 핵가족제도로의 전환을 의미하는데, 사회의 산업화 및 도시화는 노년층을 직업과 지역사회에서 조직적으로 고립화시키고 있다. 이러한 변화는 전통적인 가부장적 권위의 상실과 전통적 부양구조의 와해로 이어진다. 과거 일본에서도 이전에는 노인부양을 장남의 책임으로 인식해 왔으나 제2차 세계대전 이후 급격한 핵가족화 현상으로 인해 노인의 부양책임 의식이 약화되어 사회문제가 되고 있다.

셋째, 산업사회에서 구조조정 등의 영향에 따른 조기 퇴직이라든가 정년으로 인한 역할상실 등 사회와 가족으로부터의 소외감이 문제로 등장하였다. 노인은 체력적인 측면에서 전문적인 지식과 기술이 있더라도 일단 퇴직을 하게 되면 재취업이 어려운 것이 현실이다. 이로 인해 경제적으로 소득원을 상실하고 사회적인 역할마저 상실함으로써 물질적, 정신적으로 소외되어 가고 있다. 이에 따라 일본에서는 정책적으로 기업이 정년연장과 재취업 나아가 파트타임 고용 등 일자리 지원책을 내놓고 있으며 기업체 채용 이외에도 보수 이외의 삶의 보람을 위한 일자리 창출과 사회참여 대책을 내놓고 있다.

넷째, 정책적인 노인보건·복지정책은 비교적 원만하게 시행되고 있지만, 국가와 지방자치체와의 유기적인 협조체계의 보완이 필요하며 노인문제에 관한 지역사회의 인식부족을 해소하려는 노력이 필요하다. 현재 일본에서는 여러 형태의 복지정책을 통해 사회보장제도 및 사회복지서비스가 보완·유지되고 있지만, 지역적인 차이를 어떻게 극복할 것인지? 가 아직까지 해결해야 할 문제라고 하겠다.

이러한 문제를 해결하고 노년기의 행복한 삶을 위해서는 노후생활에 대한 준비가 필요하다. 노후를 준비한다는 것은 노후의 생활만족, 즉 노년기 삶의 질을 높이기 위함이다. 최근에는 인간의 전 생애주기 가운데, 마지막 단계인 노년기에 대한 중요성이 대두되면서 안정적인 노화와 노년기의 발달단계에 관한 연구가 시도되고 있다. 그러나 이러한 학문적 발전과는 달리 인간의 생애주기에 있어서 점차 노년기의 기간과 비중이 늘어나고 있음에도 불구하고 노년기에 대한 이해와 준비가 부족한 것이 현실이다.

이는 결국 인구고령화에 따른 사회적 대응과 개인적 차원에서의 노후준비에 있어서 미스매치(불일치)를 초래하게 된다. 또한 사회보장 재원이 부족한 공적연금제도와 고가의 의료서비스의 증가는 사회적 부담이 아닐 수 없다. 더구나 노후의 소득이 줄어드는 시점에 치매 및 와병환자로 진전되는 것은 고령자 본인뿐만 아니라 가족에게도 치명적인 속박이 되고 만다. 따라서 노후를 소극적으로 받아들이는 여생이 아니라 보다 적극적으로 임해, 인생을 잘 마무리하는 매우 중요한 시기로 인식해야 할 것이다.

2) 고령화대책의 동향

일본 정부는 인구 고령화의 사회문제를 인식한 이후 고령화대책을 지속적으로 전개해 왔으며, 21세기의 본격적인 고령사회의 도래에 대비해 '장수사회대책대강(大綱)'을 결정하고, 그것을 추진 한 바 있다. 장수사회대책대강(大綱)은 ①경제사회의 활성화를 도모하고 활력 있는 장수사회를 구축한다. ②사회연대의 정신에 입각한 지역사회의 형성을 도모하고 포용력 있는 장수사회를 구축한다. ③생애를 통해 건강하고 충실한 생활을 보낼 수 있도록 장수사회를 구축한다는 기본방침을 들고 있다.

또한 활력 있는 고령사회의 관점에서 구체적인 대책에 의해 일을 하려는 의욕과 업무능력이 있는 고령자는 나이에 상관없이 직업생활을 계속할 수 있는 사회를 실현하는 것이 기본관점이었다. 그 하나의 방법으로 지속적인 고령자대책으로 거론되는 것이 고용대책기본계획이라고 하겠다. 이는 고령자가 다양한 취업욕구에 맞게 고령기의 삶을 선택하고 고용취업시스템을 계획적이고 단계적으로 구축해 나가게 하는 고령자 고용취업대책이었다.

이후 고령자고용안정법은 '고령자지역고용개발사업'을 신규사업으로 책정하는 등 부분적으로 개정되어 65세까지 고용기회를 보장하기 위해 노동대신(현후생노동상)이 '고령자고용안정대책기본방침'을 작성하게 되었다. 본격적인 초고령사회를 맞이하는 가운데 노인의 지식과 경험을 살려 일할 수 있도록 안정된 일자리를 확보하기 위해 60세 정년의무화와 65세까지 정년 후 계속고용 노력의무를 명기하는 등 고령자고용안정법이 개정(1994년) 되었다.

또한 고령자 고용에 관한 목표와 기본개념을 설정해 '고령자 등 직업안정대책기본방침'이 책정되었다. 현재 고령자고용안정법(1971년 법률 제68호) 및 고령자 등 직업안정대책기본방침(1995년 노동성고시 제48호)에 따라 ①60세 정년을 기반으로 65세까지 계속고용의 추진, ②고령자의 다양한 형태의 고용 · 취업기회의 촉진, ③고령기의 고용 · 취업에 대한 지원 등 세 가지 노인대책이 추진되고 있다.

하지만 고령기의 개인적 차이는 건강, 직업능력, 경제상황에 따라 달라진다. 그렇다고 고령기의 차이가 결코 무한히 다양화하는 것은 아니다. 만일 일을 하고 싶은 의욕이 왕성하더라도 도시에 따라 직업 능력에 대한 수요가 한정되어 있고, 각종 고용제도 등의 사회적 제한이 있으므로 노인의 선택이라고 하지만 몇 가지 유형으로 수렴하게 될 것이다.

특히 사회문제가 되는 대상노인은 경제적으로 안정되고 건강한 전기 고령자가 아니다. 오히려 전기고령자 중에서도 경제적으로 여유가 없는 노인이나 자유롭게 움직일 수 없는 고령자의 생활보장을 어떻게 할지가 문제일 것이다. 노인가구는 일인당 연간소득이 전체 가구 평균과 큰 차이가 없고, 노인가구의 소득은 공적연금 · 은급 기타로 구성되며 연간소득은 298.9만원으로서 전체가구의 평균(566.2만 원) 소득의 절반 정도 수준이다.

표 10-2 고령자세대 소득

구 분	평균소득금액(1년간 소득)		
고령자세대	총소득	298.9만엔	
	가동소득	50.5만엔	16.9%
	공적연금 · 은급	211.6만엔	70.8%
	재산소득	17.6만엔	5.9%
	연금 이외의 사회 보장급부금	2.5만엔	0.8%
	송금 · 그 밖의 소득	16.6만엔	5.5%
전 세 대	총소득	556.2만엔	

자료 : 후생노동성 「국민생활기초조사」 (재)후생통계협회, 2007.
주) 고령자세대란 65세 이상자만으로 구성된 세대 혹은 18세미만 미혼자 포함세대

먼저 고령자의 자립을 위해 생활을 유지할 수 있을 정도의 경제력(소득)이 있는지, 또는 일할 의사와 능력 있는 고령자의 고용기회를 확대 할 수 있는지가 중요하다. 그러나 고용기회 확대에 있어서는 크게 두 가지의 기초를 다지는 것이 바람직하다.

첫째, 노인의 능력을 최대한 활용할 수 있을 것, 둘째, 노동자와 사용자사이에서 서로 채용과 은퇴의 자유를 확보 할 수 있어야 한다. 즉, 노인은 은퇴를 선택하기도 하고 일을 선택하는 경우도 있기에 노인 개인의 사정에 따라 그 선택이 다양하다고 하겠다.

따라서 고령자의 고용기회도 가능한 다양한 취업형태를 제공하는 것이 무엇보다 중요하다. 왜냐하면 노인 개인은 풀타임으로 일하고 싶은 사람부터 파트타임으로 능력을 활용하고자 하는 사람까지 다양하기 때문이다. 이렇게 일을 해서 노인이 자립하기 위해서는 고령자 은퇴의 자유를 확보하면서 노인의 능력개발 촉진과 취업형태의 다양화 촉진, 고령자의 생활기반의 안정을 촉진하는 제도적지원 등의 환경 정

비가 필요하다.

그리고 노인여가활동을 위한 지원이 중요하다. 고령자 가운데에는 일을 계속하려는 사람도 있지만, 대부분의 노인은 직업생활에서 은퇴하기 때문에, 노인의 여가활동 시간이 상대적으로 증가하는 것은 당연하다. 그러나 노인이 여가를 충실히 보내기 위해서는 노인의 기본소득보장과 여가를 알차게 보낼 수 있는 환경조성이 요구된다. 이러한 면에서는 고령자를 위한 공공정책이 중요한 의미를 갖는다. 여가의 정의는 제각각이지만, 고령기에서는 여가를 남은 틈새시간으로 파악하는 것이 아니라 오히려 인생의 새로운 기회로서 적극적으로 파악하는 것이 자기실현, 건강유지, 고독으로부터의 해방, 사회참여 등과 같은 좋은 결과를 가져올 수 있을 것이다.

고령기가 되면 수입이 줄어드는 반면에 여가 활동시간은 많아지지만, 노인 개인은 여가와 소득 간의 기회비용의 선택에 직면하지 않을 수 없다. 자신의 의지든 제도에 의한 것이든, 여가활동 시간은 향후 증가할 것으로 예상되므로 그 여가를 어떻게 의미 있게 보낼 것인가? 노인의 소득보장과 더불어 중요한 역할을 담당하게 되므로 노인을 둘러싼 환경은 노인여가 시간을 결정하는 기본 요인이 된다. 따라서 활력 있는 고령사회를 유지하기 위해서는 정부차원의 노인정책의 지원도 중요하지만, 노인자신과 노인단체가 중심이 되어 제2의 인생의 라이프스타일을 형성하고 적극적인 사회참여가 필요할 것이다.

4. 저출산·고령사회의 정책방향

1) 저출산대책의 방향성

1990년「1.57쇼크」를 계기로 해 일본정부는 출생률의 저하와 아동인구의 감소경향을 사회문제로 인식하고, 일과 육아의 양립지원 등 아이를 낳아 기르기 용이한 환경만들기를 위한 검토에 돌입했다. 최초의 구체적인 계획은 1994년12월, 문부·후생·노동·건설 4대신 합의에 의해 책정된 것이「향후 육아지원을 위한 시책의 구체적 방향에 대한 엔젤플랜」이었고, 향후 10년에 걸쳐 시행할 근본방향과 중점시책을 정한 계획이었다.

그 후 1999년12월, 저출산 대책 추진 관계각료회의에 의해「소자화대책추진기본방침」이 결정되어 이 방침에 근거해 구체적인 실시계획으로서 중점적으로 추진해야만 할 저출산 대책의 구체적 실시계획인 '신엔젤플랜[2]'이 책정되었다. 이후 2002년9월에는 후생노동성에 의하여 완성된 '소자화대책플러스원'대책에서 종래의 저출산 대책이 일과 육아의 양립지원의 관점에서, 특히 보육과 관련된 시책중심에서 육아를 위한 가정의 시점에서 보다 균형 잡힌 대처에 나서고 있다[3]. 이에 입각하여 가정과 지역에서의 육아력 저하에 대처하고 차세대를 짊어질 아이들을 육성하는 가정을 사회에서 지원하기 위해, 2003년3월 저

2) 신엔젤플랜은 종래의 엔젤플랜과 긴급보육대책 등의 5개년사업을 재검토한 것으로, 2000년도부터 2004년도까지의 계획으로서 최종년도의 목표치로서는 보육서비스뿐만 아니라, 고용, 모자보건, 상담, 교육 등의 사업까지 포함되었다.

3) 즉, ①남성을 포함한 활동방법의 재검토, ②지역사회에서의 차세대 지원, ③사회보장에 있어서의 차세대 지원, ④아이의 사회성 향상과 자립의 촉진 등의 4개 주요사업에 종합적인 대처에 나서게 되었다.

출산 대책추진 관계각료회의에서 「차세대육성지원에 관한 당면의 대처방침」이 결정되었다.

그 후 2003년7월, 이 방침에 근거하여 지방자치체 및 기업이 10년간 집중적이고 계획적으로 대처하도록 「차세대육성지원대책추진법」이 제정되었다. 동법은 지방자치체 및 사업주가 차세대육성 지원을 위한 대처를 촉진하기 위해 각각 행동계획을 책정하고 실시해 가는 것을 목표로 했다.

그와 더불어 2003년7월, 의원입법에 의해 「소자화사회대책기본법」이 제정되어 동년 9월부터 시행되었다. 그리고 이 법률에 근거하여 내각부에서 특별기관으로서 내각총리대신을 회장으로, 전 각료로 구성된 「소자화사회대책회의」가 설치되었다. 또 동법은 소자화에 대처하기 위한 시책의 지침으로서 2004년6월 「소자화사회대책대강」이 각의 결정되었다.

대강에서는 저출산의 급속한 진행은 사회 · 경제의 지속가능성을 위협하는 것으로 받아들여, 아이가 건강하게 자라는 사회, 아이를 낳아 기르는 것에 기쁨을 느끼는 것이 가능한 사회로의 전환을 주요과제로 삼아 저출산의 경향을 변화시키기 위한 시책으로 대처하고 있다. 위와 같이 일본에서는 합계 출산율이 크게 저하했을 때부터 저출산 대책이 이루어지고 있지만, 여기에서는 전장의 문제점과 현황 대책에 따라 앞으로의 젊은 저소득 가구에 대한 지원 대책을 필자의 견해로 제시하면 다음과 같다.

첫째, 일본의 사회제도가 경쟁원리 도입 등 신자유주의적인 경향도 내셔널미니멈의 생활보장과 출산 · 양육기회의 평등이라는 이념을 도입할 필요가 있다고 본다. 특히, 육아세대는 동일노동에 대해서 소득이나 기업복지의 격차가 나지 않는 것이 필요하다. 파트타임이나 아르

바이트를 비롯한 근로빈곤층(working poor)의 저소득가구는 미래의 육아와 교육지출에 대한 불안이 무엇보다 출산과 육아를 주저하게 만드는 가장 큰 요인이 되고 있다. 이런 가구는 현재 상황보다 경제적으로 좋은 환경이 조성된다면, 평등이라는 이념이 확산되어 출산과 육아에 관한 새로운 희망이 될 것이다.

둘째, 파트타임이나 아르바이트, 또한 여성노동자에게 체계적인 교육훈련 프로그램을 받을 수 있도록 직업교육의 기회를 제공하는 것이 필요하다. 기업교육의 기회가 부족한 파트타임 · 아르바이트 · 출산 후 여성에게 체계적인 교육훈련 프로그램의 이용은 직업능력을 향상시켜, 정규직 전환과 휴직 후 복귀 등에 활용될 것으로 기대된다. 또한 정규직이 아닌 근속 노동자에게 연공형 임금산정방식의 도입이나 기업복지의 적용이 기능하는 것도 바람직하겠다. 즉, 파트타임 · 아르바이트의 업무를 정규직과의 균형을 고려하여 가능한 한 임금과 기업복리의 격차를 줄이는 것이 필요하다. 또한 직업교육기관이 지역이나 기업 등과 연계해 젊은 층의 직장경험을 통합하여 업무의 소중함을 체험함과 동시에 취업기회를 확대 해 나가는 것이 바람직하다.

셋째, 육아관련서비스를 보다 이용하기 쉽게 제공하는 것이 필요하다. 육아휴직제도와 근무체계 등을 검토하여 가정 및 기업의 협력으로 핵가족의 부부라도 육아가 충분히 가능한 구조를 만드는 것이 바람직하다. 또한 육아가정의 다양한 요구에 대응하고 보육원뿐만 아니라 가정에 파견하는 전문 베이비시터 등의 가격을 적정화하고, 육아지원서비스의 환경정비가 기대된다. 동시에 일정수준에 도달하지 못한 저소득가정에는 육아에 필요한 기본서비스 및 육아물품을 저항 없이 구입할 수 있는 육아바우처(현물이용권)를 지급하는 등 육아지원 제도를 도입해 육아에 대한 부담을 경감시킬 수도 있다.

넷째, 육아에 따른 심리적 불안이나 부담을 경감해 나가는 것이 필요하다. 육아는 선배들의 조언과 도움을 필요로 하는 것이 많다. 특히, 친척의 협력을 받지 못하더라도 핵가족은 지역사회의 경험이 풍부한 육아경험 선배의 지원을 얻을 수 있는 시스템의 정비가 도움이 될 것이다. 지역사회단체와 협력해 지역사회에서 친교를 통해 육아의 사회화에 연결될 수도 있다. 이른바 사회적 육아이다. 그러기 위해서는 지역사회의 행정서비스와 각종단체가 연계하여 육아를 어렵지 않게 하는 새로운 조직의 형성이 기대된다. 이에 따라 노인문화와 마찬가지로 육아를 지원하는 복지문화로서 정착하는 것 또한 가능할 것이다.

그럼, 이 시대의 사회정책이 저출산 대책으로서 어떻게 기능하는 것이 바람직할 것인가? 취업과 결혼 · 출산 · 육아의 각 단계에 있어서 계획경제와는 차원이 다른 선택구조의 해결을 통한 '이상과 현실의 괴리'의 해소를 위한 정부의 육아지원의 사회적 기반확충을 '국가의 최우선 과제'중 하나로 받아들이는 것이 필요할 것이다. 또한 출산율 회복을 위해, 가족의 유대를 중요시하는 의식형성 및 문화 만들기도 필요할 것이다. 즉, 가정생활의 가치와 젠더의식의 전환 등을 목표로 한 계획이 국가적 차원에서 행해질 필요도 있을 것이다.

최근 일본정부가 발표한 새로운 어린이 · 육아시스템 경우, 국가와 지방자치체 및 지역사회를 포괄하는 저출산대책이 그 예라고 하겠다. 아이는 사회의 희망이며 미래의 힘이므로 안심하고 아이를 낳아 키울 수 있는 사회의 실현은 일본사회 모두가 힘쓰지 않으면 안 되는 가장 중요한 과제로 인식하고 있다. 육아를 둘러싼 현실적 환경은 현재 매우 어려운 상황인데, 핵가족화의 진전과 더불어 지역사회의 관계가 희박해져 육아에 대한 불안과 고립감을 느끼는 가정이 적지 않다. 또한 보육원입소를 위해 상당수의 대기아동이 있는 지역도 있기 때문에 본격적인 인구감소사회의 도래를 염두에 두어 국가와 지역사회 모두 육아지원을 강화해 나가야 한다는 것이다.

따라서 모든 아이들에게 성장을 위한 양질의 보육환경을 보장하고, 보육가정을 사회전체가 지원하기 위해 보육과 유치원의 일체화를 추진하도록 한다. 또한 육아지원관련 제도 및 재원을 일원화하여 새로운 구조를 구축함으로서 질 높은 보육 및 학교교육의 일체적인 제공, 보육의 양적확대, 가정에 있어서의 양육지원의 충실을 도모하는 것이 당면 과제로 받아들이고 있다.

표 10-3 새로운 어린이 · 육아시스템의 주요내용

■ 양질의 보육환경을 보장하고, 육아가정을 사회전체에서 지원
　○ 모든 어린이 · 육아가정에 대한 지원(아동수당, 지역육아 지원 등)
　○ 유치원 · 보육의 일체화(유아원 설립 등)
　　· 급부시스템의 일체화(유아원 설립)
　　· 시설일체화(종합유아원 설립)
　　　　　↓
　　· 질 높은 육아기의 보육, 학교교육의 일체적 제공
　　· 보육의 양적확대
　　· 가정에서의 양육지원 충실을 달성

■ 새로운 일원적 시스템의 구축
　○ 기초자치단체(시정촌)가 실시 주체
　　· 시정촌은 지역의 요구를 기초로 계획을 책정, 지급 · 사업을 실시
　　· 국가와 도도부현은 실시주체인 시정촌을 중층적으로 지원
　○ 사회전체에 의한 비용부담
　　· 국가 및 지방의 영구재원의 확보를 전제
　○ 정부의 추진체제 · 재원을 일원화
　　· 제도마다 각각인 추진체제, 재원을 급부 · 사업에 따라서 일원화
　○ 어린이 · 육아 회의 설치
　　· 전문가, 지방공공단체, 사업주대표 · 노동자대표, 육아당사자, 육아지원 당사자 등(육아지원에 관한 사업에 종사하는 자)이 육아지원정책에 참가 · 관여가능 구조로서 아이 · 육아회의를 설치

이러한 상황에 입각하여 육아지원 관련 제도와 재원 및 급부를 일원화 하는 동시에, 제도의 실시주체를 시정촌(市・町・村)으로 정하고, 국가와 도도부현(都・道・府・県)이 제도실시를 중층적으로 지원하는 일원적인 제도로서 「새로운 어린이・육아시스템」을 구축하려는 것이다.

이 새로운 시스템은, 인생 전반기의 사회보장을 강화하는 것으로서 사회보장・세제의 일체개혁의 중심축으로서 저출산・고령화 등 현재의 사회보장제도에 있어서 '육아지원'을 비롯해 미래에 대한 투자성격을 강화하는 「전세대대응형」의 사회보장제도로서 개혁하는 것을 목표로 삼는다. 이에 관해서는 2012년 통상국회에 제출한 법안을 기초로 2013년 이후 새로운 시스템으로서 구축될 것으로 보인다.

2) 고령화 대책의 방향성

일본의 고령자 사회활동 유형과 참가현황을 살펴보면, 〈표 10-4〉와 같이 취미, 스포츠 분야 이외에 노후의 삶에서 지역사회활동과 봉사활동 등의 고령자의 사회참가가 중심적 활동으로 나타나고 있다. 따라서 여가・레저와 병행하여 고령자의 사회참가를 증진시키기 위해서는 고령자가 지역사회에서 적극적으로 사회에 참가할 수 있는 고령자사회참가포럼[4] 등의 환경정비가 필요할 것이다.

특히 일본은 한국과는 달리 종교, 정치 등의 사회활동 참여율이 전반적으로 낮은 편이지만, 지역사회에서의 미화활동이라든지 마을가꾸

---

4) 고령층의 풍부한 지식과 경험, 학습 성과를 활용하여 고령자의 사회참가활동 진흥방안에 대해 각 계층이 폭넓게 의견을 교환하는 전국고령자사회참가포럼(예: 2005년10월13일. 돗토리현(鳥取県)에서 '평생학습을 통한 삶의 보람 창조와 사회참가'를 테마로 개최) 등이 지원이 이루어지고 있다.

표 10-4 고령자의 사회활동 유형과 참가 현황 (%)

구 분	일 본		한 국	
	2005년	2010년	2005년	2010년
1. 주변공원 등 미화 활동	12.8	14.2①	5.6	2.5③
2. 지역행사 마을가꾸기 활동	12.8	13.3②	1.9	1.9
3. 자연보호 환경보전 활동	3.9	2.9	2.8	1.2
4. 방범, 교통안전 활동	4.3	5.9③	1.0	0.8
5. 아동/청소년 건전육성 활동	3.0	3.7	0.5	0.3
6. 취미/스포츠/학습 활동	5.8	5.3	2.6	2.9②
7. 고령자/장애자 봉사 활동	4.4	4.0	4.0	1.4
8. 의료/복지기관 지원 활동	2.4	1.9	1.6	1.1
9. 국제교류/국제 지원 활동	1.1	1.0	–	–
10. 소비자 활동	0.5	0.3	–	0.2
11. 종교/정치 활동	2.7	3.0	10.5	8.4①
12. 취미와 기능 활용지원 활동	5.7	5.4	1.1	1.2
13. 기타	2.4	0.7	1.2	0.5
14. 이전엔 참가/ 현재는 미 활동	15.9	17.0	7.0	8.1
15. 전혀 참가하지 않음	53.4	51.7	72.5	74.2
무응답	–	–	–	0.1

자료 : 日本内閣府政策統括官編 (2011) 『高齢者の生活と意識』 第7回国際比較 調査結果
표본추출법에 의한 60세 이상 남녀 유효회수 : 한국(1,005), 일본(1,183)
사회활동 순위집계 : 한국/일본 각 ① ② ③으로 표기

기, 방범・교통안전 활동, 취미와 기능을 활용한 지원활동 등에는 매우 활발하게 참여하고 있는 것으로 파악되었다.

일본 고령자들이 여가를 보내는 방법으로서는 주로 ①휴식, ②기분전환, ③자기실현의 세 가지 종류가 주류를 이루며 이러한 활동은 전

연령층에서 생존유지를 위한 생리적, 생산적 활동 이외의 즐기는 시간이 될 것이다. 그러나 생산 활동에서 해방된 고령기의 노인들에게 여가는 진정한 여가시간이라기 보다는 남는 이시간은 자유시간이라고 해야 할 것이다. 즉, 고령자에게 있어서는 매일이 여가이므로 자유로운 시간을 어떻게 보내고 있는가? 라고 하는 행동양식으로 나타날 수 있다.

이러한 가운데 일본에서는 급격한 고령화와 노인복지서비스를 위한 대책으로서 각의에서 결정된 「장수사회대책대강(1986)」을 비롯하여 후생성 및 노동성에서 제출한 「장수복지사회를 실현하기 위한 구체적 방안 및 목표(복지VISION: 1988)」 등의 밝고 활력 있는 장수사회의 실현을 목표로 한 종합적인 대책이 제시되었다. 이를 토대로 하여 고령자의 보건·복지분야에서 공적서비스를 더욱 정비하기 위한 구체적인 목표 및 새로운 시책을 포함한 이른바 골드플랜 「고령자보건복지추진10개년전략(1989)」이 책정되었고 골드플랜 이후 개정판 「신골드플랜(1994)」을 후생(厚生)·대장(大蔵)·자치(自治)대신들의 합의로 수립하게 되었다. 그 후 「장수사회대책대강」은 예상외로 빠르고 심각한 고령사회의 진전과 사회적부담의 증가로 인하여 「고령사회대책대강(1996)」[5]으로 명칭과 내용을 수정하여 고령자대책을 추진해온 경위가 있다.

이러한 문제점 해결을 위한 노력에도 불구하고 사회보장재원의 수

5) 高齢社会対策大綱은 高齢社会対策基本法(1995년 법률129호)에 의해 만들어진 일본정부의 고령사회대책의 기본적이며 종합적인 지침이 되고 있다. 목적으로서는 개인의 자립과 가정의 역할지원, 국민의 활력유지 및 증진을 위하여 국가·지방자치체·기업·지역사회·가정·개인이 교류와 협력함으로써 고령자의 「취업·소득」, 「건강·복지」, 「학습·사회참가」, 「생활환경」, 「조사연구 등의 추진」을 도모하고 있다.

급불균형에 따른 재정문제, 회복되지 않는 출산율, 베이비붐세대를 비롯한 다수의 고령층 진입에 의한 인구고령화의 증가에 따라 일본정부는 새로운 고령사회 대책을 강구하기에 이르렀다. 즉, 2012년9월7일 각의결정에 따른 새로운「고령사회대책대강」을 발표하고, 이전의「고령사회대책의 대강에 대해(2001년12월28일 각의 결정)」는 폐지하기에 이르렀다.

인구 고령화의 사회문제를 별다른 대책 없이 맞이한다면 경제적, 사회적으로 매우 어려운 결과를 초래하게 될 것이다. 먼저, 경제성장률이 둔화될 것이며 인구의 고령화에 의해 노동력의 수요・공급에 문제가 생길 것이다[6]. 경제발전과 사회 환경의 변화로 인해 산업의 성쇠가 나타나며 노동력 또한 쇠퇴산업에서 발전분야로 이동하게 되는데, 그것이 원만하게 이루어지지 못할 때 고용의 미스매치(불일치, 부조화)가 발생한다. 이러한 사회적 변화과정 속에서 이미 입시경쟁, 승진경쟁, 교육훈련 등의 경험이 풍부한 베이비붐세대의 고령자는 비교적 유연하게 대처할 수 있을 것이다. 즉, 단카이세대(団塊世代)가 사회적인 구조조정을 통하여 새로운 환경에 맞는 인재로 활용할 수 있는 기회가 제공된다면 희망에 따른 고용연장이라던가 재취업 형태도 가능하다.

또한 초 고령사회를 맞이하여 연금・의료・복지 측면의 복지재정 수요도 큰 폭으로 늘어나게 될 것이다. 따라서 사회보험을 비롯한 사회보장제도의 시스템을 어떻게 재구축할 것인지? 에 대한 대처과정에

6) 노동력 이동을 용이하게 하는 요소로서는 먼저, 인재를 채용하고자 하는 산업・기업과 구조조정으로 인력을 감축하려는 산업・기업의 사이에서 그 인재 활용의 중개를 얼마나 효율적으로 조정할 수 있을지가 관건이다. 또 다른 하나는 그렇게 인적조정이 어려운 상황으로서 필요한 인재와 기능이 요구되는 인력이 부족할 경우에는 여력이 있는 인재를 교육, 훈련시킴에 따라 점차 새로운 인력이 필요한 부분으로 인재를 바꾸어 나가는 방법을 도입하여 사회적으로 능력을 향상시켜나가는 것이다.

서 사회보장을 비롯하여 일본의 복지수준과 형태를 어떻게 형성할 것인가? 에 관한 논의 또한 필요할 것이다. 결국, 고령화가 진전되는 가운데 특히 주목해야 할 점은 퇴직 후의 생활보장 측면에서의 소득, 의료, 간병 · 수발이 중심이 되는 이른바 노후의 '케어수준'이 향후 일본사회의 중심과제가 될 것이다.

한편, 현대사회에 있어서 정보화는 고령화 · 국제화와 함께 새로운 이슈(issue)로 등장하였으며, 활력 있는 고령사회를 위해서는 노후생활을 안심하고 보낼 수 있으며 다양화되고 있는 고령자의 욕구에 대응할 수 있는 IT환경에 적응하고 또한 이용이 용이한 환경을 제공할 필요성이 크다고 하겠다. IT환경의 변화와 새로운 기술혁신은 고령사회에서 필요한 「사회시스템기술」이 고도성장기의 환경오염에서 「환경기술」로 극복한 것처럼 필요에 의해 사회문제와 관련된 기술이 파급될 것으로 기대된다.

그 하나는 분명 저출산 · 고령사회에서 필요한 새로운 수요가 창출될 것이고, 지금까지 접할 수 없었던 새로운 기술시장이 형성될 가능성이 크다. 예를 들면, 의료 · 복지분야의 기술시장이 필요할 것이다. 첨단기술을 인간과 사회서비스에 적용할 수 있는 가능성은 고도의 의료기기, 간병 · 수발기기와 재택케어 · 원격의료시스템 등에서 이미 나오기 시작했다.

그 밖의 분야로서는 고령자와 여성의 일상생활을 지원하는 기술이라든지 원격교육 등 인터넷을 활용한 공간적 격리를 줄여주는 인프라 구축기술이 늘어날 것이다[7]. 이러한 새로운 시장은 정보수집, 정보 분

7) 이전보다 발전된 형태의 서비스경제가 진전되어 재택근무, 재택서비스가 활성화될 것이고, 금융 · 상거래 · 의료 등에서의 홈뱅킹(home banking), 홈트레이드(home trade), 재택의료(home care)가 보다 활성화 될 것이다. 생활서비스는 홈케어(home care)와 재택학습(distance learning) 등에서 날로 발전해나가고

석, 환경적응, 관리제어 등의 과정이 필요한데 현재의 고령자는 이미 이러한 사무자동화 관련된 환경 하에서 접촉해왔으므로 이전의 고령자와는 차별화된 효과가 기대된다. 그와 더불어 노년층의 능력 활용과 신기술을 고령사회에 접목시키고 고령층의 독특한 라이프스타일을 수용하려는 추세이기에 고령사회의 사회문제 해결에 있어서는 정부와 관련기관뿐만 아니라 당사자인 고령자 스스로도 해결에 나서야 할 것이다.

이상과 같은 점을 종합해볼 때 세계에서 가장 인구 고령화가 급속하게 진행되어 어떻게 노후생활보장을 할 것인가? 하는 사회정책적 문제가 일본이 해결해야 할 최대의 과제가 되고 있다. 따라서 향후 고령자의 안전한 생활을 확보하기 위해서는 다음과 같이 고령자대책의 방향성을 재차 인식할 필요가 있을 것이다.

첫째, 효율적이고 공정한 사회보장제도가 구축되는 것으로 사람들의 사회보장제도에 대한 신뢰감을 높일 필요가 있다. 현재 고령자 대상의 사회보제장도로서는 연금, 의료, 개호가 주요 3제도이지만, 효율적인 운영을 위해 중복혜택의 시정 및 기능분담의 재검토가 진행되고 있는데 이는 기본적인 노후생활보장을 확보하려는 의도이다.

또한 노인은 일률적으로 사회적약자로 간주되는 것이 아니라, 경제적인 능력에 따라 이용자부담이 요구되는 것도 필요하다. 또한 일할 의욕과 직업능력 보유자의 취업을 촉진하는 제도설계가 요구되고 있다. 한편, 비용지불에 있어서도 형평성을 도모할 필요도 있을 것이다. 예를 들어, 한사람 당 노인의료비(70세 이상)는 최대인 홋카이도(北海

있다. 이러한 환경변화에 근거하여 団塊世代가 주도적으로 정보를 공개하고 필요성을 제시해나간다면 새로운 형태의 노인 관련 커뮤니티도 늘어날 것으로 전망된다.

道)와 최소의 나가노현(長野県)과는 약1.6배의 차이가 있다. 이러한 격차의 원인 중 하나는 의사유발수요를 들 수 있다. 환자의 입원 여부는 공급측면인 의사와 병상수가 크게 영향을 미친다는 배경이 존재하고 있는 것이다. 또한 도도부현(都・道・府・県) 별 고령자비율, 의료기관에 대한 이동시간 등이 지역격차를 만들어 내고 있다. 또한 예방의료에 대한 차이가 의료비 차이를 낳는 요인이 되고 있으므로 이러한 점은 형평성 측면에서 재검토되어야 할 것이다.

둘째, 더욱 안심할 수 있는 의료서비스의 제공이 필요하다. 노인의 수명이 짧았던 시대에는 노인의 장기입원과 가정간호가 적었기 때문에, 그 때에는 병원과 가족의 의료서비스가 일반적인 생각이었다. 그러나 생활수준과 의료수준의 향상으로 평균수명 또한 연장된 고도 성장기 이후 노쇠상태가 길어져 사정이 달라지고 있다.

한편, 고령자의 의료비는 억제해야한다는 의견도 있지만, 반대로 의료비의 증가에 따라 환자의 부담을 늘리는 것도 고려할만 하다. 경제적 여유가 있는 노인은 고액진료의 부담이 늘어나기 때문에 민간의료보험에 가입해 의료비가 지불될 수 있는 구조를 도입할 필요도 있을 것이다. 노후 재산소득은 재생산 될 가능성이 낮기 때문에 고령자의 재산소득과 민영의료보험을 활용하여 고령기의 안정적인 의료제도를 정비하는 것이 중요하다. 2013년의 후기고령자 의료제도의 재편에서는 경제능력이 있는 고령자의 의료비에서 절약한 의료보험재원을 저소득 노인 측에 환원되도록 조정하는 것도 필요할 것이다.

셋째, 개호(간병・수발)서비스는 2000년부터 시작된 '골드플랜 21'에 의해 추진되고 있다. 구체적으로는 간호인력 양성과 특별양호노인홈 및 개호노인보건시설 등의 개호시설의 정비가 진행되고 있다. 이러한 제도정비는 지역 특성과 개인사정에 따라 개호서비스를 받을 수 있게 된다. 또한 민영기업이 개호서비스 분야에서 사업을 확대하고 있으며, 노인의 선택에 의한 시설이용에 있어서 품질관리서비스를 받을 수 있는 기회가 늘어나고 있다. 시설서비스와 주택서비스 모두 후기고령자의 자립에 필요한 것으로서 다음 사항을 들 수 있다. 먼저, 노동능력 활용 이외의 소득원을 어떻게 확보할 것인가이다. 다음은 나이가 듦에 따라 신체적으로 부자유스럽게 된 노인 간병 · 수발서비스를 어떤 형태로 받을 것인가이다. 이것을 가능하게 하기 위해서는 개호보험만의 문제 뿐만 아니라 연금과의 연동을 고려한 라이프사이클 구성을 젊었을 때부터 미리 준비하는 것이 필요하다고 하겠다.

넷째, 고령화가 진행되면서 고령자의 능력을 활용하려는 가능성도 높아지고 있다. 지금까지 노인의 특성이라고 하면, 일반적으로 보수적으로 변화에 대한 대응이 늦은 것으로 인식되어왔다. 그러나 평균수명이 연장되어 최근 은퇴 이후의 생활이 장기화되면서 노인의 삶이 다양화하는 경향을 볼 수 있다. 일본은 이미 '인생 80년시대'를 맞이하였고, 이제는 '인생 90년시대'를 바라보고 있다. 노인 중에는 경제적, 신체적, 정신적인 면에서 이전보다 적극적인 사람이 늘어나고 있는 것이다. 고령자 중에는 은퇴 후에도 자신만의 인생을 실현할 수 있도록 인생설계를 진지하게 생각하는 사람도 있을 것이다. 그러한 노인은 소득뿐만 아니라 삶의 보람을 찾아 활동하면서 취미활동 등으로 여가를 즐기는 라이프스타일을 요구하고 있다. 나아가 자원봉사활동이나 현역시절의 경험을 살려 컨설팅활동도 가능하며 건강이 허락하는 한 자신의 능력을 활용하려하는 경향도 엿보인다.

결국 노인의 생활환경은 각 개인에 따라 소득확보의 필요성과 여가활용의 형태나 건강 등에 따라 다르겠지만, 각 개인의 수명은 불확실하기 때문에 형평성을 기초로 해 개인의 선택을 존중하는 시스템이 구축되어야 할 것이다. 앞으로 일본의 사회복지는 자기결정과 자기선택, 사용자부담원칙 등 이용자의 자유를 극대화하는 이념이 중심이 될 것으로 예상된다. 이러한 경향은 신자유주의와도 통하는 것이다.

경제 전체의 관점에서 볼 때, 경제성장이 현재의 수준을 지속하고 인간의 노동력을 기계가 모두 대체할 수 없는 한 가까운 미래에 저출산 · 고령사회의 위기는 피할 수 없기 때문에 노동력 부족시대를 맞이할 수도 있다. 그러한 상황에서의 노동력 부족은 주변 노동력을 활용하지 않으면 안 된다. 그 때에는 여성인력을 비롯해 활용 가능한 노동력을 익숙치 못한 육아(育児)와 개호(介護)노동을 위해 가정에서 해결하려고하는 것은 보호자의 피로감을 증폭시킬 뿐만 아니라 능력 있는 인력의 기회비용 손실로 이어질 수 있다.

그런 의미에서 보육 · 간호에 관련된 일을 전문 직업으로 간주해 그들을 생산성 있는 전문가에게 맡기는 것은 개인에게도 국민경제적으로도 의미가 있다고 하겠다. 물론 일정자격을 갖춘 보육직, 개호직의 노동에 대해서는 일정한(유치원 교사수준) 보수체계 및 근무계약(승급 및 승진)에 근거한 관리체계를 구축해야 할 것이다.

저출산 · 고령사회에서의 자립생활을 고려하면, 어릴 때부터 건강관리뿐만 아니라 고령층이 되고나서도 건강을 유지하기 위한 활동과 이용시설에 대한 지원이 더욱 필요하다. 누구라도 보육이 필요한 시기부터 시작해 개호(간병 · 수발)가 필요한 상태에 이른다는 사실을 감안해 인생에 있어서 개인이 자립할 수 있도록 종합적인 서비스지원체계를 구축할 필요가 있다. 이른바 라이프사이클과 관련된 생애 전반에 관한 사회정책으로서 말이다.

참고문헌

정기룡(2006)『일본사회의 이해-고령사회 일본의 사회문제와 대책』제이엔씨.

内海洋一編(1992)『高齢者社会政策』ミネルヴァ書房.

埋橋孝文(1997)『現代福祉国家の国際比較』日本評論社.

埋橋孝文(2003)『比較のなかの福祉国家』ミネルヴァ書房.

大河内一男(1979)『社会保障入門』青林書院新社.

太田空真(1999)『ご隠居という生き方』飛鳥新社.

折茂肇編(1993)『新老年学』東京大学出版会.

金子勇(2006)『少子化する高齢社会』日本放送出版協会、pp.47-69.

小沼正他編(1984)『社会保障概論』川島書店.

折茂肇編(19993)『新老年学』東京大学出版会.

岡本英雄(1983)「高年齢者研究にみられる偏見と差別」『欧米の高齢者雇用・職業に関する研究報告書』財団法人高年齢者雇用開発協会.

岡本英雄(187)「高年齢者の生活パターン」『欧米の高齢者雇用・職業に関する研究報告書』財団法人高年齢者雇用開発協会.

小塩隆士(2005)『人口減少時代の社会保障改革』日本経済新聞社.

小田盛稔(1991)「シルバービジネスの実体と展望」『高齢化社会政策の実験』新評論.

金森久雄・伊部英男編(1992)『高齢化社会の経済学』東京大学出版会.

金子勇(2006)『少子化する高齢社会』日本放送出版協会、pp.47-69.

厚生労働省(各年)『厚生労働白書』ぎょうせい・日経印刷.

厚生統計協会編(各年)『国民の福祉の動向』財団法人厚生統計協会.

厚生統計協会編(各年)『保険と年金の動向』財団法人厚生統計協会.

厚生労働省大臣官房政策課編(2005)『社会保障入門』中央法規.

坂本重雄(1997)『社会保障改革』勁草書房.
坂脇昭吉・阿部誠(2008)『現代日本の社会政策』ミネルヴァ書房.
佐武弘章・荒木兵一郎・船曳宏保編(1991)『高齢化社会政策の実験』新評論、pp.126-146.
佐武弘章編(1991)『高齢化社会政策の実験』新評論.
定藤丈弘・阪田周一・小林良二編(1996)『社会福祉計画』有斐閣.
清家篤(1998)『生涯現役社会の条件』中公新書.
社会政策学会編(1999)『高齢社会と社会政策』ミネルヴァ書房.
社会政策学会編(2005)『少子化・家族・社会政策』法律文化社.
白波瀬佐和子(2005)『少子高齢社会のみえない格差』東京大学出版会.
菅谷章(1978)『日本社会政策史論』日本評論社.
鈴木りえこ(2003)「国の主導で育児の社会を」『中央公論(1425号)』中央公論新社.
隅谷三喜男・稲上毅編(1993)『社会保障の新しい理論を求めて』東京大学出版会.
総務庁長官官方老人対策室(現内閣府政策統括官)編(1996. 2001. 2006)『高齢者の生活と意識』中央法規.
玉井金五・大森真紀編(2007)『社会政策を学ぶ人のためにに』世界思想社.
鄭基龍(2000)「日本の高齢者社会政策に関する研究」『日本学報』第44輯. 韓国日本学会.
鄭基龍(2000)『転換期における日本の高齢者対策に関する研究』一橋大学博士学位論文.
鄭基龍(2001)「日本の生活保障対策に関する一考察」韓国日本学会『日本学報』第47輯.
鄭基龍(2002)「日本の現役高齢者に関する研究」韓国日語日文学会『日語日文学研究』第41輯.
鄭基龍(2003)「高齢社会日本の老人文化」韓国日語日文学会『日語日文学研究』第44輯.

鄭基龍(2003) 「高齢社会における生活保障資源に関する研究」 韓国日本近代学会『日本近代学研究』第6輯.

鄭基龍(2004) 「日本の社会問題と社会構造に関する研究」 韓国日語日文学会『日語日文学研究』第51輯.

鄭基龍(2005) 「転換期日本の社会政策に関する研究」 韓国日語日文学会『日語日文学研究』第52輯.

土穴文人(1990)『社会政策制度史論』啓文社.

津田真微・山田高生編『社会政策の思想と歴史』千倉書房.

林千鶴(1994)「現代家族の行方」『LDIreport』ライフデザイン研究所

平田富太郎(1974)『社会政策』日本労働協会.

福武直(1983)『社会保障論断章』東京大学出版会.

藤田伍一(2004) 「高齢化社会と社会保障」『日語日文学研究』第50輯. 韓国日語日文学会.

古川俊之(2004)『高齢化社会の設計』中公新書.

松谷明彦・藤正巌(2004)『人口減少社会の設計』中公新書.

松谷明彦(2004)『人口減少の経済の新しい公式』日本経済新聞社.

樋口美雄(2004)『団塊世代の定年と日本経済』日本評論社.

内閣府編(各年)『高齢社会白書』佐伯印刷.

保谷六郎(2008)『社会政策・歴史と課題』御茶の水書房.

八代尚宏編(1997)『高齢化社会の生活保障システム』東京大学出版部.

山田昌弘(2007)『少子社会日本』岩波新書、pp.55-68. pp.193-214.

마무리에 즈음하여

이상과 같이 두서없이 일본의 사회정책의 발전단계와 현실적인 사회문제에 대한 정책적 대응을 살펴보았다. 그동안 일본에서는 사회변화에도 불구하고 이론적 주장만 무성할 뿐 사회정책에 대한 확고한 현대적 개념정립이 늦어지고 있는 반면, 현실사회에서의 사회정책은 사회보험을 비롯한 사회보장분야와 사회복지분야에서 운영되고 있어 사회문제에 대처해나가고 있는 것처럼 보인다.

되돌아보면, 일본사회정책학회에서는 1981년 제63회 대회에서 '종합사회정책과 노동복지'라고 하는 공통논제를 설정하기도 했었다. 종합사회정책은 사회정책학계에 한때 영향을 미치기도 했지만 오래지않아 학계에서 그 모습을 감추었다. 왜냐하면 종합사회정책의 출발이 1970년대 일본기획청과 OECD의 보고서 작성에 근거했다는 것으로 보아 정부의 제안이었기에 일정한 반향을 불러일으켰으나 내・외재적인 이유로 사라졌기 때문이다.

오코우치(大河内一男)의 '사회정책'은 1973년 이후 복지국가 형성과정에서 전통적인 사회정책인 Sozialpolitik개념으로서는 진전이 불가능하다는 인식에 근거하여 구상되었다. 오코우치에 의하면 "자본주의 사회에서 통상 '사회정책' 이라고 불리는 건 산업사회가 생산요소로 '노동력'을 조기 마모로부터 보전하고 '노동력' 판매자로서의 노동자로 하여금 장기에 걸친 재생산을 가능하게 하는 것"이라고 보았고, 나아가 인구고령화로 인한 새로운 사회문제의 등장으로 인해 "새로운 사회정책의 이념은, 인간을 단순히 노동력 상품으로서 파악할 수 있는 기간에만 한정하여 대상으로 하는 것이 아니라 인간의 라이프 사이클에 따라 그 출생·성장·노쇠·사망 전 과정을 대상으로 하지 않으면 안 된다"고 오코우치 스스로 이론수정을 꾀하지 않을 수 없게 되었다.

이렇듯 일본사회의 변화에 따른 사회정책학의 문제설정은 타케다(武田正吾)의 주장처럼, 사회정책과 노동정책 사이에 존재하는 미묘한 차이를 불가시의 영역으로 내몰았을지 모른다. 이러한 문제설정 속에 머물러 있는 한 같은 사회정책이라도 노동정책으로 환원할 수 있는 부분은 보여도 노동정책으로 환원할 수 없는 부분은 보이지 않았을 수도 있다.

또한 그는 사회정책학의 문제설정이 보이지 않는 것을 만들어 낼뿐만 아니라 이제까지 보이지 않았던 것이 시야에 들어오면 그것을 다시 시야 밖으로 내모는 역할을 했다고 주장한다. 반드시 모든 문제가 그렇다고 할 수는 없겠지만, 노동력과 직접 관련이 없는 것은 사회정책에 포함시키려 하지 않았던 이전의 일본사회정책학계의 편협함이 엿보이는 대목이다. 그와는 반대로 사회정책 범주에 속하는 것은 매우 심도 있는 논쟁을 통해 노동력과 관련시켜서 사회정책에 포함한 것도 사실이다.

그러나 그것은 주로 고도경제성장기의 노동문제가 정책적 수단에 의해서 해결할 수 있는 배경이 있었기에 가능했을 것이며, 노동조합의 자주적 교섭에 의해서 해결할 수 있는 임금교섭을 비롯한 노동문제 연구가 사회정책학에서 자립하여 새로운 영역의 노동경제학으로서 확립되어갔을 것이다. 그런 의미에서 노동문제를 사회정책에서 노동경제로의 분화한 스미야(隅谷三喜男)와 우지하라(氏原正治郎)의 문제제기는 시기적절하였으며, 그와 동시에 그들은 그때까지 사회정책학의 문제설정을 보다 순화하게 된 것이다.

이렇듯 일본의 사회정책은 역사적 배경과 더불어 사회의 환경변화에 따른 영향을 크게 받았음에도 불구하고, 이론적 시각과 주장은 초기의 논쟁범위에 한정하려했던 우를 범한 것이 아닌가 하는 의문이 든다. 따라서 이제는 사회정책학의 문제설정에 대해 2013년에 예정된 사회보장개혁을 계기로 발본적인 전환을 시도하는 출발점으로서 사회정책의 개념과 범위를 확장하는 것은 어떨까? 물론 그렇다고 곧바로 지금까지의 사회정책과는 다른 새로운 이론이 체계적으로 전개되는 것은 아닐 것이다.

사회학자 후쿠타케(福武直)교수가 이미 이전 세기에서 지적한 바와 같이 "본래의 사회정책이론에서는 사회보장을 배제하면서, 『사회정책입문』과 같은 문헌의 서술에서는 사회보장으로 끝내지 않으면 안 되는 모순"에서 벗어나 현대의 새로운 사회정책으로서는, 오코우치(大河内一男)의 자기반성과도 같은 이론수정에서 엿보이는 견해 즉, "사회정책이라는 것은 인간의 라이프사이클에 따라 그 출생, 성장, 노쇠, 사망의 전 과정을 대상으로 하지 않으면 안 된다" 라는 주장과 더불어 오코우치이론을 비판했던 후쿠타케(福武直)의 사회정책에 관한 시각으로서의 "사회가 사회를 위해 사회의 힘에 의해 행하는 정책"이라는 견해를 복합적으로 해석해 새로운 사회정책이론 구축의 기초로 활용하면 어떨까?

그들의 주장을 현재의 시점에서 필자가 재해석한다면, 사회정책이라 함은 자본주의 사회의 경제개발 과정에서 야기될 수 있는 사회문제를 해결하거나 혹은 예방하여 인간이 인간다운 생활을 유지하는데 필요한 복지서비스와 생활보장을 목적으로 하는 지침과 대책이라고 하겠다. 즉, "사회정책이란 인간의 라이프사이클에 따라 그 출생, 성장, 노쇠, 사망의 전 과정을 대상으로 복지사회의 생활을 실현하기 위해 사회의 힘에 의해 행하는 정책"이 아니겠는가?

이러한 점을 고려할 것 같으면, 연구 측면에서는 노동력의 유동화·저출산·고령화 등의 사회 환경변화에 따른 과제에 대처하기 위해서도 현대 사회문제에 관한 생애사회정책(Life Cycle Social Policy)이 당장 필요하겠다. 일본사회정책학회 110년 역사를 통한 재 재출발에 즈음하여, 약 1,200명에 이르는 사회정책학회의 회원구성에 따른 양과 질적 향상을 기대하는 바이다. 또한 연구분야에 있어서는 이전과 같은 노동 편중은 아니더라도 학회대표간사의 주장처럼 워크(work), 캐어(care), 라이프(life), 밸런스(balance)를 염두에 둔 연구가 이어지기를 환영하는 바이다. 그와 더불어 사회정책학회 논문집이 2008년부터 저널로서 새로 창간되면서 권두언에 붙인 사회정책연구에 요청되는 것이 바로 '공정한 사회를 위한 정책'이라고 명시했다. 바야흐로 사회정책 연구에 있어서 공정한 사회를 위한 사회정책의 전환기로서 새로운 도전이 필요한 시점인 것이다.

물론 정책 측면에 있어서는 먼저, 공평한 기회제공과 결과로서의 격차를 줄이기 위한 정책상의 규제와 효과적인 경쟁을 위한 '사회안전망' 구축이 전제되어야 할 것이다. 또한 노동력의 유동화에 대비하여 기업복리를 대신할 사회정책의 필요성과 더불어 저출산대책으로서의 육아·보육·개호측면의 대책의 충실화와 더불어 고령화대책으로서의 노후 생활보장 및 의료 및 장기요양 대책이 재고되어야 할 것이다.

그와 더불어 사회보장제도의 효율화 및 비용절감 측면에서 공적연금제도 운영의 일원화, 사회보험기구의 재편에 의한 비용절감, 중복업무 및 중복지원 해소 등 사회보험을 비롯한 복지행정기구의 경영 효율화가 요구된다. 또한 전 국민을 위한 안정적인 사회보험을 운영하는 데에 있어서는 무엇보다 보편성이 우선되어야 한다. 보편성의 의미는 사회보험의 대상과 범위가 국민전체라는 의미에서, 한걸음 더 나아가 사회보장제도에 참가해 실질적으로 기여한 부담에 대한 권리로서 향후에 사회보장의 수급권이 반드시 보장되는 것이라고 하겠다. 물론 각 개인은 사회구성원으로서 전 생애에 걸쳐 자립을 지향해야 하겠지만, 자기의도와 달리 자립이 불가할 경우에는, 사회적 연대에 의해 재분배의 기능이 작동하는 사회정책이 실행되어야 할 것이다.

이상의 분석과정을 고려할 것 같으면, 일본의 사회정책 영역은 이미 노동문제뿐만 아니라 사회보장 · 사회복지까지 그 영역이 상당히 확대되어 있다. 따라서 사회보장의 역할 또한 중요하며, 복지서비스의 수급균형을 위해서는 정부 · 기업은 물론이고 가족의 기능, 지역사회의 커뮤니티까지 고려한 정책을 책정하고 수행하여야 할 것이다. 나아가 저출산 · 고령사회의 사회문제는 사회정책의 정책론에서만 다루기보다는 남 · 여 양성에 대한 가치관, 결혼과 가정경제, 일과 가정의 양립, 진로설계와 평생교육, 가족의 역할과 기능, 간병수발 등에 관해서 전 국민의 인식을 제고하기 위한 측면에서 교육과정 또한 재구성해야 할 필요가 있겠다.

끝으로 저출산 · 고령사회 일본에서는 사회보장제도를 비롯해 이용자의 자기선택을 포함해 공정성을 바탕으로 한 이용자의 권리가 존중될 것으로 예상된다. 이른바 기회와 제도운영에 있어서의 공정성과 더불어 선택에 따른 응분의 부담과 책임이 병존하게 될 것이다. 물론 그 전제로서 최저생활수준의 보장과 자기실현의 기회를 지원하는 생활보장시스템이 사전에 구축되어야 하며, 이러한 점이 현재 일본 사회정책의 최우선 과제라고 하겠다.

찾아보기

ㄱ

ㄴ

ㄷ

ㄹ

ㅁ

ㅂ

ㅅ

ㅇ

ㅈ

ㅊ

ㅋ

ㅌ

ㅍ

ㅎ

鄭基龍 (nhk5317@chonnam.ac.kr)

동국대학교(경제학사)
호세이(法政)대학 대학원(경제학석사)
히토츠바시(一橋)대학 대학원(사회학박사)
NHK 국제방송 아나운서(1990-1995)
국민연금연구원 책임연구원(1995-1996)
성심외국어대학 국제학부 조교수(1996-2002)
MBC 문화방송「출발! 광양만권 시대」진행(2004-2005)
히토츠바시(一橋)대학 대학원 객원연구원(2006-2007)
전남대학교 문화사회과학대학 국제학부장(2009-2010)
전남대학교 문화사회과학대학 국제학부 교수(현재)
저서 :『일본사회의 이해』제이엔씨(2006) 외 다수
논문 :「일본 공적연금제도의 복지이념에 관한 연구」『일본언어문화』한국일본언어문화학회(2012) 외 다수
홈페이지 : http://nhk5317.chonnam.ac.kr/index.php

일본의 사회정책

인쇄 | 2013년 2월 20일
발행 | 2013년 2월 25일

저 자 정기룡
발행인 지병문
발행처 전남대학교출판부

등 록 1981년 5월 21일 제53호
주 소 500-757 광주광역시 북구 용봉로 77
전 화 062-530-0571~2
마케팅 062-530-0573
팩 스 062-530-0579
홈페이지 http://www.cnup.co.kr

가격 13,000 원

ISBN 978-89-6849-000-2 (93330)

이 도서의 국립중앙도서관 출판시도서목록(CIP)은 e-CIP홈페이지(http://www.nl.go.kr/ecip)와 국가자료공동목록시스템(http://www.nl.go.kr/kolisnet)에서 이용하실 수 있습니다.
(CIP제어번호: CIP2013000684)